Über dieses Buch Die Frage nach dem Geheimnis des künstlerischen Schaffensprozesses hat Stefan Zweig immer wieder, aus verschiedenstem Anlaß, gestellt. Betrachtungen über seine Grundvoraussetzungen, Werk- und Charakterstudien, Lebensbilder der Künstler, Geburtstagsovationen und Nachrufe bestimmen im wesentlichen die Form der Antworten. Hinzu kommt, daß dem erfahrenen Autographensammler sich die Entstehung eines Werkes der Literatur wie der Musik bereits aus dem Duktus der Handschrift zu erschließen vermag. Dabei ist ihm nicht so sehr das ästhetisierende Element wichtig, als vielmehr nachvollziehen zu können, wie etwa Balzac wieder und wieder zu bessern versucht hat, während Mozart offenbar mühelos bei der ersten Niederschrift das Endgültige erreichte. In der Auseinandersetzung mit bildender Kunst, Poesie, Kritik, Sprechkunst und Musizieren gewinnt er die Erkenntnis, daß die Spannung zwischen bewußtem und unbewußtem Tun das Gesetz des künstlerischen Schaffens bestimmt.

Der Autor Stefan Zweig wurde am 28. November 1881 in Wien geboren, lebte von 1919 bis 1935 in Salzburg, emigrierte von dort nach England und 1940 nach Brasilien. Früh als Übersetzer Verlaines, Baudelaires und vor allem Verhaerens hervorgetreten, veröffentlichte er 1901 seine ersten Gedichte unter dem Titel ›Silberne Saiten‹. Sein episches Werk machte ihn ebenso berühmt wie seine historischen Miniaturen und die biographischen Arbeiten. 1944 erschienen seine Erinnerungen, das von einer vergangenen Zeit erzählende Werk ›Die Welt von Gestern‹. Im Februar 1942 schied er in Petrópolis, Brasilien, freiwillig aus dem Leben.
Im Fischer Taschenbuch Verlag sind ferner schienen: ›Phantastische Nacht‹, Vier Erzählungen (Bd. 45), ›Sternstunden der Menschheit‹ (Bd. 595), ›Die Welt von Gestern‹ (Bd. 1152), ›Schachnovelle‹ (Bd. 1522), ›Ungeduld des Herzens‹ (Bd. 1679), ›Maria Stuart‹ (Bd. 1714), ›Magellan‹ (Bd. 1830), ›Joseph Fouché‹ (Bd. 1915), ›Verwirrung der Gefühle‹ (Bd. 2129), ›Balzac. Eine Biographie‹ (Bd. 2183), ›Marie Antoinette‹ (Bd. 2220), ›Die Hochzeit von Lyon und andere Erzählungen‹ (Bd. 2281), ›Der Kampf mit dem Dämon‹ (Bd. 2282), ›Europäisches Erbe‹ (Bd. 2284), ›Menschen und Schicksale‹ (Bd. 2285), ›Länder, Städte, Landschaften‹ (Bd. 2286), ›Zeit und Welt‹ (Bd. 2287), ›Drei Meister‹ (Bd. 2289), ›Drei Dichter ihres Lebens‹ (Bd. 2290).

Stefan Zweig

Das Geheimnis des künstlerischen Schaffens

Fischer Taschenbuch Verlag

Zusammengestellt von Knut Beck

Fischer Taschenbuch Verlag
Oktober 1981
Umschlagentwurf: Jan Buchholz / Reni Hinsch
Foto: Harro Wolter
Fischer Taschenbuch Verlag GmbH, Frankfurt am Main
Lizenzausgabe des S. Fischer Verlages GmbH, Frankfurt am Main

Gesamtherstellung: Hanseatische Druckanstalt GmbH, Hamburg
Printed in Germany
880-ISBN-3-596-22288-5

Inhalt

Das neue Pathos

Das Urgedicht, jenes, das längst entstand vor Schrift und Druck, war nichts als ein modulierter, kaum Sprache gewordener Schrei, aus Lust oder Schmerz, aus Trauer oder Verzagung, aus Erinnerung oder Beschwörung gewonnen, aber immer aus dem Überschwang einer Empfindung. Es war pathetisch, weil es aus Leidenschaft entstanden war, pathetisch, weil es Leidenschaft erzeugen wollte. Das Gedicht jener Großen und Fernen, die zuerst aus dem aufspringenden Schrei des Gefühls Wort und Rede fanden, war eine Ansprache an die Menge, eine Mahnung, eine Anfeuerung, eine Ekstatik, eine direkte elektrische Entladung von Gefühl zu Gefühl. Der Dichter sprach zu den anderen, ein Einzelner zu einem Kreise. Die Hörer standen vor ihm in Erwartung – etwa wie Max Klinger in seinem neuen Gemälde sie vor Homer, dem Blinden, versammelt sein ließ –, warteten, harrten, hörten, gaben nach, ließen sich mitreißen oder leisteten Widerstand. Jenes Gedicht und sein Vortrag war nicht zur Prüfung gebotene Vorzeigung eines Fertigen, ein Gerät oder ein Schmuck, schon gehämmert und ganz gefügt, sondern ein noch Entstehendes, ein im Augenblick neu Werdendes, ein Kampf mit dem Hörer, ein Ringen um seine Leidenschaft.

Diesen innigen, glühenden Kontakt mit der Masse haben die Dichter seit der Schrift verloren. Was die Verbreitung des geschriebenen Wortes und noch mehr dann die unendliche Vervielfältigung des Druckes an neuem Raum und an neuer Wirkung verlieh, daß in

Ländern ihre Worte lebendig wurden, zu denen sie niemals selbst gezogen waren, daß Menschen aus ihrem Worte Kraft, Begeisterung und Lebensmut noch saugten, als ihr eigener Leib schon längst zerfallen war, dieses Ungeheure und Gewaltige war nur gewonnen worden durch einen Verzicht auf diese andere und vielleicht nicht geringere Wirkung, auf den Dialog, des Aug'-in-Auge-Stehen mit der Menge. Langsam wurde das Publikum für die Dichter etwas Imaginäres. Wenn sie sprachen, hörten sie eigentlich nur sich selbst zu, ihr Gedicht wurde immer mehr einsame Zwiesprache, Monolog aus der Anrede, immer mehr lyrisch in einem neuen Sinne und immer weniger pathetisch. Immer mehr entfernte sich ihr Gedicht von der Rede, immer mehr verlor es von jenem geheimnisvollen pathetischen Feuer, das nur genährt wird vom Augenblick, vom Gegenüberstehen einer erregten Menge, durch die magische Einströmung von Anspannung und Reiz aus dem Herzen des Hörers in das eigene Wort. Denn jeder Zuhörer tut mit seiner Erwartung, mit seinem Blick, mit seiner Spannung und aufschäumender Erregung ein Gewisses für den Sprechenden, er stachelt ihn an, er drängt etwas von seiner erwartenden Unruhe wie eine Frage in die noch nicht gegebene Antwort hinein. Im Augenblicke aber, wo der Dichter nicht mehr zur Menge sprach, nicht mehr zu einem Kreise, sondern das Wort für den Druck und für die Schrift schuf, entwickelte sich in ihm ein Eigengefühl. Er gewöhnte sich daran, eigentlich nur für sich zu sprechen, sein eigenes Empfinden, ohne Hinblick auf Wirkung und Gewalt, als wichtig zu empfinden, Zwiesprache nur mit sich selbst und mit dem Schweigen zu führen. Und immer mehr wandelte sich das Gedicht. Seit der Dichter nicht mehr das große, atmende Rauschen der Antwort, den Schrei der Leidenschaft, den Jubel der Begeisterung als Finale seiner Dichtung hatte, als den letzten, gleichsam noch zu seiner

Musik gehörenden Akkord, suchte er den Klang im Verse aus ihnen selbst zu ergänzen. Die Dichter rundeten ihr Gedicht wie Tongefäße, sorgsam und künstlerisch, ließen es voll Farben sein wie ein Bild, füllten es an mit Musik, immer verzichteten sie darauf, zu überreden, zu überführen und zu begeistern. Sie ließen es fühllos sein für die anderen und gaben ihm nur das Stimmungsleben seiner eigenen Welt. In jener Zeit des Überganges entstand wohl zuerst die »poetische« Sprache, jene Sprache neben der lebendigen, die oft und öfter erstarrte zu einem weltfremden Dialekt, die Marmor ist und nicht mehr Blut. Früher war die poetische Sprache nicht eine neben der wirklichen, sondern nur ihre letzte Steigerung. Durch den Rhythmus der höheren Leidenschaft, durch das Feuer der Ansprache wurde sie ein heiliges Fieber, ein seliger Rausch, ein Festliches im Alltag. So als gesteigerte Lebendigkeit konnte die Sprache anders sein, ohne je unverständlich zu werden, konnte mit dem Volke bleiben und doch über dem Volk, während die Lyrik von heute zum größten Teil den Tätigen, den Wirklichen, dem Arbeiter und dem Werkmann fremd und wertlos geworden ist.

Aber eben in unseren Tagen [1909] scheint sich wieder eine Rückkehr zu diesem ursprünglichen, innigen Kontakt zwischen dem Dichter und dem Hörer vorzubereiten, ein neues Pathos wieder zu entstehen. Das Theater war die erste Brücke zwischen der Poesie und der Menge. Aber noch war hier der Schauspieler Mittler des gesprochenen Wortes, war das rein Lyrische nicht Selbstzweck, sondern nur Hilfe im Trug für drei oder vier Stunden. Aber die Zeit der Absonderung des Dichters von der Menge, die einst bedingt war durch die großen Distanzen der Nationen, scheint heute überwunden, durch die neue Annäherung, durch die Industrialisierung der Städte. Die Dichter lesen heute wieder selbst in Sälen ihre Verse vor, in den Volksuniversitäten Amerikas, selbst in den Kirchen klingen die Verse Walt Whitmans zu amerikanischem Bewußtsein, und was sonst nur die heißen Sekunden politisch bewegter Tage schufen – man möge an Petöfi denken, wie er sein Nationallied ›Talpra magyar‹ vor den Stufen der Universität zur revolutionären Menge deklamierte –, das gibt fast jeder Tag. Wieder wie einst scheint heute wieder der lyrische Dichter befähigt, wenn nicht der geistige Führer der Zeit, so doch der Bändiger und Erreger ihrer Leidenschaften zu werden, der Anrufende und Befeuernde, der Entfachende des heiligen Feuers: der Energie. Ein Warten scheint für ihn zu sein, der das ganze Leben im Blitze zusammenfaßt und über die Dunkelheiten sprühen läßt.

»Il monte – et l'on croirait que le monde l'attend
Si large est la clameur des coeurs battants
A l'unisson de ses paroles souveraines
Il est effroi, danger, affre, fureur
Il est ordre silence, amour et volonté et haine,
Il scelle a lui tous les violences lyriques.«

Freilich anders muß das Gedicht sein, das zur Menge sprechen will. Es muß vor allem selbst ein Wille, selbst eine Absicht, eine Energie, eine Evokation sein. Was die Zeiten der Absonderung erzeugt haben an technischen Fähigkeiten und Werten, an süßer Musik, an schwingender Rhythmik, an Geschmeidigkeit und Biegsamkeit der Sprache, darf hier nicht mehr Selbstzweck sein, sondern nur Mittel zur Erregung von Enthusiasmus. Ein solches Gedicht darf nicht mehr sentimentaler Dialog des Einsamen mit irgendeinem unbekannten Einsamen irgendwo in der Ferne sein, darf nicht die kurze, flüchtig zitternde Stimme sein, die schon verlischt, ehe die Flamme des Wortes in ihr emporgeschlagen hat, dieses neue Gedicht muß stark, jubelnd und beseelt sein, weit ausholend und hinstürmend in raschem Schwung. Nicht für leise Stimmen ist es geschrieben, sondern für laute, hallende Worte. Wer die Menge zwingen will, muß den Rhythmus ihres neuen und unruhigen Lebens in sich haben, wer zu ihr spricht, muß beseelt sein von neuem Pathos. Und dieses neue Pathos, das »ja« sagende Pathos par excellence im Sinne Nietzsches, ist vor allem Lust, Kraft und Wille, Ekstase zu erzeugen. Nicht sensitiv und wehleidig darf dieses Gedicht sein, nicht ein persönliches Leid ausdrükken, damit ein anderer sich darin einfühle, sondern beseelt von Freude und Überschwang, von dem Willen, aus Freude wieder Schwung und Leidenschaft zu erzeugen. Nur große Gefühle tragen das Wort zur Menge hin, kleine, die nur im Schweigen wie in unbewegter Luft auffliegen können, stürzen hin. *Das neue Pathos muß den Willen nicht zu einer seelischen Vibration, zu einem feinen ästhetischen Wohlgefühl enthalten, sondern zu einer Tat.* Es muß mitreißen, muß die zersprengten Kräfte des Dichters von einst wieder in sich versammeln, muß im Dichter den Demagogen, den Musiker, den Schauspieler, den Redner für eine Stunde wieder erschaffen, muß das Wort vom Papier wieder aufreißen in die Luft, das Gefühl nicht sorgfältig als eine Heimlichkeit dem einzelnen anvertrauen, sondern in den Gischt einer Masse schleudern. Gedichte von solchem neuen Pathos können nicht schwache, passive Menschen schaffen, deren Stimmung von der Umwelt in jeder Minute gewandelt wird, sondern nur Kampfnaturen, die beherrscht sind von einer Idee, vom Gedanken einer Pflicht, die ihre Empfindung aufzwingen wollen, ihre Begeisterung zur Begeisterung der ganzen Welt erheben.

Dieses neue lyrische Pathos will in unserer Zeit wieder lebendig werden. Durch Jahrzehnte hindurch hat man die Rhetoriker verspottet. Die Wertwandlung Schillern gegenüber ist dauernde Probe. Und erinnern wir uns, daß Nietzsche, der einzige in Deutschland, der in den letzten

Jahren Weltwirkung gewann, dies nur vermochte, weil er einen neuen rednerischen Stil erzeugte – »ich bin der Erfinder des Dithyrambus« –, weil sein ›Zarathustra‹ ein Predigerbuch ist, das ungestüm nach der lauten, tönenden Stimme verlangt. In Frankreich war es Victor Hugo, der zum erstenmal die Notwendigkeit der Ansprache erkannte. Aber er, der gerade an jener haarscharfen Grenze steht zwischen Genie und Talent, er, von dem man entweder sagen kann, daß er einer der geringsten war unter den ewigen, unter den monumentalen Dichtern, oder der größte unter den kleinen, unter den epigonischen, – er beschränkte sich nur auf Frankreich, dachte nur immer an die französische Nation – so wie Walt Whitman immer nur an die amerikanische – und vor allem, er hatte nicht den hohen Platz, zu ihr zu sprechen. Er wäre größer geworden, hätte er wahrhaft die Tribüne gehabt, von der sein Donner und Blitz zu einer Menge gefahren wäre, statt ewig nur das finstere Grollen aus dem Hintergrunde des Exils zu sein. Von seinem hundertbändigen Werke wird vielleicht nichts übrigbleiben als eben jene beschwörende Geste des Sprechenden, wie sie Rodin auf seinem Denkmal festgehalten hat, die nichts anderes ist als der Wille zum Pathos. Diesen Willen hat er erschaffen, nicht das Pathos selbst, und schon die Anstrengung ist eine große und unvergeßliche.

Sein Erbe, das schlecht verwaltet war von den Schwätzern und Patrioten, von Deroulède und ähnlichen Trommel- und Fanfarendichtern, hat heute in Frankreich Verhaeren übernommen. Und er ist der erste, dessen Wort wieder zur Menge geht, die erste französische Gestaltung eines Pathos, das durchaus künstlerisch und dichterisch wirkt. Wie keiner war er, dessen tiefste Lust das Bändigen eines grandiosen Widerstandes ist, er, der »evocateur prodigieux«, wie ihn Berseaucourt nannte, zum lebendigen Wort befähigt. Wenn ich ein Gedicht Verhaerens lese, so überrascht es mich immer selbst wieder, wie ich, der ich es stumm lesend begonnen habe, plötzlich die Worte laut und lauter zu sprechen beginne, wie unwillkürlich in meiner Hand, in meinem ganzen Körper das drängende Bedürfnis nach einer beschwörenden oder aufreißenden Geste erwacht. Denn so stark ist die Leidenschaftlichkeit des ursprünglichen Gefühles, der innere Schrei und Anruf in ihnen, daß er noch durchschlägt in der Reproduktion, noch laut wird aus den toten Lettern. *Alle großen Gedichte Verhaerens haben die Sehnsucht, laut, stark, glühend, in Leidenschaft gesagt zu sein.* Spricht man sie leise, so scheinen sie ganz ohne Melodie, liest man sie ruhig und gelassen, so erscheinen sie manchmal hart, holprig und unvermittelt. Manche Bilder wiederholen sich mit einer gewissen Regelmäßigkeit, manche Adjektiva scheinen erstarrt zu Begriffen – der Kunstgriff des Redners, der das Wichtigste durch ständige Formel einprägen will –, aber im Momente, wo das Gedicht laut gelesen wird, ist es ganz wieder Lebendigkeit, die Wiederholung offenbart sich plötzlich als grandioses Moment der einschlagenden Erregung, die wiederholten Bilder werden zu regelmäßigen Meilensteinen längs des wild ins Unendliche hinausstürmenden Weges. Das Gedicht Verhaerens ist Mitteilung einer Ekstase, Mitteilung aber nicht im Sinne eines Geheimnisses an einen Einzelnen, sondern der Anfeuerung zur Menge. Seine Gedichte scheinen nie ganz fertig zu sein, sondern während man sie liest, erst entstanden zu sein, wie ja auch jede gute, leidenschaftliche Rede den Eindruck der Improvisation macht, sie sind immer das Aufrollen eines Zustandes, die leidenschaftliche Analyse, die wie eine Entdeckung wirkt. Sie sind pathetisch, nicht harmonisch. So wie der Redner eine Versammlung nicht gleich mit der Schlußfolgerung überrascht, sondern sie erst aus allen ihren Bedingungen langsam und logisch entstehen läßt, so wachsen diese Gedichte auf, sie sind aufgebaut aus Visionen, zuerst in Ruhe, dann in der Steigerung, dann mit den brennenden Horizonten immer wild und wilder in Bildern überschäumend. Und diese Bilder wieder sind rednerische, sie sind nicht Gleichnisse, die erst auf dem Umwege des Nachdenkens in ihrer Gänze voll erfaßt werden können, sondern grelle Blitze. Das pathetische Gedicht braucht Bilder, die nicht nur das Gefühl treffen, sondern es sofort tödlich treffen müssen. Sie müssen grell sein, weil sie in einer blitzschnellen Sekunde die ganze Empfindung im Ausdruck zwingen müssen. So erzeugt das pathetische Gedicht eine andere Form der Versinnlichung, und ebenso erzeugt es sich selbst einen neuen Rhythmus der Steigerung. Zuerst beleuchtet Verhaeren mit den Blitzen seiner Bilder die ungeheure Leidenschaft der Visionen, dann steigert er das Staunen und die Erregung durch eine gewisse Monotonie des Rhythmus zur höchsten Ekstase. Immer schon glaubt man bei den Absätzen seiner großen Gedichte auf dem Höhepunkt angelangt zu sein, da aber hetzt er wie mit einem Peitschenschlag immer noch zu höherem Sprung empor, zu höherem Ausblick. »Il faut en tes élans te depasser toi même«, dieses sein moralisches Gebot ist ihm auch das höchste dichterische. Aufpeitschen, Hinaufhetzen, Mitreißen ist der tiefste Wille seines pathetischen Gedichtes. »Ditez«, dieser Anruf, der wie eine Geste ist, das drängende »encore, encore!« sind als Anrufe in seinen Gedichten schon so zu Rufen erstarrt, wie jeder Reiter für sein Pferd gewisse Worte hat, um aus ihm die letzte Kraft herauszuholen. *Solche Worte sind nichts anderes als umgesetzte rednerische Gesten.* Das dumpfe »Oh!« ist die Geste der Beschwörung, das kurze »qu'importe« die Geste des Wegschleuderns einer aufgetürmten Last, das langsame, wölbende, weit ausholende »immensement« die Auftürmung der ganzen Unendlichkeit. Bis zur Fieberhitze sind diese Gedichte emporgetrieben. Denn nicht nur selbst wollen sie fliegen wie die anderen, die harmonischen, die eigentlich lyrischen, die mit ausgebreiteten Flügeln den Wolken nahe zu schweben scheinen, sondern sie wollen noch die ganze träge, schwere Masse der Zuhörer gewaltsam aufreißen. Darum immer und immer die Wiederholung in dem oft überlangen Gedichte, als wäre noch irgend ein Letzter zu überzeugen, als wäre noch irgendeinem Letzten die Begeisterung ins Blut zu sprengen. Vorwärts, vorwärts strebt alles und schleift den Widerstrebenden mit ekstatischer Gewalt nach.

Und hier zeigen sich die Gefahren des Pathos. Die erste, etwa die Victor Hugos, war die Leere, die Hohlheit des Gefühles, das Überdecken eines Nichts durch eine große Geste, das Begeistern aus bloßer Technik und nicht aus innerer Nötigung. Die Phrase ist und bleibt die erste Gefahr des pathetischen Gedichtes. Die Banalisierung der Worte »plus sonores que solides« (Mockel) ist die andere. Hier aber in diesem neuen Pathos ist dazu noch eine neue, die der Überhitzung des Gefühls, die der übermäßigen, ungesunden Exaltation, die dann notwendig einer Abspannung weichen muß. Man kann nicht konstant fiebern in Erregung, nicht ununterbrochen begeistert sein. Und in diesen Gedichten ist der Wille zu einer unaufhörlichen Ekstase. Und auch die rein lyrischen Werte des Gedichtes geraten durch das Pathos oft in Gefahr. Der Wille, deutlich zu sein, drängt zur Banalität des Wortes, die Prägnanz begehrt häufige Wiederholung, der Trieb, organisch eine Ekstase aufzubauen, Überlänge. Durch die grellen, klaren Farben verliert sich jenes Mystische im Lyrischen – das Inkommensurable, wie es Goethe nannte – aus der Sprache, jenes Magische des Geheimnisses, das vor der Menge und vor dem Tageslichte flieht. Aber gleichzeitig bedeutet dieses Pathos auch eine ungeheure Bereicherung des Lyrischen, eine Umwertung des Wortes dadurch, daß es nicht ausschließlich für den Druck, sondern auch für die Deklamation bestimmt ist. Das pathetische Gedicht ruht nicht wie das lyrische auf sich selbst, es ist sich nicht selbst Frage und Antwort zugleich, sondern Erwartung einer Antwort. Das große Pathos wächst daher am Erfolg, mengt die Begehrung und die Antwort seiner Zeit unwillkürlich in das Gedicht. Die Stimme des Dichters ist immer so stark wie der Ruf, der an ihn ergeht. Verhaeren hat dieses neue Pathos aus einer Entwicklung gefunden, weil er die Stimme der Menge, der Städte und all der neuen Dinge nicht mehr als lyrisch-dichterische Hemmung empfand, sondern als Anruf, als rednerische Mahnung. Und je mehr unsere Umwelt wuchtig, grandios und leidenschaftlich wird, je mehr sie durch die Zusammendrängung ihrer Kraft heroisch wird – heroisch in jenem neuen Sinne Emersons –, um so mehr muß auch die Lyrik im neuen Sinn, vielleicht in dem Verhaerens, pathetisch werden. Gigantische Impressionen lassen sich nicht in kleinen Eindrücken, in zersplitterten Formen zwingen, lauter Anruf braucht laute Antwort. Mehr, als wir es wissen, ist jede Kunst von ihrer Epoche abhängig. Auch im Künstlerischen scheint die geheimnisvolle Abhängigkeit zwischen Bedarf und Produktion zu bestehen, Gesetze jenseits unserer Erkenntnisse, die manchmal in flüchtigen Beispielen unsicher wie eine Ahnung aufschimmern, aber jeder Formel entfliehen.

Die Forderung der Solidarität

Eines der schwierigsten Lebensprobleme, das an den Schriftsteller wie an jeden schaffenden Menschen herantritt, ist sein Verhältnis zur Gemeinsamkeit, seine unleugbare Pflicht zur Solidarität. Hier ist ein Zwiespalt von innen her eingeboren. »Uralte Feindschaft ist«, wie Rainer Maria Rilke unübertrefflich sagt, »zwischen dem Leben und der großen Arbeit.« Das Werk, das er zu schaffen hat und der geistige, der künstlerische Ausdruck, den er diesem Werke geben will, verurteilt den Schriftsteller eigentlich zur Abseitigkeit. Um der Konzentration willen müßte er sich von der Aktion völlig ablösen, nur für sich allein stehen, aus sich allein denken, um die Probleme der Zeit möglichst klar zu umfassen. Um unparteiisch zu bleiben, müßte er außerhalb alles Parteiischen verharren, jeder Gruppe, jeder Gemeinschaft sich entziehen. Aber eben die Wirkung seines Werkes hebt seine Abseitigkeit auf und bringt ihn neuerlich in Bindung mit der wirklichen Welt. Der Dichter, der Künstler, indem er sich im Werke ausspricht, wendet sich an Andere und gibt damit den Anderen ein Recht, ein Anrecht auf ihn. Da er die Welt anruft, um sie zu Teilnehmern seines Gefühls und seiner Ideen zu gewinnen, wendet sich die Welt in zahllosen Einzelnen an ihn und verlangt nun ihrerseits Anteilnahme für persönliche Not und persönliches Geschick. Der Ruhm, den ein Schriftsteller und Künstler empfängt, ist nichts als eine Summe vielfachen menschlichen Vertrauens und Zutrauens, das er erworben hat, und dieses Vertrauen verwandelt sich unaufhaltsam in eine Forderung. Da die Menschen ihn als den Verstehenden und besser Verstehenden ansehen, verlangen sie – mit Recht –, daß er auch der Helfende sei. Da sie ihn geistig als den Führenden empfinden, beanspruchen sie, daß er bei jedem Anlaß ihnen voranschreite und fordern damit eigentlich, daß er die Abseitigkeit und Einsamkeit verlasse, die doch wiederum für seine Arbeit eine unerläßliche Forderung ist. Sie wollen, daß er, der des Wortes mächtig ist, bei jedem Anlaß, der sie bewegt, auch das Wort ergreife und die Solidarität, die sie zu ihm empfinden, nun seinerseits bekunde.

Das ergibt nun für jeden Künstler, dem es mit seiner Kunst wichtig ist und der doch andererseits der moralischen Verpflichtung der Solidarität Genüge tun möchte, einen ständigen Konflikt. Soll er mit seinem Werke einer unsichtbaren Gemeinde dienen, einer anonymen Leserschaft von Tausenden und Hunderttausenden Menschen oder soll er jedem einzelnen Menschen, der sich an ihn wendet, jeder zeitlichen Gelegenheit bereit und dienlich sein? Das Richtige wäre zweifellos, im doppelten Sinne zu wirken, aber solche Kraft ist nicht jedem zugeteilt, und man kann schwer vollkommen beiden Welten dienen, der Welt der reinen geistigen Leistung und der Welt der wirklichen Tat. Rein rechnerisch genommen, hilft der Künstler mehr, wenn er diese seelische Hilfe in seinem Werke vollbringt, das zu Zehntausenden und Hunderttausenden geht, aber die lebendige Not wiederum eines Einzelnen hat eine drängende und furchtbar wirkliche Unmittelbarkeit, sie tritt menschlich bewegender und zwingender als jener abstrakte (und doch gleichzeitig reale) Begriff einer anonymen Masse an ihn heran. Empfindet der Künstler ehrlich und human, so wird er seinen Ruhm, seine äußere Stellung niemals als einen natürlichen Besitz empfinden, sondern als eine Schuld, die er ständig zurückzuzahlen verpflichtet ist. Er wird sich verschuldet fühlen an das Volk, an die Sprache, der er entstammt, verschuldet an jeden Einzelnen auch, der ihm Vertrauen und Erwartung entgegenbringt. Er wird immer jede Not als einen Anspruch gegen sich selbst empfinden, als eine Herausforderung seiner helfenden Kräfte und doch andererseits wissen müssen, daß seine Arbeit ihm nicht erlaubt, allen diesen Anforderungen Genüge zu tun. Ein wirklicher Künstler und zugleich wirklicher Mensch wird darum niemals völlig glücklich sein können, sondern ständig von seinem Gewissen bedrängt, entweder nicht genug zu tun für sein Werk oder nicht genug an lebendiger Tat.

Dieses Problem der Solidarität ist für den jüdisch denkenden und sozial fühlenden Künstler in den letzten Zeiten in dem Maße schmerzlicher geworden, als Judentum wieder zu einem tragischen Schicksal geworden ist und als die sittliche und faktische Not von Unzähligen sich ins Unermeßliche gesteigert hat. Immer mehr fühlt er sich gedrängt, hinüberzutreten in die tätige Welt, aber niemals war es andererseits auch nötiger als jetzt [1934], durch literarische, durch künstlerische Leistung vor der Welt darzutun, was unser Volk gerade in dieser Generation der Verfolgung und Herabsetzung zu leisten imstande ist. Gerade heute wäre Konzentration und abgesonderte Einsamkeit eines jüdischen Künstlers wichtiger als jemals, und gleichzeitig ist gerade heute Solidarität und Brüderschaft so unumgänglich wie niemals. Damit wird der Konflikt, den jeder Ehrliche von uns seit Jahren still in sich austrägt, noch gewaltsamer aufgerissen, und er enthüllt sich vor der ganzen Welt. Es wird viel von uns gefordert, mehr als jemals, und gleichzeitig müssen wir von uns selber mehr fordern, als wir es jemals versuchten, und jede Stunde stellt uns vor neue Entscheidung.

Die Lösung dieses Zwiespalts kann jeder Künstler nur in sich finden. Er hat das Problem in seiner ganzen Tiefe zu erleiden, wie weit er seinem Werk, wie weit er jetzt der Zeit dienen muß. Niemand kann ihm helfen, niemand ihn beraten in dieser letzten und innersten Gewissensnot, und nur eines kann ihm förderlich sein, wenn er in diesen Tagen auf Freunde und Kameraden blickt, die ihrerseits das Problem beispielhaft gelöst haben. Unter diesen habe ich oft und oft während der Stunden innerer Auseinandersetzung auf Max Brod geblickt, der seit Jahren und Jahren in nicht genug dankenswerter Weise die Harmonie zwischen dem Künstler, dem Juden, dem hilfstätigen und organisatorischen Menschen in sich verwirklicht und immer schöner verwirklicht. Er hat als Dichter das Problem des zugleich deutschen und jüdischen Menschen in einer Reihe von Werken und am eindringlichsten in seinem letzten Roman dargestellt, er hat gedanklich in seinem viel zu wenig gewürdigten philosophischen Werke ›Heidentum, Christentum, Judentum‹ die großen Denkgesetze und Gefühlskontraste zu einer Harmonie erhoben, er hat unermeßlich viel als Schriftsteller geleistet und war doch immer im Vordergrund, wo es galt, reale Sorgen helfend zu überwinden. Ich erinnere mich an die Tage des Krieges, wo er das jüdische Flüchtlingswerk in Prag organisierte, ich weiß, wieviel er in diesen Tagen der neuen Flucht geleistet, ich gedenke der unzähligen agitatorischen Vorträge, die bemüht waren, in der jüdischen Jugend einen neuen Geist zu schaffen und der freudigen Hingabe, mit der er jedes literarische, jedes musikalische Talent gefördert hat – vorbildlich für jene doppelte Energie, die dem moralisch fühlenden Künstler nötig ist, ein ganzer Mensch darum und ein ganzer Künstler. Und ich wünschte nur, daß viele von uns von ihm dies Geheimnis höchster Solidarität lernten, der brüderlichen Gemeinschaft im Geiste und der helfenden tätigen agitatorischen Kraft im lebendigen Leben.

Max Herrmann-Neisse zum Gedächtnis

Still und unauffällig, wie er gelebt hat, ist am 8. April [1941] Max Hermann-Neisse von uns gegangen; ein Herzschlag hat diesen reinen und wundervoll humanen Dichter hinweggerafft.

Noch vor einigen Jahren veranstalteten wir anläßlich seines fünfzigsten Geburtstages in London eine öffentliche Feier; Ernst Toller, der ihm inzwischen vorangegangen, und ich sprachen über sein Lebenswerk, dann las er seine Gedichte. Er war rührend wie immer anzusehen, niedergeduckt auf das Pult, der kleine verwachsene Mann mit den klugen, scharfen, grauen Augen, die an jenem Abend besonders hell und zärtlich leuchteten. Man spürte es so sehr, wie er beglückt war, endlich wieder einmal Verse, deutsche Verse einem andächtig lauschenden Kreise vorlesen zu dürfen und inmitten der riesigen und fremden Stadt die Wärme von Freundschaft, Anerkennung und dankbarer Bekräftigung um sich zu fühlen. In dieser einen Stunde lebte er wieder in der Heimat, denn seine eigentliche Heimat war das deutsche Gedicht. Er schrieb keine Prosa, er verachtete die Politik und haßte unsere mörderische und bestialische Zeit. Seine ganze Kraft, seine ganze Liebe wandte er – außer an die tapfere Frau, die sein Leben beschirmte – an die reinen und melodischen Strophen, die zu formen und zu feilen seine innerste und fast einzige Genugtuung blieb.

Von all den vielen deutschen Exilierten litt er vielleicht am schmerzhaftesten unter der Fremdheit der Sprache und der kalten Gesinnung, weil er als »reinblütiger«

Schlesier doch nicht aus Zwang den Weg ins Exil genommen, sondern aus einer verstümmelten Liebe für das alte, das dichterische, das denkerische Deutschland, das er durch Brutalität und Ungerechtigkeit geschändet sah. Unaufhörlich träumte er sich in dieses Deutschland von einst und seine Landschaft zurück, und aus diesen Träumen wurden Strophen und Gedichte edler männlicher Trauer, die schönsten vielleicht, die seit Heinrich Heine im Exil geschrieben wurden. Aber in diesen Versen läuterte er seine Bitternis; sie waren sein Trost, seine Rettung, sein Halt, eine Art Vergessen durch gesteigertes Erinnern. Stundenlang streifte er in London durch den Hyde Park und den Regent Park, weil er dort inmitten der steinernen Wildnis wenigstens einen Blick ins Grün, einen Atemzug Natur fand, und dort wandelte er so, wie man sich als Knabe den Dichter imaginiert, allein und versonnen, manchmal das kleine Notizbuch aus der Tasche ziehend und eine Zeile, einen Vers sich aufzeichnend.

Immer wenn ich ihn so sah, den kleinen, verhutzelten Mann, in seiner großen Einsamkeit, hatte ich ein Gefühl der Ehrfurcht und sogar des Stolzes, daß da einer war unter uns allen, der rein blieb und unbekümmert dem dichterischen Dienst hingegeben inmitten einer katastrophischen Welt. Auf den Straßen donnerten die Busse, nachts sprangen die Blinklichter und die Blitzlichter der Abwehrgeschütze auf, und die Sirenen heulten durch die Lüfte; alles das erschütterte, entsetzte seine zarte, empfindsame Seele bis zur Verzweiflung, aber nichts konnte den Drang zur dichterischen Aussage in ihm dämmen. Abends kam er dann von seinen langen, einsamen Streifungen nach Hause und schrieb in seinem winzigen Zimmerchen bis tief in die Nacht die Strophen hin, die ihm der Tag zugetragen, schrieb die schönsten dann nochmals auf weißem dickem Papier seinen Freunden zum Geschenke, denn – dies sein tiefster Schmerz – diese

Gedichte, in denen sein innerstes Empfinden zu den Menschen sprach, konnten nicht im Druck erscheinen in einer Zeit, die mit Bomben und Maschinengewehren das Ohr ertaubte für jedwede seelische Musik. So sollten wenigstens seine Freunde sie kennen; schon das war ihm viel.

Aber wieviel auch an Bitternis in ihm sich sammelte und drängte, er blieb unerschütterlich in seiner Haltung. Nichts konnte ihn einer Zeit anpassen, die er verachtete und verfluchte, und wie schon im Ersten Weltkrieg blieb er unter den ganz Wenigen, die, während die andern in Propaganda werkten, ihr Wort jedem Zuspruch, jeder Rechtfertigung der Bestialität verweigerten. Als echter Dichter teilte er das Elend und die seelische Erniedrigung nicht in Nationen und Parteien ab, sondern fühlte einzig vom menschlich Allgemeinen her die Not des Einzelnen und die Qual der Unzähligen. Etwas Einmaliges, ewas Großartig-Unwahrscheinliches ist mit dieser Treue zur Dichtung und zur humanen Gesinnung mit ihm dahingegangen. Denn selten habe ich bei einem Menschen soviel seelische Tapferkeit der Gesinnung gesehen wie bei diesem kleinen schwachen Mann, der zerbrechlich schien vor einem Hauch des Winds und doch moralisch diesem furchtbarsten Orkan der Geschichte unerschütterlich durch seinen Glauben an die dichterische Mission standgehalten hat.

Schon vorher hatten Max Herrmann-Neisses Gedichte den Wissenden mit zu den wertvollsten der Generation nach Rilke gegolten. Aber niemals hat er schönere geschrieben als jene im Exil. Jene der ersten Emigrationsjahre sind mit einer rühmenden Einleitung Thomas Manns noch unter dem Titel ›Um uns die Fremde‹ im Verlag Oprecht in Zürich erschienen. In ihnen ist alle Trauer, aller Schmerz, alle Sehnsucht, alle Ungewißheit und Selbstentfremdung der Emigration unvergeßbar ausgesagt. Aber noch großartiger gestalteten sich jene der Kriegszeit. In ihnen hat Erbitterung, Wehrlosigkeit und Verzweiflung erschütternde Akzente erreicht, die er nie gefunden hätte ohne jene äußerste Prüfung. Zur Stunde bewahren diese seine letzten Verse nur seine Witwe und einige seiner Freunde als kostbares Vermächtnis. Erst wenn sie öffentlich erscheinen, wird in vollem Ausmaß erkennbar sein, wer Max Herrmann-Neisse gewesen und wieviel wir an ihm verloren.

Romain Rolland. Geheimnis der Produktion

Notizen zu einem Vortrag

Oft haben mich Freunde aus einem redlichen Erstaunen gefragt, wie es möglich sei, daß ein einzelner Mensch das beinahe Wunderbare vollbringe, gleichzeitig als Dichter, Historiker, Soziologe und Musikgelehrter mit gleicher Intensität wirksam zu sein. Und tatsächlich, was ist seltener geworden in unserer immer mehr spezialisierten Zeit als der universale, der im zwanzigsten Jahrhundert noch enzyklopädische Mensch. Wie faßt ein einzelnes Leben dies zusammen, wie bemeistert wiederum ein einzelner Tag solche unermüdliche Vielfalt des Lernens und Lesens in allen Sprachen, diesen pausenlosen Wechsel von Drama, Roman, Essay, Rede und Brief und musiktheoretischer Durchdringung – so fragen Freunde immer wieder erstaunt mich, den immer selbst wieder Erstaunten. Darum will ich's versuchen, vielen zugleich eine Antwort (oder mindestens den Einstieg zu einer Antwort) zu formen.

Wie bei allen künstlerischen Naturen, so stammt auch bei Rolland die großartige Sonderheit des Geistes aus einer Sonderheit des Leibes, aus einem Geheimnis der Physis. Rolland kommt aus einer Familie von Schlaflosen. Und in ihm, dem letzten, feinsten, zartesten Sproß hat sich diese Unbedürftigkeit der Ruhe, diese unablässige Wachheit fast ins Maladive, ins Gefährliche gesteigert. Seit vierzig Jahren, seit der Studienzeit schläft Rolland kaum mehr als vier Stunden jede Nacht – so hat der arbeitsame Tag bei ihm zwanzig volle Stunden für das immer helle, immer wache, immer klare Auge, das im

Schauen, Schreiben und Schürfen nie ermüdet, indes der schwache Körper längst jede Anstrengung scheut und oft sogar kürzestem Spaziergang sich weigert. Aber die blaue Pupille, dieser sternhaft klare Kristall verliert niemals seine Lichtkraft an träumerische Schwäche oder matte Undeutlichkeit: ein echt französisches Auge, jenem spitzfacettierten, immer funkelnden Voltaires gleich, trinkt es sein Feuer aus Landschaft, Leidenschaft und jedem geistigen Licht, unermüdlich wach, immer gerade und klar jeden Gegenstand nach innen zeichnend. Und mit der gleichen Helligkeit und Durchleuchtung, mit der die Erkenntnisse der leiblichen und moralischen Welt durch dieses kristallische Auge dringen, bleiben sie innen bewahrt: auch dort gibt es niemals ein Zwielicht, ein Verstaubtes und Verschattetes, eine Unordnung und Vermengung, auch da ewige Bereitschaft, magische Ordnung, Wachheit des Vergangenen bei äußerster Wachsamkeit in die Gegenwart. Rollands Gedächtnis vergißt niemals eine Tatsache, einen Namen, eine Zahl, ein Gespräch – in dem taghellen Raum, oder besser in dieser taghell durchlichteten Flucht von Gedächtnisräumen, die erlebte Jahrzehnte und daneben noch die Jahrhunderte der Geschichte umfassen, liegt das intellektuelle Material ständig bereit. Wo immer ein Gespräch anklopft, springt magische Türe auf, von welcher Seite immer man fragt, gleich ist man innen im Gespräch: blitzschnell hergetragen wie auf zauberisches Geheiß reihen sich die Erinnerungen dieser intellektuellen Schatzkammer. Und er selbst, der ruhelose Zwanzig-Stunden-Werker wandert unablässig aus einer Sphäre in die andere, unablässig unterwegs mit einem äußerlich fast immer ruhenden Leib, der sich oft tagelang nicht den vier Wänden entringt; und jeder Abend endet noch mit einer letzten Zwiesprache im Tagebuch: da wandert der Geist noch einmal das ganze Labyrinth bewußt zurück, das er tagsüber absichtslos durchschritten.

Solche Wachheit eines Menschen ist Gnade. Aber sie ist auch Qual, denn all dies Nichtvergessenkönnen, dieses von einem ins andere Erinnertsein verbrennt ein Leben mit zuviel Licht. Und eigentlich wäre Rolands Existenz ein Gefangensein in einem gläsernen Sturz von Intellektualität, ein zu stark Durchlichtetsein von Erkennen, hätte dieses Auge, dieses unerhört klare, immer wache, kaum je ruhende Auge nicht von innen her eine Beruhigung, einen entspannenden Traum: die Musik. Nur sie, die Musik, sordiniert die allzuhohe Geistigkeit dieses Mannes und der Künstler in ihm tritt immer erst vor, wenn sich seine erstaunliche Intellektualität mit der Subtilität seines musikalischen Sinnes ausgleicht. Immer ist Romain Rolland dort am höchsten Künstler, wo sich diese Durchdringung am vollkommensten verwirklicht: man lese daraufhin einmal den ›Jean Christophe‹. Manche Seiten scheinen mir darin das Musikalischste, was je in französischer Sprache gesagt ward, ja kaum Sprache mehr, sondern ganz Fluidum, ganz eine das Wort überströmende Melodie – manche wiederum, wo zu spät, zu vergeßlich die Musik eintritt, wo nicht schon der erste Satz, von der Stimmgabel berührt, aufschwingt, wirken beinahe hart, stockig, zeitungshaft und kalt. Immer braucht Romain Rolland den Impuls, den ethischen oder musikalischen. Darum ist er niemals Artist, denn er vermag kaum zu bessern oder zu verändern. Selten nimmt er sich auch dazu Zeit, denn zuviel stürzt durch diese überwachen Augen, diesen immer wachen, immer fragenden spähenden Verstand in eine ewig wache Seele. Immer, trotz Zwanzig-Stunden-Arbeit des Tages, hat er abends das Gefühl, nicht genug gesagt, nicht genug gesehen zu haben. Das Wort ist ihm zu träge, die Feder zu langsam, die Übermittlung der Schrift zu schwerfällig. Und heute, in seinem sechzigsten

Jahre, hat er noch immer Besorgnis erst am Anfange zu sein und nur ein Fragment jener Fülle ausgesagt zu haben, die ihm die gegenwärtige und die historische Welt bedeutet.

Darum mißt Rollands Künstlertum bei weitem nicht sein ganzes Maß aus. Reiner Dichter ist er ja nur in den Stunden seiner Musik. Aber der Raum ringsum, er ist noch erfüllt mit hundertfachen Erkenntnissen und tausendfältigem Wissen, mit Horchen und Verstehen, mit Helfen und immer wacher Anteilnahme, mit den kostbarsten Elementen der Menschlichkeit: alles was wir von ihm an Geschriebenem kennen, alle diese zwanzig oder dreißig Bände drücken ihn nur fragmentarisch aus, denn kein Mensch unserer Welt (ich bin mir bewußt hier nicht zu übertreiben) hat mehr Weite und geistige Bewegung in sich als dieser einzig Wache und Wachsame. Und da innere Bewegung, mag sie auch noch so verborgen sich entfalten, immer wieder Bewegung ins Äußere schafft, so geht vielleicht von keinem unserer Zeitgenossen nach soviel Seiten und in solche Entfernung (bis tief nach Japan und in die buddhistische Welt) sittliche Strahlung aus. Nie hat Rolland sich ganz und endgültig zusammengefaßt in eine Lehre, ein Buch, eine Gestalt und dies widerspräche auch vollkommen seiner biologischen Wesensform, die ganz Bewegung und Strahlung ist, ein Verteilen seiner selbst vielmehr als ein Zusammenfassen. Sein Wesen ist nicht in seinem Sein, sondern in seiner Wirkung – seine Größe nicht im Innern, sondern im Welthaften, nicht im Ruhen, sondern im Strömen – darum faßt ihn nicht ein einzelnes Wort, sondern nur das Gefühl kann seine Einzigkeit begreifen.

Arturo Toscanini

Ein Bildnis

»Den lieb ich, der Unmögliches begehrt.«
›Faust‹, II. Teil

Jeder Versuch, die Gestalt Arturo Toscaninis dem vergänglichen Element der nachschaffenden Musik zu entziehen und in der beständigeren Materie des Wortes zu bewahren, muß unwillkürlich mehr werden als bloß Biographie eines Dirigenten: wer Toscaninis Dienst an dem Genius der Musik und seine magische Macht über jede Menschengemeinschaft zu veranschaulichen sucht, schildert vor allem eine moralische Tat.

Denn in Toscanini dient einer der wahrhaftigsten Menschen unserer gegenwärtigen Welt der immanenten Wahrheit des Kunstwerkes mit einer derart fanatischen Werktreue, mit einer so unerbittlichen Strenge und gleichzeitigen Demut, wie wir sie heute kaum in einer anderen Sphäre des Schöpferischen bewundern dürfen. Er dient ohne Stolz, ohne Hochmut, ohne Eigenwillen dem höheren Willen der von ihm geliebten Meister, und zwar in allen Formen irdischen Dienens: mit der vermittelnden Kraft des Priesters und der Hingebung des Gläubigen, mit der zuchtvollen Strenge eines Lehrers und der rastlos bemühten Ehrfurcht eines ewig Lernenden.

Nie geht es diesem Hüter der heiligen Urformen in der Musik um ein Einzelnes, immer um das Ganze, nie um den äußeren Erfolg, sondern immer um die innere Durchsetzung der Werktreue, und weil er jedesmal und überall nicht bloß seine persönliche Genialität, sondern auch seine einzigartige sittliche und seelische Energie zum vollen Einsatz bringt, werden seine Taten nicht nur für diese eine Kunstform, sondern für alle Künste und Künstler zum vorbildlichen Ereignis. Hier überschwingt ein großartiger individueller Triumph den musikalischen Raum und wird zum überpersönlichen Sieg des schöpferischen Willens über die Schwerkraft der Materie, glorreiche Bestätigung, daß auch in brüchiger und zersprengter Zeit immer und immer wieder ein einzelner Mensch das Wunder der Vollendung zu erschaffen vermag.

Für diese unermeßliche Aufgabe hat sich Jahre und Jahre Toscanini die Seele gehärtet zu einer beispiellosen und darum beispielgebenden Unerbittlichkeit. In der Kunst zählt für ihn – dies seine sittliche Größe, dies seine menschliche Bürde – nur das Vollendete und nichts als das Vollendete. Alles andere, das ziemlich Lobenswerte, das annähernd Vollkommene, das bloß Approximative, ist für seinen Künstlertrotz überhaupt nicht vorhanden oder nur im Sinne der Feindschaft. Toscanini haßt die Konzilianz in jeder ihrer Formen, er verabscheut in der Kunst wie im Leben das freundliche Sichbescheiden, das billige Sichzufriedengeben, das Kompromiß. Vergeblich, ihn zu erinnern, ihn zu mahnen, daß das Vollendete, das Absolute innerhalb unserer irdischen Sphäre eigentlich gar nicht erreichbar ist, daß auch dem grandiosesten Willen immer nur eine äußerste Annäherung verstattet ist an die Perfektion, die einzig Attribut Gottes bleibt und nicht des Menschen; nie wird er – herrlich unweise – diese weise Bescheidung anerkennen, für ihn gibt es nichts als das Absolute in der Kunst, und jenem dämonischen Helden Balzacs gleich verbringt er sein ganzes Leben in dieser »recherche de l'absolu«. Jeder Wille aber, der ständig das Unerreichbare erreichen, das Unmögliche möglich machen will, erreicht in der Kunst und im Leben eine unwiderstehliche Wucht: einzig das Übermaß, niemals das Maß wird produktiv.

Wenn Toscanini will, müssen alle wollen, wenn er befiehlt, alle ihm gehorchen. Es ist undenkbar – jeder Musiker im Schatten seines magischen Stabes hat es bezeugt –, im Banne der von ihm ausbrechenden elementaren Gewalt müde, lässig oder ungenau zu bleiben; in geheimnisvoller Transfusion strömt etwas von seiner elektrisch geballten Energie in jeden Nerv und Muskel, sei es der Mitschaffenden, sei es der bloß Genießenden, über. Toscaninis Wille, einmal dem Werke zugewandt, hat sofort die Macht eines heiligen Terrors, eine das überwältigende Gefühl erst lähmende, dann aber weit über die eigenen Grenzen emportreibende Gewalt; mit seiner entladenen Spannungskraft erweitert er gewissermaßen das musikalische Gefühlsvolumen jedes Menschen über das bislang gültige Maß, er steigert die Kräfte, die Fähigkeit jedes Musikers und, fast möchte man sagen, sogar des leblosen Instrumentes. Wie aus jeder Partitur das Verborgenste und Geheimste, so holt er mit seinen ständigen Forderungen und Überforderungen aus jedem einzelnen im Orchester das Äußerste und Letzte seiner individuellen Virtuosität, er zwingt ihm einen Werkfanatismus, eine Hochspannung des Wollens und Könnens auf, die der einzelne, losgelöst von ihm, nie vormals in gleicher Intensität empfunden hatte und nachher kaum wieder erreicht.

Eine solche Willensvergewaltigung kann, man begreift es, nicht friedlich und gemächlich sich vollziehen. Eine solche Vollendung setzt notwendigerweise einen zähen, einen wilden, einen fanatischen Kampf um die Vollkommenheit voraus. Und es gehört zum Wunderbaren unserer Welt, zu den großartigsten Offenbarungen für jeden schaffenden und nachschaffenden Künstler, zu den wenigen unvergeßlichen Stunden eines Lebens, daß man bei

Toscanini dieses Ringen um die Vollendung, diesen Kampf um das Maximum des Maximums erregt, erschüttert, angespannt, mit einer atemberaubten und geradezu erschreckten Bewunderung sichtbar miterleben kann. Im allgemeinen vollzieht sich jener Kampf um die vollkommene Form bei Dichtern, Komponisten, bei Malern und Musikern in der verschlossenen Werkstatt. Höchstens aus ihren Skizzen und Manuskripten kann man späterhin annähernd die heilige Mühe des Schaffens ahnen; bei einer Probe Toscaninis aber erlebt man den Jakobskampf mit dem Engel der Vollendung visuell und akustisch mit, und es ist allemal ein Schauspiel, beängstigend und großartig wie ein Gewitter. Wer immer um die Kunst bemüht ist, und in welcher Sphäre immer, empfängt hier eine beispielgebende, eine unvergleichliche Anfeuerung zur Werktreue, wenn er sieht, mit welcher Gewalt, welcher Intensität und sogar Brutalität hier ein einziger, von dem Dämon der Vollendung getriebener Mann aus jedem einzelnen Instrument, aus jedem einzelnen Menschen die Höchstleistung zwingt, wie er das bloße Ungefähre und Verschwommene mit einer heiligen Geduld und heiligen Ungeduld genau in das Maß seiner eigenen fehllosen und makellosen Vision des Werkes zwingt. Denn bei Toscanini – dies seine Besonderheit – entsteht die Auffassung des Werkes niemals mehr bei der Probe. Jede Symphonie eines Meisters ist längst innerlich ausgearbeitet, rhythmisch und plastisch bis in die leiseste Abschattung, ehe er an das Pult tritt; Proben bedeutet für ihn nicht mehr Schaffen, sondern nur Einpassen und Anpassen an diese innere, herrlich exakte Vision, denn immer ist Toscanini schon fertig mit seiner bildnerischen Arbeit, wenn die Musiker die ihre beginnen. Wochen um Wochen hat er in ganzen Nächten – dieser erstaunliche Körper benötigt nie mehr als drei bis vier Stunden Schlaf –, die Blätter ganz nahe an sein kurzsichtiges Auge pressend, die Partitur durch- und durchgearbeitet, Takt für Takt und Note für Note. Sein eminentes Gefühl hat jede Nuance ausgewogen, seine sittliche Gewissenhaftigkeit über jede Betonung, über jede rhythmische Einzelheit sich geradezu philologische Rechenschaft gegeben. Nun ist seinem fehllosen, seinem unvergleichlichen Gedächtnis das Ganze so gegenwärtig wie jedes Detail, er benötigt die Partitur nicht mehr, er kann sie wegwerfen wie eine lästige Schale. Denn wie auf einem Rembrandt-Stich die leiseste Linie mit ihrer bestimmten Schärfe und Tiefe, mit ihrem besonderen persönlichen Schwung in die Kupferplatte, so ist jetzt schon in diesem musikalischesten aller Gehirne das Werk Takt für Takt unabänderlich eingestanzt, sobald er zur ersten Probe an das Pult tritt. Er weiß mit einer dämonischen Klarheit, was er will: nun gilt es, die anderen diesem Willen willenlos zu unterwerfen, sein platonisches Vorbild, seine vollendete Vision in orchestralen Klang, die musikalische Idee in reale Tonschwingung umzusetzen und einer Vielzahl von Musikern als Gesetz aufzuzwingen, was er, der eine, in sich schon mit sphärischer Vollkommenheit hört. Titanische Arbeit, unmöglich scheinendes Unterfangen: eine Gruppe verschiedenster Naturen und Talente soll mit photographischer, mit phonographischer Treue die geniale Vision eines einzelnen einheitlich erfühlen und verwirklichen! Aber gerade diese Arbeit, obwohl tausendmal schon glorreich getan, ist Toscaninis Lust und Qual, und einmal dies miterlebt zu haben, wie er in ständiger Angleichung jede Vielheit zur Einheit formt, wie er mit gespanntester Kraft das Verschwommene zum Vollkommenen hinaufführt, bleibt eine unvergeßliche Lehrstunde für jeden, der die Kunst in ihren höchsten Formen als Sinngebung des Sittlichen verehrt. Denn nur von diesen Stunden her begreift man Toscaninis Wirken nicht nur als künstlerische, sondern auch als ethische Tat. Die öffentlichen Konzerte, sie zeigen den Könner, den Künstler, den Virtuosen seines Handwerkes, den Führer, den Triumphator, sie sind gleichsam schon der Einmarsch in das unterworfene Reich der Vollkommenheit. In den Proben aber erlebt man den Entscheidungskampf um die Vollendung, in ihnen allein erschließt sich das hintergründige, das wahre, das tragische Bild des ringenden Menschen, nur in ihnen versteht man den Mut und die Wut des hinreißenden Kämpfers in Toscanini; wie Schlachtfelder sind sie erfüllt von dem Tumult des Auf und Nieder, durchjagt vom Fieber um das Gelingen oder Nichtgelingen, in ihnen und nur in ihnen ist der Mensch in Toscanini bis zu seiner nackten Seele entblößt.

Und wirklich, wie zu einem Kampf geht Arturo Toscanini jedesmal zur Probe, schon äußerlich ist er verwandelt, sobald er den Saal betritt. Sieht man ihn sonst, mit sich allein oder in engerem Kreis, so wäre man paradoxerweise versucht, diesen feinhörigsten aller Menschen für schwerhörig zu halten. Denn er geht und sitzt meist mit einem fremden Blick, die Arme an sich gezogen, die Stirn verwölkt, etwas Abwesendes ist in ihm, etwas völlig Versperrtes gegen die äußere Welt. Unverkennbar: es arbeitet in ihm, er horcht, er träumt in sich hinein, und alle Sinne sind nach innen gezogen. Kommt man ihm nahe oder spricht man ihn an, so schrickt er auf, die tiefen dunklen Augen brauchen dann eine halbe Minute oder eine ganze, um sich von innen nach außen zu wenden und selbst einen nahen Freund zu erkennen; derart ist er in sich versonnen und verloren, derart hermetisch abgeschlossen allem anderen außer seiner innen wogenden Musik. Ein Tagträumer, ein Werkträumer, völlig in der Isolation und Konzentration des schaffenden und nachschaffenden Künstlers, so geht Toscanini durch die Stunden. Aber sofort in der Minute, da er den Taktstock nimmt, da er sich vor die Aufgabe stellt, die er sich entgegengestellt fühlt, verwandelt sich diese Isoliertheit in eine höchste Verbundenheit, diese Verträumtheit in leidenschaftlichsten Tatwillen. Mit einem Ruck strafft sich seine Gestalt, plötzlich fährt etwas Militärisches, Martialisches in seinen Schultern hoch, er wird Kommandant, Befehlshaber, Diktator. Wachsam und feurig blitzen die sonst samtig dunklen Augen unter den buschigen Brauen vor, um den Mund spannt sich streng die Falte des Willens, an der Hand jeder Nerv, alle Organe sind sofort in einem Zustande höchster Wachheit, in angriffsmäßiger Bereitschaft, sobald er an das Pult tritt und mit einem napoleonischen Blick seinen Gegner mißt – denn die wartende Masse der Musiker, sie fühlt er in diesem Augenblick als eine noch unbezwungene Rotte, die er zu meistern hat, als ein gegenwilliges, ein widerstrebendes Wesen, dem es nun Zucht und Gesetz aufzuwingen gilt. Er grüßt aufmunternd die Gefährten, er hebt den Taktstock, und in dieser Sekunde ist schon – wie in einem Blitzableiter die Elektrizität in dünner Spitze – sein ganzer Wille in diesem magischen Stäbchen hypnotisch versammelt. Nur ein Schwung jetzt, und das Element ist entfesselt, rhythmisch folgen die Instrumente seinem klar und männlich gegebenen Takt. Weiter, weiter, weiter, schon fühlt, schon atmet man mit. Da plötzlich – es tut förmlich weh, dieses jähe Aufhören, wie unter einem Hieb schrickt man zusammen – ein hartes, trockenes Klopfen mit dem Stab auf das Pult, die Musiker setzen ab in dem vollkommenen – für uns schon vollkommenen – Spiel. Es wird still, eine Leere steht erschreckt um ihn, und in dieser Stille hört man nun Toscaninis Stimme, ein müdes, ein ärgerliches »Ma no! Ma no!« Wie ein Seufzer der Enttäuschung klingt dieses Nein, dieser schmerzliche Vorwurf. Irgend etwas hat ihn erweckt, enttäuscht in seiner Vision, der lebendige Klang, der von den Instrumenten allvernehmbar hinschwang, war nicht derselbe, den er, Toscanini, mit dem inneren

Ohre gewollt. Noch ganz ruhig, sachlich, höflich versucht Toscanini nun seine Auffassung den Musikern verständlich zu machen. Dann hebt er den Taktstock, man beginnt von neuem an der brüchigen Stelle, schon rückt die Ausführung näher an sein erträumtes Klangbild heran, aber noch immer ist die letzte Übereinstimmung nicht erreicht, noch immer deckt sich nicht restlos Rand zu Rand die orchestrale Ausführung mit der inneren Vision. Nochmals klopft Toscanini ab, erregter, leidenschaftlicher, ungeduldiger wird schon seine Erklärung; weil er Deutlichkeit will, wird er deutsamer. Allmählich entfalten sich aus ihm alle Kräfte der Überredung, und die gestikulative Begabung des Italieners wird in seinem prachtvoll ausdrucksvollen Körper geradezu zum Genie. Selbst der Unmusikalischeste muß aus seinen Gesten jetzt schon fühlen, was er eigentlich will und fordert, wenn er den Rhythmus vortaktiert, wenn er beschwörend die Arme entbreitet oder wieder glühend ans Herz preßt, um die geforderte stärkere Empfindung zu akzentuieren, wenn er, mit dem ganzen Körper plastisch arbeitend, das ideale Tonbild gleichsam visuell herausmodelliert. Leidenschaftlich und immer leidenschaftlicher setzt er alle Überredungskräfte ein, er bittet, beschwört, bettelt, fordert, gestikuliert, er zählt, er singt vor, er verwandelt sich in jedes einzelne Instrument, sobald er es aneifern will, allsichtbar fahren ihm die Bewegungen des Geigenden, des Blasenden, des Paukenden in die Hände, und ein Bildhauer, der menschliche Bitte und Ungeduld, Sehnsucht, Anspannung und inbrünstiges Drängen symbolisch darstellen wollte, fände kein wundervolleres Modell als diese tonbildnerischen Gesten Toscaninis. Wenn aber trotz diesen Anfeuerungen, trotz diesen nervösen Versichtlichungen das Orchester seine individuelle Vision noch immer nicht begreift und erreicht, wird dies Leiden an dem Nochnichterreichten, an der irdischen Unzulänglichkeit bei Toscanini geradezu zum Schmerz. Er stöhnt auf wie ein Verwundeter in seiner verletzten Feinhörigkeit, er gerät völlig außer sich, weil er so völlig in seiner Arbeit verharrt. Er vergißt alle Hemmungen der Höflichkeit, weil er nur die Hemmungen im Werke spürt, ein Zorn gegen den dumpfen Widerstand der Materie fährt ihm ins unbeherrschte Wort, er schreit, er tobt, er schimpft und beschimpft, und man versteht, warum er nur vertrautesten Freunden den Zugang zu diesen Proben gestattet, wo er sich jedesmal als den Besiegten weiß seiner ungeheuren und unersättlichen Leidenschaft zur Vollkommenheit. Erschütternder und erschütternder wird das Schauspiel dieses Ringens, je gewaltsamer Toscanini die letzte, die äußerste Form, seine geträumte, seine so sphärisch gehörte Form des Werkes den Musikern entreißen will. Sein Körper bebt allmählich vor Erregung wie der eines Ringers während des Kampfes, die Stimme wird heiser von den unablässigen Anfeuerungen, der Schweiß strömt ihm von der Stirn, erschöpft, gealtert erscheint er immer nach diesen unermeßlichen Stunden unermeßlicher Arbeit; aber nicht einen Zoll vor der Vollendung, vor seiner erträumten Vollendung gibt er nach. Mit immer neu anspringender Energie treibt er vorwärts und vorwärts, bis endlich die Masse der Musiker restlos sein Wille geworden ist und seine Vision makellos zum Werk.

Nur wer dieses Ringen, dieses tagelange zähe Ringen um das einzelne und einzelnste der Vollendung einmal von Probe zu Probe, von Stufe zu Stufe mitansehen durfte, weiß um das Heroische in Toscanini, nur der ahnt den Preis jener Vollkommenheit, die das Publikum bei ihm schon als Selbstverständlichkeit bewundert. Aber immer ist die höchste Stufe des Könnens nur dort erreicht, wo das Schwierigste wie das Natürlichste, wenn das Vollkommene als das Selbstverständliche wirkt. Sieht man Toscanini abends im überfüllten Saal, Magier und Gebieter über die hörige Schar des Orchesters, gleichsam ganz mühelos mit seiner Zeichengebung die Musiker wie Hypnotisierte führend, so scheint dieser Triumph ohne Kampf gewonnen und er selbst die Summe aller Sicherheit, der höchste Ausdruck der Sieghaftigkeit. Aber in Wahrheit gilt keine Aufgabe jemals für Toscanini als vollendet gelöst, und was das Publikum als Endgültigkeit bewundert, ist ihm unterdes schon wieder zum Problem geworden. An keinem Werk fühlt trotz fünfzig Jahre Vertrautheit der Siebzigjährige ein volles und reines Zufriedensein, bei jedem immer wieder von einemmal zum anderen nur die erregte Ungewißheit des neu und neu sich versuchenden Künstlers. Nie kennt er ein eitles Behagen, nie, wie Nietzsche sagt, das »braune Glück« der Entspannung, des Selbstbezaubertseins. Vielleicht ist niemand unter den Lebenden, der an der Unvollkommenheit alles Instrumentalen gegenüber dem visionär gehörten Klange so tragisch leidet wie dieser, der sein Orchester am großartigsten bemeistert. Denn anderen ähnlich Leidenschaftlichen unter den Dirigenten sind doch wenigstens flüchtige Augenblicke der Verzückung gegeben. Bruno Walter, sein apollinischer Bruder in der Musik, hat, man fühlt es, manchmal Sekunden des Erlöst- und Begnadetseins mitten im Werk. Wenn er Mozart spielt oder dirigiert, ist hin und wieder sein Antlitz unbewußt angeleuchtet von einem Widerschein dieses seligen Lichtes. Er fühlt sich getragen von der selbstgeschaffenen Woge, er lächelt, ohne es zu spüren, er träumt, er schwebt in den Armen der Musik. Solche Gnade des Sichvergessenkönnens ist Toscanini, dem Unersättlichen, dem großen Gefangenen der Vollendung, niemals gegeben. Eine wilde Sehnsucht verzehrt ihn nach immer höheren Formen der Vollkommenheit, und es ist durchaus keine künstliche Pose bei diesem wahrhaftigsten Manne, wenn er am Ende jedes Konzertes, vom Beifall umstürmt, jedesmal mit einem befangenen und beschämten, mit einem scheuen und bestürzten Blick vom Pulte tritt, wenn er unwillig und nur, um der Höflichkeit Genüge zu tun, dem dröhnenden Enthusiasmus der Menge dankt. Denn über allem Erreichten und Errungenen schwebt für ihn eine geheimnisvolle, eine mystische Trauer. Er weiß, daß auch das heldisch Erzwungene in seinem nachschaffenden Element keine Bleibe hat, er fühlt, wie Keats, sein Werk »in Wasser geschrieben«, hingespült in die Woge der Vergänglichkeit, nicht mit den Sinnen, nicht in der Seele dauernd festzuhalten: darum kann kein Erfolg ihn betören, kein Triumph ihn berauschen. Er weiß, daß im orchestralen Raum nichts für immer getan ist und jede Vollendung von Werk zu Werk, von Stunde zu Stunde wieder neu errungen und erzwungen werden muß. Wie kaum einer weiß dieser große Friedlose, weil nie zu Befriedigende: Kunst ist ein ewiger Krieg, nie ein Ende, sondern ein unablässiger Anbeginn.

Eine solche sittliche Strenge der Auffassung und des Charakters ist ein Ereignis im Raume unserer Kunst und unseres Lebens. Aber beklagen wir es nicht, daß eine so reine und zuchtvolle Erscheinung wie Toscanini eine seltene bleibt und daß nur an wenigen Tagen des Jahres uns das Glück gegönnt ist, vollendete Werke von diesem vollendeten Meister in vollendeter Weise dargeboten zu hören. Nichts ist ja gefährlicher für die Würde und das Ethos der Kunst als das Geölte und Bequeme unseres tagtäglichen Kunstbetriebes, als die Leichtigkeit, mit der heute durch Radio und Grammophon das Erlauchteste zu jeder Stunde auch dem Lässigsten handgreiflich wird; denn diese Bequemlichkeit läßt die meisten die Mühe der Schöpfung vergessen und ohne Spannung und Ehrfurcht Kunst in sich aufnehmen wie Bier oder Brot. Wohltat und geistige Wollust ist es darum, in solcher Zeit einen am

Werke zu sehen, der durch die Gewalt seiner Erscheinung wieder bezwingend erinnert, daß Kunst eine heilige Mühsal ist, apostolischer Dienst an dem unerreichbar Göttlichen unserer Welt, nicht Geschenk des Zufalls, sondern erdiente Gnade, nicht laue Lust, sondern auch schöpferische Not. Toscanini hat kraft seines Genius so sehr wie kraft seines unbeugsamen Charakters das Wunder erreicht, Millionen zu zwingen, das glorreich überlieferte Erbe der Musik als lebendigsten Wert der Gegenwart zu empfinden, und diese seine Tat innerhalb der nachschaffenden Musik wirkt fruchtbar hinaus über ihre Grenzen: immer ist, was im Raume einer Kunst glorreich vollbracht ist, gleichzeitig für alle getan. Immer führt nur der außerordentliche Mensch die anderen zu Ordnung und Unterordnung zurück. Und nichts macht uns ehrfürchtiger vor diesem großen Anwalt der Werktreue, als daß es ihm gelungen ist, selbst eine so tief verwirrte und ungläubige Zeit wie die unsere noch einmal wieder Ehrfurcht vor ihren heiligsten Werken und Werten zu lehren.

Busoni

Sein wirkliches Gesicht lag lange hinter der dunklen Wolke des Bartes verschattet. Tragisch schien er und düster, sah man ihn von der Tiefe des Raumes aus an das Klavier treten, ein leidender Christus an dem schwarzen Holz, das alle irdische Lust und Qual in sich verschließt, immer wieder aufs neue durch ihn zu erlösen. Aber nun, da der dunkle bärtige Rand gefallen ist, der Sturz der Haare nicht mehr schwarz wallend über seinem Antlitz dräut, sondern in silbrigem Grau hell eine helle Stirne freiläßt, schön geformt und rein, entdeckt man in seinen so aufgeheiterten Zügen (diesen seltsam geistigen, seltsam sinnlichen) einen sehr beweglichen Mund, der nur herb bleibt in den Stunden der Musik, sonst sich aber gern zum Lächeln des Gespräches rundet, manchmal sogar überquillt in ein eruptives Lachen, dies einzige italienische, aretinische Lachen Busonis, mit dem er Menschen ebenso fortreißen kann wie mit seiner meisterlichen Kunst. Und man sieht, freudig überrascht, in dem nun erhellten Gesicht die Augen leuchten, rein und wasserfarben, aber nicht im stumpfen Ton des ruhenden untiefen Wassers, sondern voll der glitzernden Unruhe des beständig fließenden, von steten innerlichen Quellen erneuten und gespeisten. Augen, die es lieben, in die Welt zu schauen, dann wieder in Büchern zu rasten, die sich an Farben und Frauen freuen, trinkende, suchende Augen, die aber plötzlich heilig ruhig werden – in der ernsten Sekunde, da unter seinen Fingern der erste Ton aufklingt. Keinen unserer Meister liebe ich so sehr am Klavier wie

Busoni. Andere sind erregt im Schaffen, sie schaufeln, sie graben donnernd die Töne aus dem weißen Steinbruch der Tasten, ihr ganzer Körper schwingt in Anstrengung mit. Andere wieder lächeln zum Spiel das betrügerische Lächeln der Athleten, die getürmtes Gewicht mit gespielter Mühelosigkeit hochheben, einer staunenden Menge zeigend, daß es ihnen nur Spiel sei, unsagbare Leichtigkeit. Andere wieder bäumen sich im Stolz, zittern in Erregung. Er aber, Busoni, lauscht. Er lauscht sich selber im Spiel. Eine unendliche Ferne scheint dann zwischen den geisternden Händen da unten, die in Tönen wühlen, und dem erhobenen Antlitz voll seliger Entrücktheit, das sich versteinert in süßem Erschrecken vor der namenlosen Medusenschönheit der Musik. Unten ist Musik, oben Stille, unten das Schaffen, oben das Genießen. Er scheint vergessen zu haben in diesen kostbaren Minuten, daß all dies, was ihn jetzt mit süßen Schauern ergreift, aus ihm selber strömt, er atmet, trinkt und lauscht nur ekstatisch ein, fremd sich selber in dieser nicht zu erlernenden Gebärde hingegebener Verzückung. Sein Gesicht verklärt sich in der Spannung des Lauschens, und seine Augen spiegeln, aufwärts schauend, irgendeinen unsichtbaren Himmel und darin den ewigen Gott. Wie ich ihn liebe in diesen Augenblicken! Wie ich ihn beneide in diesen Augenblicken um so höchste, seltenste Lust, sich selbst nicht mehr zu fühlen im Staunen des Schaffens, erlöst zu sein von allen Unzulänglichkeiten der Arbeit in die Reinheit der Werkbewunderung, um diese äußerste, nicht mehr ringende und fragende, sondern schon ruhende und sich selbst genießende Meisterschaft! Doch wie einen beneiden, der selbst immer neidlos war, den Hilfreichen, Freudigen, den sich an Jüngeren immer wieder Erneuernden? In Jahren, da andere bitter werden, will erst Freudigkeit in ihm erwachen, in Jahren, da andern die Quelle des Schaffens versiegt, beginnt Musik aus ihm strömend zu quellen. Dem Virtuosen sperrt heute die eigene Vollendung den Weg, nun hat der Künstler, der Schöpfer Busoni erst Zeit, erst Raum, um auszuschreiten. Ich glaube, ohne sie zu kennen, an seine Musik. Etwas Helles wird in ihr sein, die Sorglosigkeit der spät Gereiften, und vielleicht wird sein Lachen, sein einzig herzliches, kindliches Lachen, darin klingen. Die Kunst der Jungen ist eigensüchtig, und darum wild und verworren. Aber die Meisterschaft der Gütigen trägt immer im Haar den silbernen Kranz der Heiterkeit.

Bruno Walter: Kunst der Hingabe

Zu seinem sechzigsten Geburtstag 15. September 1936

Wir wußten früh schon von ihm, aber spät erst haben wir ihn gekannt und erkannt. Denn für uns, deren Jugend in fanatischer Eingötterei der dämonischen Erscheinung Gustav Mahlers verfallen war, gab es keinen außer diesem einen in der Musik. Daß neben ihm in den letzten Lebensjahren ein Jüngerer stand, mit bewußter Demut in den Schatten zurücktretend hinter seinem stärkeren Licht, sein Helfer, sein Schüler, sein Mitwerker, das wußten und spürten wir wohl, aber der Jugend Sache ist es nicht, gerecht zu sein. Sie liebt es nicht, ihre Liebe zu teilen und maßvoll zu verteilen, und so blieb alles, was wir an Enthusiasmus an die Sachwalter der Musik auf Erden zu verschenken hatten, an diesen einen gebunden (dem wir eigentlich nie uns persönlich zu nahen wagten, aus Furcht vielleicht, der Zauber könnte sich lösen). Die andern mochten musizieren und dirigieren und noch so vollendet in ihrem Werke sein – nur dieser eine, Gustav Mahler, war uns die Musik. So mußte erst Gustav Mahler entschwunden sein, das Sternbild unserer Jugend gesunken, daß wir nun jenen als Eigenperson bemerkten, der ihm der nächste gewesen und nun sein Erbe geworden; zunächst liebten wir Bruno Walter darum nur mittelbar, nur als den Erhalter und Verwalter der Mahlerschen Tradition. Und erst allmählich wurden wir gewahr, daß, der aus Treue und aufopfernder Hingebung sich so lange als Schüler gewandet, unterdes schon selbst längst ein Meister gewesen war.

Diese wundervolle Fähigkeit der Hingabe bis zur

Selbstverschattung, die wir als moralische Tugend bei dem jungen Menschen bewunderten, ist auch heute noch das innerste Genie seiner Musikalität. Immer verwandelt sich auf einer reiferen Stufe Charakter in Werk, und so ist diese ursprüngliche Disposition noch immer die entscheidendste und unvergleichliche Form seines Wesens geblieben. Nicht seinen Eigenwillen sucht Bruno Walter den Werken aufzuprägen, sondern seine Lust ist, der vollkommene Diener ihres transzendenten Willens zu sein, einzufluten und sich aufzulösen in dieser immer anderen Sphäre, wandelbar mit jedem Werk und beharrend in dieser Verwandlung, überall die Vollendung suchend, aber immer die individuale des Werkes. Bis zum herrlichsten Extrem der Schöpferischen weiß dieser restlos Dienende seinen Dienst zu steigern. Und wenn man bei dem anderen Genius der nachschaffenden Musik, bei Toscanini, in manchen Augenblicken das Gefühl hat, das Orchester verschwinde und alle Kraft, alle Kunst ströme einzig aus seinem Willen und Wesen, so ist es bei Walter wieder in seinen gesegnetsten Momenten, als ob er selber nicht mehr vorhanden wäre, weggetragen von der Welle, selbst nur Instrument, Klang, tönendes Element geworden aus einem Menschen.

Eine solche Hingebung bedeutet immer eine letzte Liebesbeziehung zum Kunstwerk. Niemals von außen, nicht wie der Geist an die Materie, niemals als Fachmann, als Intellektualist vermag Walter an ein Werk heranzutreten, er braucht immer Gebundenheit und letzte Verbundenheit. Und da Liebe immer eine äußerste Durchdringung sucht, ein Eindringen bis in Fleisch und Blut der geliebten Substanz, muß er jedesmal bis in seine tiefsten Tiefen sich verbunden fühlen, er muß ein Werk verstanden haben, aber nicht bloß mit dem Verstand, sondern sich der Seele des zu Beseelenden angeglichen, sich ihm eingelebt haben bis in den letzten Nerv. Erst wenn er ein

Werk so bis ins Innerste durchdrungen hat und es selbst wieder sich seines Innersten völlig bemächtigte, erst dann und nur dann vermag er es als Erlebnis zu verwirklichen. Darum ist Bruno Walter an manche Meister und manche ihrer Werke erst so spät und erst nach langem Zögern herangegangen. Darum hat er trotz seinem lautersten Verlangen, gerade der Jugend zu dienen, von manchen modernen Komponisten, die er vom Menschlichen her auf das äußerste schätzt, sich ferngehalten, weil er sich bewußt war, ihre Absicht noch nicht im völligsten zu verstehen oder nicht aus ganzer Seele zu billigen, und er sich selbst nur, wenn mit ganzer Seele und in restlosester Hingebung schaffend, beflügelt und berechtigt weiß.

Wer so als komprehensive Natur geboren ist und sich als Sinn seines Lebens gesetzt hat, Erhabenes zu verstehen und anderen verständlich zu machen, der wird sich niemals spezialistisch auf ein einzelnes Fach beschränken können, der muß zutiefst erkannt haben, daß die Künste nicht einander begrenzen, sondern ergänzen, und daß, wer der einen wahrhaft dienen will, brüderlich verbunden sein muß mit allen. Wer nun die Ehre erworben hat, sich Bruno Walters Freund nennen zu dürfen, und die Freude kennt, oftmals mit ihm ein geistiges Gespräch zu teilen, der weiß um die wahrhaft universalische Bildung dieses Mannes, dem jeder Vers Goethes so vertraut ist wie jeder Takt Mozarts, dem jedes Bild irgendeiner Galerie auf Erden so in Farbe und Form bewußt ist wie die einzelnste Melodie seiner musikalischen Meister. Der Dichtung, dem Theater, dem Tanz, den Problemen der Regie mit gleicher Einfühlung vertraut, mußte ein Mann seiner universalischen Art geradezu unausweichlich der Genius werden, um das wagnerische Ideal der Oper als der Synthese aller Künste innerhalb unserer Zeit zu verwirklichen. Welche Abende danken wir ihm, welche unvergeßlichen und wie vielseitigster Art! Wie oft und wie immer anders hat er uns bezwungen, bald silbernen Klangs am Klavier oder Spinett Mozartsche Magien erweckend, dann wieder grandios Händels ›Messias‹ mit riesigen Quadern aufbauend, diesen Babelsturm bis in den Himmel, dann jenen unvergeßlichen ›Tristan‹, jenen unvergeßlichen... Aber nein, lieber nicht vereinzeln ein so wunderbar einheitliches Wirken! Wozu zählen und aufzählen, da doch nichts uns vergeßbar ist von allen diesen geistsinnlichen Manifestationen, in denen er uns Musik gelehrt in ihrem edelsten Sinn: Lastendes zu entschweren, Beengtes zu entbinden, Widerstreitendes zu lösen im endlichen Einklang. Wie haben wir ihn lieben gelernt in diesen Stunden bis in seine körperliche Gegenwart, wie liebten wir schon dies Gesicht, das in Gegenwart der Musik immer zu strahlen beginnt wie der Engel Antlitz, wenn Gott sie anblickt! Denn Lust ist es immer, einem Künstler sich hinzugeben, der selber so herrlich sich hinzugeben weiß und damit glorreich bezeugt, daß die Demut vor fremdem Werk nicht Schwäche verrät, sondern die schönste schöpferische Kraft auf Erden. Nur der Allverbundene schafft die wahren Verbundenheiten, immer geht von jeder großen Leistung entscheidendes Beispiel aus, gültig nicht einer Kunst, sondern allen Künsten. Wohl darum unserer Zeit, wenn sie von dieser herrlich harmonischen Natur das Geheimnis lernte, Kontraste zu lösen durch gleich gerechte Bemühung und allen Widerstreit, alle Dissonanzen zu binden in menschlich beglükkendem Zusammenklang!

Abschied von Rilke

Eine Rede, gehalten im Münchner Staatstheater
am 20. Februar 1927

Musik hat diese Stunde eingeklungen, in Musik wird sie verströmen. Zwischen ihre rauschend auftragenden Schwingen tritt scheu und demütiger Stirne das Wort.

Demütig tritt mein Wort an diese Stunde, demütig beugt es sich hin über dies teure und noch nicht überblühte Grab. Denn einzig Musik vermöchte vollkommen den Abschied von jenem auszusagen, den wir heute gemeinsam betrauern, Rainer Maria Rilke, und einzig in ihm von uns allen war das Wort schon vollkommen Musik. Nur an seiner Lippe war es erlöst vom Dunst der Gewöhnung – Gleichnisse hoben da flughaft leicht den starren Leib der Sprache in jene höhere Welt des Erscheinens, darin jedes Geheimnis erfühlbar wird und unsere tägliche Rede eine kaum begreifliche Magie. Alle Vielfalt wußte es zu formen, sein schöpferisch gewordenes Wort, alle Formen des Lebens suchten ihr Bildnis in den klingenden Spiegeln seiner Verse, und selbst der Tod – selbst er trat groß und gegenständlich aus seinem Gedicht als die reinste und notwendigste aller Wirklichkeiten.

Wir aber, zurückgeblieben im untern Element, wir haben nur das Dumpfe der Klage, die Klage um den Dichter, um ihn, der, wie immer das Göttliche, selten erscheint in den Zeiten und den wir doch einmalig in ihm schauen durften mit den groben Organen der Sinne und der stark erschütterten Inbrunst der Seele: in seiner Gestalt haben wir den Seltenen erlebt.

Denn Dichter, dies war er, Rainer Maria Rilke, ihm ziemt vollgültig dies Wort, dies uralt-heilige, dies ehern gewichtige und anspruchsvolle, das unsere fragwürdige Zeit allzu leichthin vermengt mit dem minderen und ungewissen Begriff des Schriftstellers, des bloß Schreibenden. Dichter, er, Rainer Maria Rilke, er war es noch einmal und wiederum in dem reinen und vollkommenen Sinn, wie Hölderlin ihn anruft, den »göttlich erzogenen, tatlos selber und leicht, aber vom Äther doch angeschauet und fromm«, und war es nicht bloß dank der Gnade des Geistes, sondern nicht minder kraft der innen bewahrten Reinheit adeligen Lebens. Dichter, er war und blieb es unwandelbar und unwiderleglich in jedem Wort und jeder Handlung seines früh geendeten Zeitseins. Nicht wie bei vielen anderen, denen gleichfalls die Aura so stolzen Namens gebührt, war er ein Dichter bloß in den Augenblicken des Erhobenseins, in jenen unfaßbar vollen Intervallen, da die Welt von außen nach innen in einen Menschen stürzt und in seiner staunenden Seele noch einmal sich werdend gestaltet: nein, er offenbarte sich allzeit und immer als der reine und ruhelose Künstler, wir wissen um keine Stunde, in der er nicht Dichter gewesen; jedes Wort, das er sprach, jeder Brief, den er schrieb, jede Geste, die seinem zarten und melodischen Körper entsprang, das Lächeln seiner Lippe und die reine Rundung seiner Schrift, all dies Einheitliche und Einmalige gehorchte ebendemselben schöpferischen Gesetz, das seine Verse zu vollendeten formt. So trat aus seinem Wesen uns Reinheit und Einheit strahlend entgegen, kristallen umschlossen und deutsam durchsichtig wie sein Gedicht – und diese unverbrüchliche Gewißheit seiner Sendung, sie hat uns von Jugend her ihm, dem Menschen, dem Künstler, hörig und ehrfürchtig gemacht. Denn dank dieser Allgegenwart der Schönheit im Wesen und Werke haben wir an ihm, an Rainer Maria Rilke, das heute fast Unwahrscheinliche, haben wir einmal und unvergeßlich den reinen Dichter in Antlitz und Atem gesehen.

Dichter, er war es allezeit, Rainer Maria Rilke, und er war es von je. Es gibt keinen Anfang in seinem Leben, wo dieser erlauchte Name ihm nicht zugehörte und die Welt ihn nicht als solchen empfand. Noch wußte die kindliche Hand des Schülers kaum die Schrift und schon schrieb sie Gedichte. Noch schattete der Flaum ihm nicht die Lippe und schon sprach sie Musik. Von den Spielen der Kindheit weg fand er unwissend hinüber in das andere Spiel, das anfangs nur leichte und an der eigenen Fülle immer schwerer werdende der Sprache, und schon dem Knaben gab sie sich willig, dem allzeit Gewinnenden, hin. In dem sechzehnten, in dem siebzehnten Jahre gelangen schon Verse reinster Melodik dem Suchenden und Versuchenden, die auch spätere Meisterschaft nicht mehr beschämte. Und lang noch, ehe die eigene Form des Körpers sich vollendet hatte, fiel schon Vollendung der Formen dem geistig Gestaltenden zu.

Wie dieses Dichterische in so früher Jugend begann, wer kann es aussagen? Wer an dieses Geheimnis rühren, das mit seinen Wurzeln bis ins Dunkel der Ahnen und der Erde reicht? War es letzter Abklang altadeligen Blutes, müde geworden an vielen Geschlechtern, das in jenem Letzten noch einmal aufrollte, zu unkräftig schon, sich kämpferisch ins Lebendige zu stürzen, und nur melodisch verebbte und rhythmischen Atems verklang? Waren es die Schatten der alten Prager Gassen, die das ewig Staunende seines Knabenherzens aufweckend berührten, waren es die slawischen Lieder, die er abends auf den Feldern gehört oder die eine Hausmagd sang, sonntags allein in der verlassenen Stube? Spuren sind dies bloß, vermutendes Ungefähr, denn wer kann den Ursprung eines Dichters deuten, dieses unbegreiflich Sonderbaren unter den Menschen, in dem die tausendjahralte Sprache noch einmal so erstmalig neu ersteht, als wäre sie niemals von Millionen Lippen zerschwatzt und in Millionen Lettern zermahlen gewesen, bis Er dann, dieser Eine, kommt, der alle gewesenen und werdenden Dinge ansieht mit seinem aufstaunenden, seinem farbig umhüllenden, seinem morgenrötlichen Blick? Nein, das ist nie zu erklären mit irdischen Ursächlichkeiten, wie inmitten tausend dumpfer Menschen immer nur einer zum Dichter wird, und darum auch nicht, wie gerade und warum dieser eine es wurde inmitten von uns allen und in ebendemselben Umlauf der Zeit. Wundervoll genug schon, dies allezeit wieder Unverhoffte sich auszudenken, daß das Erlebnis des Dichters immer und immer wieder der Menschheit geschieht, und auszudenken, daß dieser unser Zeitbruder einer war aus so königlichem Geschlecht, daß in diesem schmächtigen scheuen Knaben, umschnürt vom blauen Kadettenkleid, unterhalb der wachen Sinne und inmitten seines Bluts irgendein Strömen begann, das später wundervoll einbrach in unser Gefühl, darin es nun nachrauscht, so großartig gegenwärtig noch, daß jeder von uns, jeder, irgendeine Strophe oder ein Wort von Rainer Maria Rilke unbewußt in den Sinnen hat – einen Atemzug Musik von ihm, der nicht mehr atmet und spricht und doch länger da sein wird als unser aller unbeträchtliches Dasein und Weiterleben.

So bewährte Rainer Maria Rilke sich als Dichter längst, ehe erste Ahnung ihn überschattete vom Ernst und der Verantwortung dieses aufrufenden Wortes. Zugeflogen waren sie seiner Kindheit, spielhaft und leicht, diese ersten Strophen, und er schrieb sie hin, Spiel zwischen Spielen, mit seiner sorgsam rundenden Schrift. Er schrieb sie in Schulblätter und ließ sie, halb Knabe noch, schon drucken in schmächtigen Heften. Und wunderbar, bereits dieser erste Anruf fand Widerklang in uns Gleichaltrigen, in einer ähnlich und sehnsüchtig gespannten Jugend, und nun erst schlug das Bewußtsein seiner Sendung in ihm die Augen auf und sah sich selber strenge und fordernd an.

Ein Zwanzigjähriger, hatte er Ruhm schon, doch nahm er nicht das Süße und Zerstreuende von diesem gefährlichen Zudrang, nur das Bittere der Verantwortung zog er daraus und das Schwere der Verpflichtung. Wie früh hat dieser Wunderbare erkannt, was die andern spät und oft niemals lernen, daß das selig Zugefallene vom wahrhaften Dichter noch einmal und immer wieder neu verdient sein müsse durch unabsehbare Mühe, daß der Mann in beharrlichen und furchtbaren Ernst dauernd zu verwandeln verschuldet sei, was der Genius ihm anfänglich bloß als Spiel und gleichsam zur Leihe gegeben. Und von dieser frühen Erkenntnis an begann bei Rainer Maria Rilke jener schwere Gang zur Vollendung hin, in dem er niemals ermüdete und von dem er niemals – höchste Ehre seiner Reinheit dies! – von dem er niemals auch einen Schritt nur gewichen ist. Gerade dieser Leise, dieser Linde, dieser Abseitige, er, den die törichten Einsarger aller Werte mit locker abwehrender Geste einen Dekadenten zu nennen wagten, er, der äußerlich zart schien, wehleidig und schwach, hat wie wenige seiner Zeit die ungeheure Anstrengung gekannt und geübt, die dem Schaffenden auferlegt ist, so er sein Werk zur Welt schaffen will. Er hat früh erkannt, Rainer Maria Rilke, daß eine Seele unendlich sich anfüllen müsse, um Fülle von sich zu strömen, er hat früh gewußt, daß der Dichter und gerade er sammeln müsse und seine Sinne schwärmen lassen wie Bienen, damit der goldene Seim des Gedichtes schwer, durchsichtig und flüssig sich forme. Keiner von allen lyrischen Dichtern der Zeit vielleicht, keiner hat den Entgelt, den ungeheuren, um die Vollendung sich höher angesetzt und vollgültiger gezahlt als er, der in seinem ›Malte Laurids Brigge‹ die anspruchsvollste aller Formeln für das Gedicht hingestaltet. Dort heißt es (unvergeßliche Worte!): »Verse sind nicht, wie die Leute meinen, Gefühle – (die hat man früh genug) – es sind Erfahrungen. Um eines

Verses willen muß man viele Städte sehen, Menschen und Dinge, man muß die Tiere kennen, man muß fühlen, wie die Vögel fliegen, und die Gebärde wissen, mit welcher die kleinen Blumen sich auftun am Morgen. Man muß zurückdenken können an Wege in unbekannten Gegenden, an unerwartete Begegnungen und an Abschiede, die man kommen sah – an Kindheitstage, die noch unaufgeklärt sind, an die Eltern, die man kränken mußte, wenn sie einem Freude brachten und man begriff sie nicht – (es war eine Freude für die andern) – an Kinderkrankheiten, die so seltsam anheben, mit so viel tiefen und schweren Verwandlungen, an Tage in stillen verhaltenen Stuben und an Morgen am Meer, an das Meer überhaupt, an Meere, an Reisenächte, die hoch dahinrauschten und mit allen Sternen flogen – und es ist nicht genug, wenn man an alles das denken darf. Man muß Erinnerungen haben an viele Liebesnächte, von denen keine der andern glich, an Schreie von Kreißenden und an leichte, weiße, schlafende Wöchnerinnen, die sich schließen. Aber auch bei Sterbenden muß man gewesen sein, muß bei Toten gesessen haben in der Stube, mit dem offenen Fenster und den stoßweisen Geräuschen. Und es genügt auch noch nicht, daß man Erinnerungen habe, man muß sie auch vergessen können, wenn es viele sind, und man muß die große Geduld haben, zu warten, daß sie wiederkommen. Denn die Erinnerungen selbst sind es noch nicht. Erst wenn sie Blut werden in uns, Blick und Gebärde, namenlos und nicht mehr zu unterscheiden von uns selbst, erst dann kann es geschehen, daß in einer sehr seltenen Stunde das erste Wort eines Verses aufsteht in ihrer Mitte und aus ihnen ausgeht.«

In diesem Sinne des Sammelns und Lauschens um geistiger Schöpfung willen ist der junge Rilke in die Welt gezogen, alle Länder entlang als der ewig Heimatlose, der Pilger aller Straßen. Er ist in Rußland gewesen, damit die

Glocken des Kremls tönten in sein Gedicht, er hat in die Augen Tolstois geblickt, um von diesem schauenden Blau zu wissen, durch das Tausende Bilder von Menschen und Geschicken gingen. Er hat Spanien gesehen, Italien, Ägypten und Afrika, um im schöpferischen Nerv und Sinn zu erfahren, wie dort die Sonne im laublosen Lande andere Linien des Lichts hinzeichnet als in unserer waldigen Welt, er war in Skandinavien, um weiße Mitternachtsnächte zu erleben und wissender dann die blausamtene Dämmerung südlicher Täler zu deuten. Überall ist er gewesen, fast immer allein, selten redend, immer lauschend, damit all dies inbrünstig Betrachtete, dies schweigsam in sich Hineingezogene dereinst Rede und Musik werde im Gedicht und sich wechselseitig bezeuge im schaffenden Widerspiel der Vergleiche. Niemand wußte, wo er war in diesen Pilgrimsjahren, der selbstwillig Heimatlose, und doch tat das von innen her wachsende Werk im Bilde jedem kund, wie tief dieser Schauende indes ins Wirkliche und Wandelbare eingedrungen, denn von Jahr zu Jahr füllten sich seine Gedichte mit immer volleren Farben und von dem ›Buch der Bilder‹ begann dann unvermutet jener unersättliche und unerschöpfliche Reichtum seiner lyrischen Rede, jener große Glanz von einander überströmenden Gleichnissen, den kein lyrischer Dichter unserer Zeit seitdem zu überbieten vermochte. Die Welt, die vordem der junge Dichter nur im klingenden Anhauch der Gefühle vage als ein Ungefähr begriff, nun drängte sie blutnah heran, gestalthaft und vielgeformt, immer voller ergriffen von den sehenden, den hörenden, den fühlenden Sinnen, und wohl durfte er damals von sich die Verse schreiben:

»Immer verwandter werden mir die Dinge
und alle Formen immer angeschauter.«

Aber sie als einzelne und abgelöste zu betrachten, ward ihm bald zu geringe Bemühung, denn ein Gleichnis zog mit den silbern klingenden Ketten der Reime das Schwesterliche jeder Erscheinung unaufhaltsam an sich heran, ein unablässiges Sicherinnern von einem ins andere rundete das lockere Verstreutsein des Daseins im Raume zu einem pausenlosen Strömen, gleichsam dem einer Fontäne, die aufsteigt aus den dunkelsten Tiefen des Gedankens und zugleich überglänzt wird vom höchsten Geleucht der ewig im Flusse sich erneuernden Sprache. Je machtvoller aber dieser stille Gestalter die Dinge ergriff, je tiefer aus den Wurzeln er sie heraushob, um so stärker erwuchs ihm das Verlangen, dies Erschaubare und Faßbare ihrer augenfälligen Formen nicht bloß liedhaft zurückzugeben, sondern auch die innere Macht hinter ihnen gleichsam symphonisch auszudeuten, die zusammenhaltende und schöpferische: den Gott. In unzähligen Gleichnissen, mit flügelnd gespannter Seele ihn umkreisend, »wie die Wolken den Turm« in immer dringlicheren Anrufen, in einer erhabenen Litanei drängt immer inbrünstiger seine mystische Ekstase an diese Unendlichkeit heran, und dank diesem bildnerischen Umkreisen entstand aus den noch vereinzelten und zersprengten Formen des ›Buches der Bilder‹ endlich jener Dom zu Gott hin, das ›Stundenbuch‹, die vielleicht reinste religiöse Erhebung, die ein Dichter in unseren Tagen versuchte. Das Meer, das abgründige, in dessen Unausmeßbarkeit das Gefühl restlos einströmen konnte, war gefunden, aus der linden Demut Frömmigkeit geworden, »die stete und stille Schwerkraft, welche aus den Tiefen Gottes auf die Seelen wirkt«, aus der zarten Bewegtheit eine zitternde und ekstatische Trunkenheit, aus einzelnen wie von Wind musikalisch bewegten Strophen das bronzene Glockendröhnen des großen Gedichts. Angelus Silesius und Novalis, den mystisch Gottzugewandten, war ein sanfter

Bruder und kein geringerer erstanden inmitten einer ins Sachliche und Klare gehärteten deutschen Welt.

Dieses große Wachstum weniger Jahre aus so schüchternem Beginn in ein weltumbreitendes Gottverlangen, dieses Sich-Weitern und diese erhabene Wandlung, sie haben wir, sie hat unsere Generation noch ehrfürchtig staunend miterlebt. Wunderbar war es uns, dies zu erleben, dieses Aufsteigen eines Dichters in die Zeit und von Jahr zu Jahr immer neu ergriffen, immer mitgerissener zu fühlen, wie dieses Einen Kunst sich füllte und erfüllte, wie die ersten dünnen Miniaturen seiner Bücher sich entzündeten zu brennenden Bildern, wie die Sprache sich vollsog mit Farben, wie die Gleichnisse immer wissender den Kern jeder Erscheinung erfaßten, wie aus dem fragilen Element der Verse die ganze irdische Welt sinnlich gültig erstand und klargehämmerte Strophen mit immer selteneren und erstmaligen Reimen das scheinbar Fernste so inbrünstig an das Nahegelegene ketteten, daß wahrhaft unser ganzes seelisches Dasein von diesem zarten Gewebe umfangen schien. Und schon fühlten wir, daß über solche sprachschöpferische Vollendung hinaus nur ein Sich-Wiederholen, aber kein Fortschreiten mehr möglich sei, denn diese Gedichte, sie beugten sich schon, so wie Bäume sich neigen unter der Last ihrer Früchte, unter der Überwucht ihrer Reime, und die Verse dröhnten beinahe schon von ihrem Übermaß an Musik.

Aber ehe wir dies deutlich zu empfinden wagten, daß hier ein lyrisches Maß, eine einmalige Art der Endgültigkeit im Gedicht erreicht sei, die kein Überschreiten mehr duldete und im Sich-Wiederholen sich nur verringert hätte, da hatte er selbst schon sie erkannt, der große Künstler, seine eigene Gefahr. Und mitten am Wege oder vielmehr auf der Höhe seiner ersten Vollendung hat Rainer Maria Rilke noch einmal eingehalten und noch einmal begonnen, einen ganz neuen lyrischen Weg, denn selbst »in der Schwere zu ruhen« nach seinem eigenen herrlichen Wort, war diesem großartig Ungenügsamen versagt. Jene Schickung, die man Zufall nennt, hatte ihn damals nach Paris getrieben, dort war er Sekretär Rodins geworden und lebte in jenem weiten hallenden Saal draußen in Meudon, wo weiß und rein die Werke standen, ein steinerner Wald und doch eines abgesondert von dem andern durch die Leere des Raums und die innere Endgültigkeit ihrer Konturen. Dort sah er den Meister, den alten, mit seiner abteilenden Kraft, und es reizte ihn mächtig, wie er zu sein und seinerseits im lyrischen Material ebenso streng und abschließend wie jener im Plastischen irdische Bildnisse zu formen, im gläsern gewichtlosen Element des Verses die gleiche Härte des Umrisses zu erzwingen wie jener in marmorn wuchtender Materie des erdgebundenen Steins. Man begreife die Kühnheit dieser Umkehr, denn gerade das Gegenteil seines Bisher unterfängt sich der nochmals Beginnende darzustellen: nicht mehr wie bislang die metaphysische Verbundenheit und das metaphorische Ähnlichsein der Dinge im irdischen Raume, die mystische Verschwisterung aller Erscheinung im alles umfassenden Gefühl, sondern Rilke unternimmt jetzt – furchtbares Unterfangen! – das schicksalhafte Alleinsein, die tragische Abgelöstheit jedes einzelnen Dinges von andern im Lebensraum grausam wahr zu verwirklichen. Deshalb warf er mitten im Werke die eigene erreichte Sprache wie ein Verbrauchtes weg, um eine andere, eine neue sich zu erfinden; er tritt aus dem bezwungenen Element der Musik kühn in das noch unbetretene der marmornen Plastik, der Melodiker in ihm erzieht sich spartanisch zur Härte, und vor allem drängt er sich selbst, sein eigenes Dabeisein, sein Mitempfinden aus seinem Gedicht, gewissermaßen um den heiligen Monolog, den jedes Wesen im Weltall mit sich allein führt, nicht mit dem eigenen zuhorchenden Atem zu stören. Denn der Dichter, so fühlt er nun in dieser neuen wissenderen Phase, darf nicht der Mitredende sein in diesem neuen steinernen Gedicht, nicht seine Aussage redselig vermengen mit der erst zu erzwingenden des angeschauten Gegenstandes, er muß das Schweigen lernen und das Sich-Verschweigen im Werke, damit sich das eigenste leiblichste Wesen jedes Dings vollkommen aussage. Wie schön stellt er selbst diese strenge Forderung an sich und alle:

»... O alter Fluch der Dichter,
die sich beklagen, wo sie sagen sollten,
die immer urteil'n über ihr Gefühl
statt es zu bilden; die noch immer meinen,
was traurig ist in ihnen oder froh,
das wüßten sie und dürften's im Gedicht
bedauern oder rühmen. Wie die Kranken
gebrauchen sie die Sprache voller Wehleid,
um zu beschreiben, wo es ihnen wehtut,
statt hart sich in die Worte zu verwandeln,
wie sich der Steinmetz einer Kathedrale
verbissen umsetzt in des Steines Gleichmut.«

Das ist nun des späteren Rilke neue und heroisch geforderte Aufgabe: sich zu verwandeln, vollkommen restlos sich aufzulösen in fremder Gestalt, nicht mehr sich ihr sympathetisch zu binden, und dies Nur-Gestalten ist Werk und Wunder geworden in den beiden Bänden der ›Neuen Gedichte‹. Auf dem marmornen Estrich dieses Buches ist die Musik ausgelöscht und zertreten wie eine überflüssige Flamme; ein sachliches Licht grenzt jetzt transparent jede Erscheinung ab zu einer fast grausamen Deutlichkeit. Jedes dieser neuen Gedichte steht und besteht als ein Marmorbild, als reiner Umriß für sich, abgegrenzt nach allen Seiten und versperrt in seine unabänderlichen Konturen wie die Seele in ihren irdischen Leib. Diese Gedichte – ich nenne nur ›Der Panther‹, ›Das

Karussell‹ – sind herausgeschnitten aus dem unbeholfenen kalten Stein ihrer Taghelligkeit wie klare Kameen, durchsichtig bloß dem geistigen Blick – Gebilde, wie sie die deutsche Lyrik bislang in ähnlich schneidender Härte nicht hatte, Sieg einer wissenden Sachlichkeit über das bloß Ahnungshafte, Triumph, endgültiger, einer ganz zu Plastik gewordenen Sprache. Jedes einzelne Ding steht dort in seiner unverrückbaren Schwere fugenlos und hermetisch verschlossen in seinem eigenen Selbst. Es atmet nicht mehr wie früher Musik, nur seine eingeborene Form und den Sinn seiner Seele spricht jedes mit unvergleichlicher Deutlichkeit geradezu geometrisch aus. Gedichte einer Art, ich wiederhole es noch einmal, waren unverhofft damit uns zugeschaffen, wie sie die deutsche Lyrik vordem nicht kannte, in solch einmaliger und abseitiger Perfektibilität, in so souveräner Nachbildung schwesterlicher Kunst.

Derart war diesem unermüdlich Suchenden gelungen, die vieldeutige Welt abermals in neue, unvermutete Ordnung zu binden, und wie diese hundert lyrischen Standbilder, so hätte der Dichter noch tausend und Tausende an dieser glückhaft gefundenen Formel zu prägen vermocht, jedes Tier, jeden Menschen, jede Erscheinung des Daseins in ihrer eigensten Gestalt. Ein Grat, ein schwindelnd und einsam hoher der Vollendung, war in wenigen Jahren völlig erreicht und damit eine Gußform gewonnen, in der Rilke mühelos die ganze Welt, Form an Form, hatte ein Leben lang nun bilden können: aber abermals wollte dieser Schöpferische nicht bloß als Wiederholer seiner selbst fortwalten, sondern es verlangte ihn – nach seinem herrlichen Worte – »der Tiefbesiegte von immer Größerem zu sein«. Noch einmal und nun zum dritten Male ging dieser schweigsam Ringende aus, das Erschaffene und darum Leichtgewordene heroisch zu verwerfen und eine abermals neue lyrische Form aus sich zu holen und sie aufzustufen, dem unerreichbar Unendlichen entgegen.

Auf dieser Erhobenheit begannen vor zehn Jahren seine letzten Gedichte, die ›Sonette an Orpheus‹ und die ›Duineser Elegien‹, jener Aufstieg in eine selbstgewählte Einsamkeit. Denn dieser äußersten Zone der Sprachluft, diesem großartig fremden Widerspiel von Überlicht und letzten Dunkelheiten vermochte das an lindere Formen gewohnte Gefühl der meisten kaum mehr nachzufolgen. Hier ließen ihn die Deutschen allein, und wenige nur waren zur Stelle, um nachzufühlen, welch verwegener Versuchung sein bildnerischer Geist sich in diesen seinen letzten geheimnisvollsten Gedichten ergab. Denn hier, in diesem heiligen Herbst seiner endgültigen Reife fordert Rilke die Sprache zum Äußersten heraus, zum Versuche, das kaum mehr Darstellbare darzustellen: nicht das Tönen mehr, das aus den Dingen schwingt, nicht mehr ihre sinnlich gewahrsame Prägung, sondern den geheimnisvollen Bezug, der zwischen ihnen seelenhaft unsichtbar schwebt wie der Atem über der Lippe. Das Wortlose und dem Wort bisher Versagte, gerade das wollte hier sein ungenügsamer Schöpferwille erdeuten, Bildnis des bloß Begrifflichen, eine Metaphorik des Nichtmehr-Erschaubaren. Dies zu erreichen, mußte unendlich die Sprache sich spannen bis über den eigenen Rand, sie mußte hinab sich beugen in ihre untersten Abgründigkeiten, sie mußte hinaus über das Faßliche dem Unfaßbaren und kaum mehr Sagbaren entgegen. In diesen ›Duineser Elegien‹ ist Rilke, der einst lyrische und dann franziskanische, schließlich der orphische Dichter geworden, jenes heiligen Dunkels voll, das so großartig die Verse der andern deutschen Frühentführten, jene des Novalis und Hölderlin überwogt. Kaum konnten wir damals, selber erstaunend, den Sinn erfassen, der in jenen letzten Gedichten lag, und nun erst öffnet er sich schmerzlich unserem

Erkennen: es war nicht Anrede der Lebendigen mehr, die hier sich versuchte, sondern Zwiesprache schon mit dem andern, mit dem Jenseits der Dinge und des Gefühls. Es war bereits der Dialog mit dem Unendlichen, der hier anhub, brüderliche Gegenrede mit dem Tode, seinem eigenen langbereiteten und nun reif gewordenen Tod, der fordernd sein Auge zu dem Suchenden aus dem Dunkel emporhob.

Dies war sein letzter Aufstieg, und wir vermögen kaum den Firn zu bemessen, den er einsam auf diesem letzten Wege erreichte. Wie ein Ende war schon diese Vollendung und auch er selbst fühlte Bedürfnis einer Rast. Alles hatte ihm die Sprache gegeben, ihre tiefsten magischen Brunnen hatte er ausgeschöpft in seiner lyrischen Rede, das fast Unsagbare ihr herrisch aufgezwungen; so kam's, daß er, ausatmend von so jähem Anstieg, um die Kräfte, die nie erschöpften, zu erproben, nun eine noch unbemeisterte, eine fremde Sprache wählte, daß er versuchte, jetzt in neuem Element, in französischen Strophen einen Rhythmus zu finden, eine neue, noch schwierigere Möglichkeit. Noch bis zum letzten Augenblick Liebhaber des Schwierigen, des kaum Erfüllbaren, wählte er diese äußerste Anstrengung sich als Rast, und wohl wäre sie nur Pause geblieben zu neuem Anstieg dem Unendlichen zu.

Diese gewaltigste, in zwanzig Jahren heroisch erfüllte Bemühung aber um das lyrische Wort, dieser unermüdliche Dienst eines Dichters um die ewig unbeschließbaren Formen, er ward bei Rainer Maria Rilke nur sichtbar in seinem Werk: das Schaffen selbst wie sein Schicksal blieb verhüllt. Niemand hat ganz sein inneres Leben gekannt, keiner in seine letzte Werkstätte gesehen. Leise ist sein Werk gewachsen, schweigsam, wie immer das Große geschieht, im Abseits ist es entstanden, wie alles Vollendete entsteht. Dieser Seltene wußte mit dem ahnenden Geist des Berufenen, daß Entscheidendes allezeit nur vollbracht werden könne durch ein gleichzeitiges großes Verzichten, daß immer der Künstler, so er anhebt, ein überdauerndes Werk rein zu erfüllen, zuvor entschlossene Absage leisten muß an den lärmenden Tag und jede Vermengung mit der unmittelbaren Welt, denn – unvergeßlich ist sein Wort:

»Denn irgendwo ist eine alte Feindschaft
Zwischen dem Leben und der großen Arbeit. –«

Mächtig ruft das Leben den Menschen an, übermächtig ruft es den Künstler, daß er sachlich in ihm wirke und im Sichtbaren mitgestalte, es will das immer gegenwärtig gerichtete Leben Gegenwärtigkeit, es will Vermengung und Anteil vom Dichter für seine Wirklichkeiten. Aber gleichzeitig wird der Dichter von innen herrisch und eifersüchtig gemahnt von seinem noch ungestalteten, einzig ins Zukünftige gewandten Werke, daß er sich absondere vom Leben, sich verweigere seinen Forderungen und nur dem Geiste, dem bildnerischen, diene. Eine Entscheidung ist dieserart von jedem gefordert, daß er sich zu einmaliger Haltung entschließe, ob ganz zum dauernden Werke hin oder zur Zeitlebendigkeit. Rainer Maria Rilke, er hat sich nur der Kunst gegeben, dem heiligen Abseits und der stillen Askese des Werkes. Die Rostra des Redners hat ihn nicht gekannt, fremd blieb er der Bühne und allem Tagwerk, sein Bildnis war nicht auf dem Markte und sein Wort, seine Mitrede fehlte in jedem Geschehnis und zeitlichen Streit; darum sind wenige unter den Menschen, die sein Antlitz, sein Leben wissend erkannten. Oft war er in den Städten, und auch in dieser Stadt, aber ein Verborgenes ging da mit ihm, das ihn umhüllte, und keine Gegenwart fühlte die seine, so scheu war sie und so voll lauschendem Abseitssein. Leise trat er in jeden Raum, ob in Furcht, zu stören oder gestört zu werden, man wußte es nicht, und selbst ein Gespräch war mehr gütiges Lauschen als strömendes Wort. Oft ruhte ein leichtes gutes Lächeln auf seinen Lippen, aber es war ebensoviel Abwehr und Verbergen darin wie einladende Liebe. Man hatte Angst, ihm nahezukommen, so viel tiefe Stille war um ihn, und war doch beglückt, wie klar, rein und brüderlich sein Wort aus dieser Stille uns entgegenkam. Aber nie trat er selbst vor, der in der Kunst nur Anspruchsvolle, der im Leben so Bescheidene, immer blieb er der scheue Knabe, der in seinem Lied gesungen: »Ich fürchte mich so vor der Menschen Wort«, immer bewegte ihn Angst, das gewalttätig Reale könnte zu stürmisch andrängen gegen ihn und dies kristallen tönende Gefäß von Stille, das er ehrfürchtig in seinen Händen trug, zerstören. So ging er in sich gebeugt und scheu durch den Lärm und die Literatur unserer Tage, wie in eine Wolke gehüllt. Und so wie eine Wolke, lautlos und ohne Drängen, umrötet vom Widerschein des Unendlichen, ist er hinübergegangen.

So leise, wie er eintrat in jeden Raum, so verborgen wie er hinging durch unsere schaugierige Zeit, so leise ist er von uns gegangen. Er war krank und niemand hat es gewußt. Er starb hin und niemand hat es geahnt: auch dies Geheimnis seines Leidens, seines Krankseins, seines Sterbens, auch dies nahm er ganz in sich hinein, um es dichterhaft und schön zu gestalten, um auch dieses letzte und langvorbereitete Werk rein zu vollenden: seinen eigenen Tod. Ganz früh hat er begonnen, dieser sein Tod in seinem schmalen und verschwiegenen durch das Leben hin getragenen Leibe, er war von Anfang diesem Letzten und Ausgemüdeten seines Geschlechtes schöpferisch eingetan, und er wuchs mit seinem Wachsen unaufhaltsam und unmerklich. Manchmal sprach diese jenseitige Stimme in den geheimnisvollsten seiner Verse mit, und dann vernahm man jene erschütternde Schwingung inmitten des Gedichtes, die gleiche wie bei Keats und Novalis, den Frühdahingegangenen, die niemals vom Irdischen kommt. Ein geisterhafter Klang, süß und dunkel zugleich, überwogte manchmal seine Worte und Verse, schwarzer Bogenstrich aus anderen Sphären, ein Sprechen gleichsam von Schatten weggewanderter Seelen her, denn:

»Nur wer mit Toten vom Mohn
Aß, von dem ihren,
Wird nicht den leisesten Ton
Wieder verlieren.«

Jene Prosa-Elegie des Malte Laurids Brigge über den fremden Tod, die düster gewandeten Strophen des ›Requiem‹, was waren sie, wenn nicht vorausgeahnter Grabgesang und Anruf des eigenen Todes? Er hat ihn innen gefühlt, jahrelang schon, aber wie alles Gefühlte ihn groß erhoben und verwandelt ins Gedicht, bis sein Tragisches nur mehr tönende Trauer war und die Mahnung ins Vergängliche selbst Unvergänglichkeit. Wir jedoch, wir liebevoll Lauschenden, betört von dieser Musik, wir liebten den in ihm wachsenden Tod ahnungslos mit seinem Leben und genossen die seltene Süße, dies selig Sichlösende, als ein Geschenk. Und erst als dieser Tod grob in die Welt schlug wie eine plötzlich zufallende Tür, da schraken wir auf und sehen bestürzt nun die eingebrochene Leere und die Armut unseres Zurückgebliebenseins.

Aber mit diesem Tod zu rechten, ihn früh und grausam zu nennen, nein, das wäre nicht seines Sinns. Wir haben ehrfürchtig zu sein vor diesem Tode um seiner Ehrfurcht willen. Soviel dieser Tod uns auch genommen an ungesagten Dingen und unsagbaren Möglichkeiten, dies müssen wir ihm dennoch danken, daß er ein hohes Bildnis uns unverstellt erhalten bis zur letzten Stunde und Rainer Maria Rilkes Angedenken als ein vollkommenes vor unserer Liebe steht, eine hohe Gewähr für jeden Bemühten im Geiste, eine erlauchte Bürgschaft für jede Jugend, daß durch Sammlung der Seele und Reinheit des Daseins der Dichter auch heute noch möglich ist in unserer dem Dichterischen abwendig gewordenen Welt. Er war dieser Dichter, er blieb es bis zum letzten Atem seiner Lippe, und es ist die einzige Tröstung unserer Trauer, daß wir sagen dürfen: wir haben ihn erlebt.

Vor so hohem, so seltenem Ereignis wird selbst die Trauer zur Demut und Klage, sie verflutet in Dank. So wollen wir nicht klagen, sondern ihn rühmen aus der Mitte unserer Trauer, und wie man an offenem Grabe dreimal die Scholle der Erde zum Abschied wirft, so senke dreimal die Scholle des Wortes sich ihm nach. Wir wollen ihm danken im Namen unserer Vergangenheit, im Namen unserer Gegenwart und der noch wartenden Zeit. Wir wollen ihm danken:

Ruhm und Ehrfurcht dir, Rainer Maria Milke, um der Vergangenheit willen, die dich wachsen sah durch Demut und Geduld von schmalem Beginne zu großer Vollendung – ein Beispiel jeder Jugend und ein Vorbild jedem zukünftigen Künstler!

Ruhm und Ehrfurcht dir, Rainer Maria Rilke, um unserer Gegenwart willen, der du das Seltenste und Notwendigste, der du das Bildnis des Dichters wieder einmal als eine lautere Einheit und Reinheit gezeigt!

Und Ruhm und Ehrfurcht dir, Rainer Maria Rilke, du frommer Steinmetz am ewig unvollendbaren Dome der Sprache, um deiner Liebe zum Unerreichbaren willen – Ruhm und Ehrfurcht dir für deine Verse und Werke in alle Dauer dieser deutschen Sprache!

Auguste Rodin

Der große Meister ist müde und alt. –
Ein weißes wehendes Dickicht umwallt
Sein Bauernbart den zerfurchten Basalt
Des abgelebten grauen Gesichts.
Und wenn er schwer durch die Säle geht,
Durch die er sein steinernes Werk gesät,
So schlurft er so schläfrig und urallein,
Als schritt' er in seinen Tod hinein.

Aber weiß,
Ein funkelnder Kreis,
Umstehn ihn die Statuen und strahlen von Licht!
Die Augen weitfort von sich aufgetan,
Träumen sie schweigend ein Ewiges an.
Sie rühren sich nicht, sie regen sich nicht,
Sie spüren sich nicht, sie bewegen sich nicht,
Stumm
Ruhen sie aus in unendlichem Ruhm.
Ein Lächeln verloren im marmornen Mund,
Stehen sie da, die großen Trophäen
Verschollener Siege, gemeisterter Zeit,
Gefrorne Kristalle Unendlichkeit.

Der Meister umschlurft sie mit langsamem Gang,
Als schritt' er sein ganzes Leben entlang
Mit seligem Schauern, mit zärtlichem Graun
Muß er sie wieder und wieder anschaun,
Und kann's doch nicht fassen, das Unfaßbare,

Daß sie, die ihm vor verschollenen Jahren
Gespielen und Spiel seiner Jugend waren,
Noch immer dieselben, die strahlenden sind
Und ihre Formen, die kühlen, die klaren,
Noch rein die Welle des Lebens durchrinnt,
Indes er selber, der sie gestaltet,
In sich zerfaltet, in sich veraltet,

An jeder Stunde zu sterben beginnt.
Und wie er sie so, die strahlenden, sieht,
Fühlt er sich selber uralt und müd.
Er ahnt, in den klaren, körnigen Quadern
Müsse tiefinnen
Das eigene Blut seiner todmatten Adern
Noch feurig quellen und rotfunkelnd rinnen.
Und mit denselben uralten Händen,
Die das Leben in ihre Leiber getan,
Rührt er jetzt zagend die Statuen an,
Noch einmal in ihnen, den stummen, den kühlen,
Das weggelebte Leben zu fühlen:
Wie ein Dürstender beugt er sich über den Stein
In den Brunnen verschollener Jahre hinein.

Aber fremd
Stehen die Statuen im Totenhemd.
Sie ehren ihn nicht, sie wehren ihm nicht,
Sie atmen nur Schweigen, sie leben nur Licht.
Sie haben vergessen, woher sie kamen,
Den Fels und das Land und die Zeit und den Namen.
Wortlos gereiht
Stehn sie in ihren weißen Gewändern
Unberührt von Vergehn und Verändern
Jenseits der Zeit.
Und kein Wort von ihrem marmornen Munde
Spricht mehr zurück zu den Menschen der Stunde.

Die Uhren, die ihnen zu Häupten gehangen,
Sind weitergegangen,
Städte erstanden und andre verdarben,
Gesichter fielen aus Formen und Farben,
Geschlechter erwuchsen, Geschlechter verblühten,
Menschen wurden zu Masken und Mythen,
Alles ward in der mitleidlosen
Mühle der Jahre zerstäubt und zerstoßen –
Nur sie in ihren erstarrten Posen
Dürfen im rastlos Wandernden ruhn,

Weil sie ihr Wesen ewig zu Ende tun.
Der geht – und sein Gehen ist ewiges Gehn –
Der ruht – und sein Ruhen ist ewige Ruh –
Und wie auch die Stunden stürmen und schwingen,
Keine Stunde nimmt, keine gibt etwas zu,
Denn jede der stummen Gestalten hält
In sich kristallt einen Augenblick Welt,
Der nie wiederkehrt und niemals zerfällt.
Niemals werden die weißen, die glatten
Gestalten in ihrem Wesen ermatten,
Ewig werden, die sich umschlingen,
Im Liebeskampf um Erfüllung ringen,
Ewig wird die Welle der Lichter
Die Qual der vier Gebeugten umzittern,
Ewig wird mit den Schreckblick der Dichter
Aus innerer Nacht in die Welt gewittern,
Und das Lächeln, das jener Lippe umschwebt,
Ist irdisch verklungen und bleibt doch und lebt,
Indes sie selber, die wachen Gesichter,
Sich längst zerstäubten aus Formen und Falten
Und mit den Stunden verwehten wie Wind. –
Sie aber, die Schatten des Lebens, die kalten
Steine, sie stehen, sie dauern: sie *sind*.

Der Meister steht staunend im steinernen Wald,
Von Schweigen umschart, von Stille umschallt,
Und mit einmal begreift er die Urgewalt,
Die wie große Musik aus den Steinen bricht:
Sendung
War ihm gegeben,
Vollendung
Schafft Leben über dem eigenen Leben,
Gestalteter Stein ist stärker als Zeit!
Und selig erkennt er das große Licht
Ob seinen Gestalten: Unsterblichkeit.

Da lächelt der Meister zum erstenmal,
Seit er stumm vor den Steinen steht.
Von Licht und Schweigen orgelt der Saal,
Und sein Herz braust mit in dem großen Choral.
Wie im Gebet
Hebt er die Hände,
Die all dies getan,
Und sieht sie, die eigenen, ehrfürchtig an,
Er sieht sie an, die kranken, die kalten,
Mit ihren Schrunden und Schwielen und Falten,
Die Werkmannshände, in denen vor Jahren
All diese aufgereckten Gestalten
Wie zitternde, unflügge Vögel waren,
Und die nun, heilig und unnahbar,
Hinglänzen durch die stürzende Stunde
Wie eine niederverlorene Engelschar,
Die Gott anschweigt mit marmornem Munde.

Groß rauscht es im Saale, still sinken die Hände,
Stumm stehen die Statuen, weiß leuchtet der Stein.
Wie in eine Legende
Geht der Meister fromm in sein Werk hinein.

Konstantin Meunier

Die Kunst hat eigene Formen der Entwicklung. Nicht geradlinig, langsam und zielbewußt, wie die exakten Wissenschaften, hebt sie sich immer stolzer empor, sondern ihr Weiterschreiten ist ein fortwährendes Ringen und Sichentfalten der gegensätzlichen Kräfte, ein Kampf, bei dem erst immer die Nachgeborenen entscheiden können, ob er ein Sieg war im Sinn des ewigen Fortschritts, oder eine Stauung und Hemmung. Jeder Kunstrichtung erwächst die Spannkraft, die sie zur Herrschaft führt, erst immer aus dem Widerstand feindlicher Richtungen, und ihr eigenes Aufblühen nährt schon wiederum die Keime der besiegten Strebungen, die sich in anderer Form offenbaren.

Neue Kunstrichtungen entstehn also nie organisch, sondern immer in Revolutionen, die eine von vielen gleichzeitig erfaßte neue Idee oder eine überragende Persönlichkeit herbeiführt. Und unablässig weist die Kunstgeschichte dieses wichtigste regulative Prinzip auf, daß, wenn eine Richtung ihre klassische Blüte überwunden hat und sich gleichsam über sich selbst hinaus in ihr Extrem fortsetzt, wenn sie nur die formalistischen Werte steigert und vervielfältigt und nicht die innerlichen, harmonischen, plötzlich die Gegenströmung vorbricht, heftiger, konsequenter in ihren Tendenzen, als sie es eigentlich meint, aber nachdrücklich in Rangstellung zu den herrschenden Prinzipien, die sie überwindet oder rückhaltlos in sich aufgehn läßt.

Eine solche große Revolution, die sich in ihren letzten

Konsequenzen längst wieder abgeschwächt hat, haben wir in den letzten zwei Jahrzehnten auf allen Gebieten künstlerischen Schaffens erlebt. Die klassische Schule, die längst epigonal geworden war, ohne es eingestehn zu wollen, und unfähig war, der Kunst neue Ideale und Formen einzuhauchen, mußte notwendig einmal eine Strömung erzeugen, die der lebendigen Gegenwart das Wort redete und ihren gesunden Instinkten. Und was Zola und Gerhart Hauptmann für den dichterischen Realismus getan, das schufen einige verwegene Neuerer in der Kunst, als erster Jean François Millet, der den »Cri de la terre«, das Evangelium der Arbeit, zuerst im Bild gestaltete und dabei beinah verhungert wäre, weil er zu früh kam und eine Entwicklung instinktiv um einige Jahre vorausahnte. Dann Courbet, der gesunde Realist, der seine Thesen durch rhetorische und schriftstellerische Propaganda unterstützte, in Deutschland Meister Menzel mit seiner Schmiede – alle ohne voneinander zu wissen und beseelt vom Atem der Zeit, der sie in die Gegenwart wies, an ihren innersten Nerv, an die Arbeit und den Arbeiter, auf dessen Schulter unser Jahrhundert ruht. Aber die letzte endgiltige Formel der künstlerischen Gestaltung des Arbeitsgedankens blieb einem andern bewahrt, der sie prägen durfte, weil er sie nicht als These schuf, sondern als eigenes Lebensschicksal und als Ausstrom menschlicher Empfindung.

Mitten in den Jahren des ersten Ansturms gegen die klassische Kunst, gegen 1886, flattert in Paris zuerst der Name Konstantin Meuniers auf. Damals war er keiner der Jüngsten mehr. Zu einem mehr als Fünfzigjährigen, der ein Menschenleben lang um Leben und Verständnis gekämpft, der spät erst sich selbst und seine eigenste Begabung gefunden hat, kommt der Ruhm, der seit jenen Tagen sich an Gewichtigkeit und Breite immer gesteigert hat und heute die ganze gebildete Welt umspannt.

Meunier hat lange um diese Anerkennung gekämpft, ein ganzes bitteres Menschenleben lang voll von Entsagungen und Enttäuschungen. Hat man das unerbittlichste aller Bücher, die Geschichte, gelesen, die mit grausamer, unabänderlicher Wahrheit von den Schicksalen der Männer erzählt, die im Kampf mit dem Leben lagen, weil sie ihre Zeit schon tiefer erfaßten als alle um sie her, dann bleibt man oft dem Ringen großer Menschen unserer Zeit gegenüber ein wenig kühl und skeptisch; aber der tiefe Eindruck bleibt mir unvergeßlich, wie mir Konstantin Meunier, der greise Meister, dessen Schultern sich schon zu beugen beginnen von der Last der Jahre, in seinem Atelier in Brüssel aus seinen Jugendtagen erzählte. Als Sechzehnjähriger habe er begonnen und – was das Merkwürdige ist – als Bildhauer; aber es schien ihm nicht das Rechte. Er versuchte es mit dem Malen als Schüler der historischen Richtung, die damals Frankreich und Belgien beherrschte, aber es waren kleinliche Erfolge, die er erntete. Und vor allem keine materiellen. Seine Bilder aus dem religiösen Leben interessierten wenig, obzwar sie, z. B. das jetzt recht bekannte ›Begräbnis eines Trappisten‹, in Brüssel zur Ausstellung gelangten; und um sich und seine Familie zu ernähren, mußte er für industrielle Zwecke arbeiten. Nie aber kam die rechte Befriedigung, die Freude an seinem Werk; und es schien auch, als sei eine Entwicklung für ihn unmöglich, denn Meunier stand damals schon in einem Alter, da andere abzuschließen pflegen – er war ein Fünfziger. »Damals führte mich« – so erzählt er – »ein Zufall hin zu der ›Terre noire‹, einem wallonischen Winkel, zu den Kohlenbergwerken der Vorinage, und da fühlte ich, wie ich das sah, gleichsam mit einem Schlag: *das* ist Leben, *das* ist etwas Neues; hier mußt du beginnen.« Und der Fünfzigjährige begann dort ein Lebenswerk, das nicht nur gehaltlich, sondern auch rein numerisch sich mit dem lebenszeitlichen Schaffen eines jeden messen darf.

»Zwischen fünfzig und sechzig Jahren war die emsigste Periode meines Schaffens«, erzählt er weiter.

»Da konnte ich arbeiten, wenn ich wollte, bei Tag und bei Nacht, die Ideen strömten mir nur so zu, und immer hatte ich Eifer und Lust.« Und in diesen Jahren hat er uns eine neue Kunst gegeben, er hat in den kraftvollen harten und herben Umrissen seiner Arbeitergestalten die Psychologie des fünften Standes versteinert und versinnbildlicht, die wuchtigen Pfeiler entblößt, auf denen die heutige Gesellschaft ruht. Einzelne seiner Arbeiter sind Modelle aus den Glashütten und Kohlenbergwerken gewesen, und es sind immer die einzelnen, die er darstellt, aber in seiner Skulptur hat er das wichtigste Geheimnis des Künstlers für sich entdeckt, das Individuelle, das Realistische und Persönliche zum Typischen zu erheben. Sein Standbild eines Werkmannes ist zwar nur das Bild eines einzelnen, ist individuell betont, aber doch kein Porträt; jene letzte Feile, die die Skulptur zum Porträt ergänzt, läßt er weg, etwas Rohes und Unvollendetes bleibt in der Erscheinung, etwas Allgemeines an dem Individuellen – es ist nicht der Arbeiter X Y, der sein Modell gewesen ist, sondern *ein* Arbeiter, *der* Arbeiter als Repräsentant des ganzen Standes. Und durch dieses Verfahren ist es ihm gelungen, alle Empfindungen des Einzelnen als Regungen des ganzen Standes und der ganzen Menschheit aufglühen zu lassen; er hat den Eindruck des Allgemeinmenschlichen, den die klassische Schule durch Darstellung des Nacktkörperlichen, des Allgemeinen und Gemeinsamen sucht, eben durch sein Verfahren der formalen Halbvollendung eines gewöhnlichen, bekleideten, äußerlich poesielosen Alltagsmenschen erzielt, der aber in seiner Stimmung eine ganze Klasse repräsentiert. Unbewußt – denn Meunier ist fast ausschließlich Autodidakt – ist er da dem tiefen Schöpfungsgeheimnis Michelangelos nahegekommen.

In diesem äußerlich so eng scheinenden und in Wirklichkeit so wunderweiten Schöpfungskreis ist Meuniers Arbeit fast unübersehbar. Wenn auch wesentlich die Skulptur ihn beschäftigte und seinen Ruhm schuf, so hat er sich doch in jenen Jahren mit jeder Technik befreundet, um der Stoffülle Herr zu werden. Er hat Ölgemälde, Aquarelle, plastische Silhouetten, Porträtzeichnungen nur so nebenbei in diesen Jahren des Alters geschaffen, die an und für sich das Werk eines fleißigen Künstlers sein könnten. Aber in diesen Arbeiten lebt eine ganze Menschheit, das Volk der Bedrückten und Unterjochten; wie eine Anklage sind diese Schöpfungen, die das Leid, die Not und die Arbeit so wahr, so glühend schildern, daß sie selbst schon von dem Leben Meuniers erzählen. Denn nur einer, der selbst gedungen und wie ein Knecht im Dienst des Lebens geschaffen hat, belauscht dieses schaffende Volk mit so schöpferischem Mitleid, nur er weiß so die Gesten der Verzweiflung, die langsam Gleichgiltigkeit und Stumpfheit wird, die dunklen Wolken des Trotzes und der Auflehnung so zu sehn und wiederzugeben. Man muß Blatt auf Blatt seiner Schöpfung umschlagen, um das immer mehr zu empfinden, wie wahr, wie furchtbar wahr seine Arbeit ist.

Alles hat er geschildert, was zu schildern war, Nachtretern hat er keinen Raum gelassen. Hier gehn die Menschen zur Arbeit – ›La descente des mineurs‹ – hinab in den dunklen Schacht, wo sie das Joch und vielleicht auch der Tod erwartet. – Man sieht, daß sie es wissen, denn in ihren Blicken glüht ein Etwas, das nicht mehr Angst ist und nicht mehr Trotz, nur das letzte Funkeln der Ohnmacht, die der Hunger erstickt. Und Meunier folgt ihnen hinab zur Arbeit selbst. Hier wären die unzähligen Erzskulpturen zu nennen, die einzelne Menschen bei ihrer

Tätigkeit darstellen und von denen die bekanntesten ›Der Lastträger‹, ›Der Mäher‹ und ›Der Sämann‹ sein dürften. Die großartigste aber von seinen Gruppendarstellungen erscheint mir die plastische Silhouette ›Les puddleurs‹, die in der »Luxembourgausstellung« in Paris ist, leider allzuschlecht postiert. Sie stellt einige Arbeiter an einem Schmelzofen dar, und hier ist Meunier – was sonst der Hauptmangel seines so überreichen Talents ist – gerade die Anordnung und wirkungsvolle Gruppierung der Gestalten wunderbar geglückt. Alles ist an dieser Gruppe Bewegung und Anspannung, man spürt es gleichsam mit, wie sich die Muskeln im Kampf der letzten Anstrengung straffen, wie sich alles konzentriert und ein einziger Gedanke wird in diesem entscheidenden Moment der Arbeit. Sehr wirkungsvoll unterstützt hier auch Meuniers originelle Technik dic spontane Wirkung: der dunkelgrüne Erzguß gibt das Trübe, Überwölkte dieser Stimmung wieder, und in der plastischen Silhouette ist jede Ablenkung durch die Geschlossenheit der Front vermieden, so daß nur die Aktion zur Geltung kommt. Von den Arbeitergestalten will mir sonst am wertvollsten erscheinen die Statue ›Le marteleur‹ und der ausdrucksvolle ›Tête de mineur‹.

Selbstverständlich hat sich Meunier aber nicht nur auf die Darstellung der Arbeit beschränkt. Die Berliner werden aus der Nationalgalerie seine in ihrer Schlichtheit ergreifende Gruppe ›Der verlorene Sohn‹ kennen und lieben und wohl von Ausstellungen her die Christusgestalt ›Ecce homo‹, die allerdings vielen sowohl in der Auffassung als auch der peinlich-anatomischen und durchaus nicht idealisierenden Durchführung dem Stoff nicht würdig erscheinen wird. Zu nennen wäre noch seine ›Walküre‹, dann der bekannte Frauenkopf ›Tête de femme‹, eine ungemein realistische Skulptur einer alten Arbeiterin, die aber trotz ihrer Vollendung keine reine ästhetische Wirkung erzielt, ferner das meisterhafte Porträt seines verstorbenen Sohnes Karl Meunier, in dem Belgien gleichzeitig einen seiner tüchtigsten Künstler verloren hat, und noch manches andere Werk, das beweist, daß Meuniers Gesichtsfeld durchaus nicht eng ist und er nur dem Fluch aller Neuschöpfenden, der kalten Schablonisierung erliegt, wenn man ihn einfach nur als sozialen Bildhauer wertet.

Allerdings, in diesem Gebiet hat er uns das meiste gegeben, mehr als je einer vor ihm. Und in seinem Atelier steht die Skizze eines herrlichen Werks, das die Krönung seines Schaffens und gleichsam sein Schwanengesang sein soll, das ›Monument der Arbeit‹, jener Riesenplan, der ihn schon seit vielen Jahren beschäftigt. Alle Gattungen der Arbeit will er hier in ihren wichtigsten Repräsentanten in einem Werk vereinen, dessen bedeutende Kosten ihn auf Staatshilfe anweisen; ein Triumph und ein Denkmal der Arbeit wird es zugleich sein. Noch ist der Aufbau in der Skizze nicht vollendet, wohl aber einzelne Gestalten, die teils Wiederholungen früherer Arbeiten sind, und die Krönung des Ganzen soll die Mutter mit dem Kind bilden, die Volksmadonna, das Symbol des ewigen Lebens und der unendlichen Güte, die über allen diesen harten Gestalten herrscht. – Dazwischen sind noch eine Menge kleinerer Arbeiten, die ihn jetzt beschäftigen, ein Porträt Camille Lemonniers, ein paar neue Gruppen, auch Aquarelle – ein weiter hoher Saal voll Schönheit und echtem Künstlertum. Nichts aber von seinen Werken erreicht den unvergeßlichen Eindruck Konstantin Meuniers für den, dem es vergönnt war, einige Stunden mit ihm zu verbringen. Die bezwingende Schlichtheit seiner Kunst verrät schon seine einfache und doch überwältigende große Persönlichkeit, in der sich die Güte eines reifen, schmerzgeprüften Mannes mit einer herzlichen, geradezu rührenden Liebenswürdigkeit paart; und nie ist es mir so sehr bewußt geworden, wie in der kleinen stillen Vorstadtstraße de l'Abbaye in Brüssel, daß gerade das Neue und Große nicht mit dem Kopf gemeistert wird, sondern nur aus der Seele eines gütigen und sich selbst treuen Menschen entwächst.

Theresa Feodorowna Ries

Bei keiner Kunstgattung offenbart sich der Einklang zwischen Persönlichkeit, Temperament und Schöpfung unmittelbarer und intensiver als bei Plastiken. Der Dichter kann in souveräner Höhe der Objektivität über seinen Werken stehen, ein Maler in dekorativen und landschaftlichen Studien nur einen geringen Teil seines persönlichen Erlebens und Fühlens zum Ausdruck bringen, wer aber Charaktere und Symbole in der tauben Form eines menschlichen Körpers vergegenwärtigen will, muß zu ihrer Beseelung ein starkes Stück eigenständigen Temperaments verwerten. Bei Theresa Feodorowna Ries, der jungen Russin, die sich mit ihren Arbeiten rasch einen Weltruf geschaffen, scheint mir diese Gemeinsamkeit ihres reinseelischen und bildnerischen Drangs in jener sehnsüchtig-verlangenden Unruhe zu liegen, die sich in wilder Unbändigkeit und einem brennenden revoltierenden Trieb gegen alle Beschränkungen und Alltäglichkeiten wehrt. Leicht läßt sich dieser Drang, der alle großen und vorwärtsstrebenden Künstler mehr oder minder durchglühte, zuerst aus ihrem Lebensbild ablesen, das ich einer Darstellung ihrer Entwicklung entnehmen will, da mir ihre Schülerarbeiten fremd geblieben sind.

»In Moskau geboren und erzogen, kam Theresa Feodorowna Ries zugleich mit der Tochter Tolstois, Varja, in das traditionelle französische Pensionat, wo sie anfangs die erste, dann eine der schlechtesten, in Mathematik und Algebra unbestritten die schlechteste Schülerin wurde. Als siebzehnjähriges Mädchen trat sie in die Moskauer

Akademie ein, entgegen allen Regeln und Gesetzen dieser Anstalt, die von ihren Zöglingen Vorstudien in Anatomie und Perspektive erheischte. Theresa Ries kannte diese Lehrfächer nicht und hat das Versäumte nie mehr nachgeholt. Nach wenigen Monaten übertraf sie in der Malerei alle ihre Mitschülerinnen und erhielt einen ersten Preis für einen Studienkopf. Dieser stellt einen grauhaarigen Muschik vor, der mit trübem, stumpfem Blick verängstigt und melancholisch in die Welt sieht. Die junge Malerin ging bald mit Glück zur Skulptur über; eine Ariadne nach der Antike war ihr erster Versuch auf dem neuen Gebiet. Wie im Spiel lernte sie die spröde Materie souverän beherrschen, das Arbeiten im freien Raum, das durch keinen Rahmen eingeschränkt sein durfte, die Darstellung des massig Körperlichen entsprach völlig ihrer Begabung. Mit ihrem Können wuchs der Neid der Umgebung und trübte ihre frische Schaffenslust. Das ungefügige Benehmen der von Ehrgeiz glühenden Schülerin erregte das Mißfallen der Professoren, bis endlich ein Vergehen gegen die Disziplin ihren Ausschluß aus der Akademie herbeiführte. Ein wenig wohlwollender Lehrer ignorierte absichtlich und regelmäßig Theresa Ries und ihre Arbeit. Eines Tages, als man sie wieder übersehen, erhob sie sich zornig von ihrem Platz: ›Sie scheinen in einem Irrtum befangen‹, rief sie dem verdutzten Professor zu, ›Sie sind hier für uns, nicht wir für Sie‹ – das Consilium abeundi war die unmittelbare Folge dieser Missetat.«

Dieser kleine Ausschnitt aus Theresa Feodorowna Ries' Leben ist typisch für ihre Kunst. Wo andere sorgfältige Vorbildung hatten, lenkte sie der unfehlbare Instinkt, die naive Technik des Genies, und solches Schaffen muß sich immer in naturgemäßem Gegensatz zu Schulen und Akademien befinden. Die Rache, die sie für die Demütigung durch die Professoren nahm, war die einzig große und einer echten Künstlerin würdige: sie schuf aus eigener

Kraft ein Meisterwerk, ihre ›Somnambule‹, die zuerst in der Moskauer Kunstausstellung Platz fand. Dem Fachmann wird bei der Wahl des Motivs wohl gleichzeitig die Kühnheit und Dankbarkeit des Stoffs auffallen, kühn, weil seine Bewältigung eine Summe von Fähigkeiten in sich schließt, weil die treibenden Kräfte hier unsichtbar wirkende und rein psychische sind, die in dem unbeweglich träumenden Antlitz unsäglich schwer zu veranschaulichen sind. Und doch ist die Schönheit der Idee überwältigend: die Gestalt eines halbbekleideten Mädchens, das mit tastenden Händen vorwärtsstrebt in der seltsamen, befangenen Unsicherheit eines Traums, der das strömende Mondlicht ihr zu leuchtenden Wundern verklären muß. Das schwebende, aufstrebende, von allen Gleichgewichtsgesetzen förmlich erlöste Hingleiten ihres Gangs, die verträumte Sehnsucht, das Urgeheime und Unfaßbare einer Mädchenseele – das ist eine schöpferische Idee, die nicht anders leben kann wie in formaler Vollendung.

Aber Theresa Feodorowna Ries erteilte sich damals selbst noch nicht den Freispruch von einer ausbildenden Leitung und begab sich zu dem bekannten Künstler Eduard Hellmer nach Wien, das seitdem ihr ständiger Aufenthalt geblieben ist. Die Büste, die uns ihren Lehrer darstellt, ist eine prächtige Spende ihrer dankbaren Empfindung; nicht nur die Charakteristik des großen Bildhauers ist ihr ausgezeichnet gelungen, sondern auch das formale Problem der Verschmelzung von Gestalt mit dem Material selbst, jenes fast unmerkliche Gestaltwerden des Marmors hat bei ihr eine originelle und vortreffliche Lösung gefunden.

Die erste Arbeit, die in Wien zur Ausstellung kam, war ›Die Hexe‹. Unwillkürlich mußte dieses interessante Werk die Aufmerksamkeit aller Besucher des Künstlerhauses auf sich ziehen; eine junge Hexe, die sich zum Blocksbergreigen rüstet. Und wiederum ist hier die ganze

Charakterisierungskunst auf die Züge verlegt: das lüstern-erwartungvolle Lächeln, das von den teuflischen Orgien träumt, die Sinnlichkeit, die sich kaum zurückhalten läßt, eine schwüle, verwirrende, satanistische Stimmung verwirklicht sich alles in dieser einen Gestalt.

Mit dieser ›Hexe‹ hat Theresa Feodorowna Ries einen Weg betreten, der für fast alle ihrer späteren Plastiken charakteristisch ist. Sie strebt nicht die Darstellung der Elementargefühle an, sondern symbolisiert in ihren Gestalten jenen seltsamen, komplizierten und der Gestaltung widerstrebenden Ideenkreis des Rätselvollen und Dämonischen. Sie kann für die Plastik vielleicht noch das Gleiche werden, was Charles Baudelaire für die Literatur bedeutet: die Darstellerin des Revoltierenden, Negierenden (›Lucifer‹), des Satanischen, Hysterischen (›Die Hexe‹, ›Die Somnambule‹) und des Übersinnlichen, Rätselvollen, das Tod und Grauen in sich schließt (›Der Tod‹, ›Die Unbesiegbaren‹). In ihr ist jene sinnliche Kraft des Schauens, der allein sich diese dunklen und unruhigen Gefühle entschleiern, und vor allem besitzt Theresa Feodorowna Ries die dichterische, synthetische Fähigkeit, eine Eigenschaft und ein Gefühl in eine einzige Idee einzuschließen, um sie dann auch in einer Gestalt zu verkörpern. Darum ist auch Reichtum und Vieldeutigkeit in ihren Gestalten, es ist jenes erhabene Lebendigwerdenwollen eines Gedankens in ihnen, der »Schrei nach Leben«, der nach einem englischen Ästhetiker stets das letzte und erhabenste Kriterium eines Kunstwerks sein soll. Viel Dichtwerk ist in ihren Plastiken und doch noch viel Raum für Dichter, eigene Gedanken in diese gewaltigen Stimmungen einzubannen.

Am meisten empfinde ich dies bei der Gestalt ›Lucifer‹. Ein finster-schöner Kopf mit der gedankenvollen Stirn eines Titanen; die schweren Brauen sind zusammengeballt, man fühlt, ein furchtbarer Schmerz tobt hinter dieser eisernen Stirn im Kampf widerstrebender Gedanken. Kraft und Trotz liegt in der ganzen Gestalt; aber das Haupt lehnt sich drohend auf die muskelstrotzenden Hände: es ist einer, der mit dem Leben, Gott und der Hölle gerungen, nie gesiegt hat und doch nie gedemütigt worden ist. Eine Fülle von Ideen durchweht einen bei der Betrachtung dieses Meisterwerks, aber die bange, schicksalstiefe Frage, die unten in den Stein gemeißelt, drängt das Problem zusammen. »Bist du glücklich, Ebenbild Gottes?« steht dort, und aus den dunkelüberschatteten Augen, die tausend- und abertausendmal das Leben gesehen, brennt die gleiche Frage. Und sie klärt auch das Symbol des Totenkopfs, der, wie achtlos hingerollt, zu seinen Füßen liegt. Das ganze urewige Wunder des Werdens und Vergehens liegt in ihm begraben und das ganze Verlangen zu wissen, ob ein Zweck sei und ein wahrhaftes Ende in diesem Leben. Und man spürt erst, wenn man alles dies begriffen, wie sehr sich hier diese Idee verkörpert hat: ein Lichtbringer, Lucifer, muß es sein, der solche gewaltige Fragen in die Welt wirft, aber auch ein Dämon, der weiß, daß er alles Glück des Seienden vernichtet, wenn er mit den letzten und geheimnisvollsten Fragen die Menschen zu Antworten hinaufpeitscht, deren Erfüllung ihnen für ewig versagt ist.

Die gleiche großzügige Behandlung wie der Idee hat Theresa Ries hier dem Kunstwerk selbst zuteil werden lassen. Kraft und Fülle charakterisieren hier alle Glieder, eine grandiose Einheitlichkeit, die nie das Detail und seine mühsam-originelle Durchbildung den Eindruck der Geschlossenheit überwuchern läßt. Ein gewisser Rest von Roheit und Unausgeglichenheit bleibt oft zurück bei ihren Gestalten, der aber verstärkt – wie bei Rodin – nur immer noch die unmittelbare Wucht der spontanen Impression. Dadurch vor allem wirkt ihre Gruppe ›Die Unbesiegbaren‹ so machtvoll. Sie offenbart aber gleichzeitig am stärksten, wie Theresa Feodorowna Ries von einem künstlerischen Formalismus ist, wie ihr nicht nur jede Gruppe, sondern auch jede individuelle Gestalt der Typus einer eigenen Idee werden muß. Wer oberflächlich und verständnislos sieht, erblickt nur vier Arbeiter, die an einem Seil eine unsichtbare Last nach vorwärts ziehen, aber der verschiedene Gesichtsausdruck jedes Einzelnen wird ihn noch nicht auf die künstlerische Vertiefung dieses Bildwerks hinführen. Denn Theresa Ries hat hier ein wundervolles Symbol des Lebens geschaffen, ein pessimistisches dunkles Bild voll Entsagung und Wehmut. Denn das Leben ist, wie sie veranschaulicht, nichts als eine unsichtbare Last, die wir nicht erblicken können, aber wir fühlen ihre Schwere, weil wir sie vorwärtsschleppen müssen. Und jeder trägt sie anders. Die vier Gestalten sind nichts anderes als die vier Temperamente und als solche zugleich die Symbole der Lebensauffassung. Der erste Arbeiter, der gebückt und teilnahmslos schleppt wie ein Tier im Joch, ist der Phlegmatiker, der sich willenlos in den harten Urteilsspruch des Schicksals fügt. Der zweite stellt den Melancholiker dar, der den Schmerz des Lebens bereits erkennt und ihn in jeder Minute bewußt fühlt. Und auch der dritte verachtet das Leben: in wildem Zorn reißt er an dem Seil, unfähig, das Leid in schweigender Gelassenheit zu ertragen. Und nur der vierte – die Künstlerin hat ihn jünger dargestellt als die andern – zieht mit frohem Mut und kraftbewußter Ausdauer an der Last; im Sanguiniker ist vielleicht noch allein die Hoffnung, Herr des Lebens werden zu können. Aber sie kämpfen noch alle, ob sie sich auch als Schwächere fühlen, und so erklärt sich auch jener große Titel ›Die Unbesiegbaren‹, der diese Gruppe adelt.

Und diese düstere Lebensanschauung ist der Grundklang ihrer Werke geblieben, allerdings gepaart mit einem finsteren und kraftvollen Trotz gegen das Schicksal. Die andern kleineren Arbeiten, wie z. B. die heilige Barbara, die für die Kirche in Pola bestimmt ist, sind nur Schöpfungen ihrer künstlerischen und nicht auch ihrer menschlichen Intentionen. Der Todesgedanke und die Idee von der drückenden Last des Lebens haben ihr ganzes bisheriges Werk erfüllt; ihn selbst, den Allbezwinger, hat sie als schönen, ernsten Jüngling dargestellt, der aber selbst einen Zug leiser Schmerzlichkeit um die Lippen eingeprägt hat; auch er ist ein Sklave des Unabwendbaren und des Schicksals. Das nächste Werk, das von Theresa Ries zur Veröffentlichung gelangt, hat sich ebenfalls den Todesgedanken zum Motiv genommen, allerdings schon in einer sanften Verklärung und Erhebung, wie es die Verwertung als Grabdenkmal bedingt.

Nach dem, was ich von Theresa Feodorowna Ries gesagt habe, ist es wohl kaum nötig, noch zu betonen, daß dieser jungen Künstlerin noch reiche Vertiefung und Entwicklung bevorsteht. Denn wer sich in Kleinlichkeiten und formalen Vollendungen ein Ziel sucht, gelangt zur Manier und zur Maniertheit; jene Künstler aber, die ihre Werke gedanklich mit Leben erfüllen und sie nur irdische Formen der großen Ideen sein lassen, die sie durchbeben, die wachsen mit jedem Tag, der ihnen ein Erlebnis wird. Und der Tag der Gedankendichterin und so überreich begabten Plastikerin Theresa Feodorowna Ries ist darum viel zu steil gegen die Höhe gerichtet, als daß wir heute schon sein Ende absehen könnten.

Frans Masereel

Der Mann und Bildner

Glücklicherweise weiß ich ganz unwiderleglich gewiß, daß Frans Masereel, dieser meisterlichste aller neuern Holzschneider, am 30. Juni 1889 in Blankenberghe seinen ehelich angetrauten, gut bürgerlichen Eltern geboren ist: denn sonst wäre ich niemals den Verdacht los geworden, er sei ein natürlicher Sohn Walt Whitmans, eines jener verschollenen außerehelichen Kinder, die der amerikanische Weltmensch während seines Aufenthaltes im Süden mit einer unbekannten Mutter gezeugt hat. Niemals nämlich habe ich in einem Menschen, einem zeitgenössischen Künstler so sehr den Walt Whitman-Typus der freien und doch beherrschten, der überfülligen und doch heiteren Kraft gefunden, dieses unwiderstehlich Kameradschaftliche zu allen Erscheinungen, und ein ähnlich sicheres selbstverständliches Äquilibrium zwischen Persönlichkeit und Umwelt. Wirklich nur in Walt Whitman-Rhythmen und jenem Katarakt von Eigenschaftsworten, jener schmetternden Wucht der gesteigerten Whitmanschen Aufzählung könnte man sein Äußeres beschreiben: hoch gewachsen, männlich schön, muskelstark, bedächtigen Ganges und doch leicht gelenk, dunklen Auges und hellen Blicks, kraftvoll bei äußerster Sanftmut, energisch bei hilfreicher Güte, heiter bei werktätigstem Ernst, ungehemmt, wahrhaft frei und allein der innern Stimme gehorchend bei äußerster Hellhörigkeit für das ganze Orchester der Welt. Sein frankes offenes Tun gibt seiner Kunst, seinem Leben den unwiderstehlichen Ausdruck von Selbständigkeit. Man kann sich ihn niemals befangen denken, weder im Sinn der Unsicherheit noch jenem der Scham, so daß man in seiner Gegenwart beglückt das seltenste aller menschlichen Schauspiele genießt: den wahrhaft freien, sich selbst gehörigen und doch allem hingegebenen Menschen. Man muß wirklich seine ganzen inneren Kräfte zusammenfassen, um ihn genug zu lieben, und dies nicht bloß in seinem heute schon gewaltigen Werk, sondern im Urtümlichen, Elementaren seines Wesens.

Er ist einer unserer gewaltigsten Könner, ganz Mann der Zeit: jedoch nichts in seinem Wesen, in seinem Werk wirkt von außen her dämonisch. Aber erinnern wir uns nur: es gibt eine (sehr hohe, vielleicht die höchste) Gattung des Künstlers, wo der Genius aus einem Zusammenklang von großen Kräften entsteht, ich glaube nicht, daß Händel, Rubens, daß Walt Whitman und Tolstoi, daß Balzac (trotz der Büste Rodins) in ihrem Leben einen anderen Eindruck hervorgerufen haben als den einer unendlich gesteigerten Naturkraft. Solchen Vollmenschen ist es gegeben, rastlos, tagtäglich, gleichsam strömend zu schaffen. Sie haben nicht die Hemmungen und psychischen Stauungen, die seelischen Untiefen und grandiosen Plötzlichkeiten des Nervenkünstlers, sondern eine ebenmäßige und geradezu quellhafte Produktivität, die Kraft aus Kraft schafft, und nur aus derart naturhafter Nichtanstrengung vermag eine solche kolossalische Fülle zu entstehen, eine Vielfalt der Welt, wie sie Händel in seiner Musik, Rubens in seinen Bildern, Whitman in seinen Versen, wie sie dieser heute noch Junge und Unverbrauchte in seinen vielleicht tausend Holzschnitten geschaffen hat. Bei solchen Naturen scheint das Produktive sein Wunderbares zu verlieren, weil es organische Funktion darstellt, und das Wunder besteht dann eben in der Weltbreite des Werkes, in seiner unbegreiflichen Fülle, im Unabsehbaren seines Horizontes.

Solche Naturen und vielleicht nur sie allein haben die wahre Gabe der Universalität. Nur solche, die allem offen und für nichts verschlossen sind, die keine Vorliebe haben in ihrer Weltliebe, empfinden die ganze Welt und jede ihrer Formen als Gegenstand, und das ganze Register der hellen und dunklen Tasten wartet bildsam auf ihre Hand. Ein Händel kann ebenso heitere Opern und künstliche Arien wie den tragischen Messias und die Schicksale der Propheten schaffen, ein Whitman in einem Atem den Körper der Frau besingen und die Wolkenkratzer des Broadway, ein Balzac ebenso das Schicksal eines alternden Provinzmädchens schildern wie die Schlacht an der Beresina und die Börsenoperationen eines Parfümeriehändlers: nur sie, die das Gleichmaß der Kräfte haben, die geduldige, ohne jede besondere Stimmung bereite, durch nichts gehemmte Produktivität, nur sie können einen Orbis pictus geben, das kosmopolitische und kosmische Bild. Diese Fülle hat Masereel für mein Gefühl allen andern lebenden Zeichnern und Bildnern voraus. Ihm ist die ganze gegenwärtige Welt in allen ihren Gegenständen, Erscheinungen und Formen gleichmäßig Motiv für seine Zeichnungen und Holzschnitte: schon heute hat der Unermüdliche eine solche Menge gestaltet, daß man wie von der Bilderschrift der Ägypter von seinen Blättern die ganze äußere Formenwelt unserer Welt restlos ablesen könnte. Ginge alles zugrunde, alle Bücher, Denkmäler, Photographien und Berichte, und blieben nur die Holzschnitte erhalten, die er in zehn Jahren geschaffen hat, so könnte man aus ihnen allein unsere ganze gegenwärtige Welt rekonstruieren, man wüßte, wie man in unserer Zeitwende gewohnt hat, wie wir gekleidet waren, man würde den ganzen grauenhaften Krieg an der Front und im Hinterland mit allen seinen teuflischen Maschinen und seinen grotesken Gestalten, man würde Börsen und Fabriken und Bahnhofshallen und Schiffe und Türme und

Moden und Menschen, ja die Typen selbst und darüber hinaus noch den ganzen gefährlichen Geist und Genius, das seelische Tempo unseres Zeitalters einzig und allein von seinen Blättern begreifen. Von wem nun, frage ich, von welchem zeichnerischen Künstler außer ihm, dem Benjamin der Graphik, kann eine ähnliche quantitative und dokumentarische Leistung gerühmt werden (ich lasse zunächst die qualitative noch beiseite)? Wer von allen hat, im Sinne der Vielfalt und der Verschiedenheit, ein Ähnliches unter seinen Zeitgenossen getan? Fleiß allein konnte solches nicht schaffen und Technik nicht minder, es war ein Höheres dazu nötig, ein Bindendes, ein Umfassendes, jene wunderbare Offenheit des Wesens für die Gesamtheit der Erscheinungen und zugleich die fanatische Liebe zum Detail. Masereel ist das Gegenteil einer explosiven, einer sprunghaften Natur; sein Geist, sein Genius ist wie jener Balzacs, wie jener Walt Whitmans ganz auf das Universale gerichtet. Er liebt alle Nationen, alle Sprachen, alle Zeiten, das Alte wie das Neue, das Romantische wie das Maschinelle, und ich weiß nichts, was dieser leidenschaftliche Weltfreund auf unserer Erde haßt, als eben das Gegenelement, alle jene Institutionen also, deren Sinn und Absicht es ist, die ungeheure belebte, blutgetriebene Fülle des Daseins zum Erkühlen, zum Stocken, zur Uniformierung zu bringen, die das lebendige Leben einzuschnüren und abzugrenzen trachten. Er ist ein Feind des Staates, wo er Gewalt und Unrecht fördert, ein Feind der »Gesellschaft«, die sich als ein Höheres abschließt, die ihre Macht erhalten will, und ohne irgendwie Politiker zu sein (er verabscheut auch die Parteien als Einschränkungen und Erstarrungen der inneren Freiheit), ist er doch immer kämpfend an die Seite der Schwächeren und Unterdrückten und Benachteiligten getreten. In seinen bildnerischen Romanen ›Passion d'un homme‹, ›Idée‹, ›Le soleil‹, in seiner imaginären Selbstbiographie hat er alle Treiber und

Getriebenen der die Freiheit des einzelnen befeindenden Mächte in grotesken Karikaturen an die Wand genagelt, die Kriegshetzer, die Spekulanten, die Klassenrichter, die Polizisten, alle die Vertreter einer selbstsüchtigen Moral, eines egoistischen Zweckes. Sein Weltgefühl duldet eben nichts, was die Welt vergewaltigt, keine einzelnen Gruppen, die die heilige Einheit des Alls unterbrechen. Sein Genius zielt immer auf das Ganze: wie Walt Whitman in tausend Strophen will er die Welt in Bildern auflösen, in unendlicher Verschlungenheit durch Tausende Einzelheiten darstellen, ohne darum die Idee der Einheit zu verlieren.

Zehntausend Zeichnungen und Holzschnitte hat er heute geschaffen und trotz seiner beispiellosen Produktivität ist doch nicht zu befürchten, daß er jemals fertig werde. Denn sein visionärer Vorrat ist unermeßlich wie die Welt selbst. Masereel hat ein malerisches Auge wie Balzac. Was immer ihn nur einmal, auch nur im Vorübergehen, auch nur in der Reproduktion angestreift hat, das sitzt in klaren, unbeugsamen Linien in seinem Innern fest; hinter seiner Stirn ist ein ganz ungeheures Magazin aller irdischen äußeren Formen. Er weiß alles auswendig, was er jemals auch nur in flüchtigster Form gesehen. Nie nimmt er ein Modell, nie muß er für eine Zeichnung Studien machen, nie schlägt er ein Kostümverzeichnis nach, um irgendeine Sache, ein Motiv »richtig« zu reproduzieren. Sein Gedächtnis ist unfehlbar so wie seine Hand; er weiß (und das wirkt wirklich magisch auf alle, die ihn kennen) jede Einzelheit der Welt auswendig und hat sie lebendig mit allen Details zu jeder Stunde bereit. Er weiß jede Spiere an einem Segler, jeden Kolben an einer Lokomotive, jede Masche an einem Netzwerk aus dem Gedächtnis hinzuzeichnen. Er erinnert sich ebenso an den Turban eines Mekkapilgers und an die Tätowierung einer Rothaut wie an den Parademarsch und Gewehrgriff eines preußischen Füsiliers. Er hat jede Bewegung gegenwärtig, die Verkürzung des Körpers im Fluge, die Krümmung des fahrenden Zuges, das sich bäumende Pferd, den aufspringenden Fisch, Lachen und Schmerz in einem irdischen Gesicht. Ich habe dieses Unglaubliche selbst oft staunend miterlebt: man geht mit ihm spazieren in fremder Stadt, in heißestem Gespräch. Er scheint ganz versenkt darin und verloren. Und ein Jahr später findet man auf einem seiner Holzschnitte einen Türklopfer aus jener Straße mit allen Details so peinlich genau wiedergegeben, als hätte er ihn heimlich photographiert, oder das Antlitz eines Hundes, der unterwegs einen angesprungen hatte: dieses dunkle Auge unter der runden Hornbrille braucht ein belebtes Ding nur vorbeigleitend anzurühren und schon ist es nach innen gezogen wie auf eine belichtete Platte, schon aufgespeichert in der gigantischen Vorratskammer seines Gedächtnisses, wo nichts vermodert und verblaßt, sondern alles chaotisch wogend, ein unendlicher Kosmos der Formen, beisammenruht, bis ein Wink des Willens die einzelnen Linien aufruft und sie magisch überfließen läßt in seine Hand.

Dieses beispiellose Gedächtnis der millionenhaft bewegten Formen des Lebens und die makellose Willigkeit, mit der sich jede dieser Formen dem zeichnenden Finger, dem grabenden Messer fügt, ist Masereels eigentliche Genialität. Nicht im einzelnen, nicht in einem vorspringenden, charakterologischen Zug, sondern in der Fülle der Fähigkeiten, im Umfang der Visionen verbirgt sich bei ihm die Dämonie des Werkes. Und sie paart sich bei ihm ganz merkwürdig einer andern, scheinbar ganz bürgerlichen Tugend, nämlich seinem handwerkerhaften, geduldig zähen Fleiß. Ich sagte früher schon, daß seinem Wesen äußerlich etwas Undämonisches beiwohne, eine gewisse schwere, sanfte, fast bäuerliche Langsamkeit, erinnernd an den zähen, gleichmäßigen Schritt, mit dem der Landmann bei Saat oder Ernte über den Acker stapft, und im künstlerischen Sinn äußert sich diese Bedächtigkeit des Fortschreitens auf ein unendliches Ziel in einem ehernen, granitenen Fleiß, einer fanatischen Sachlichkeit, in jenem »Nulla dies sine linea« der alten deutschen Meister. Tagtäglich sitzt Masereel mit dem Messer stundenlang vor seinem Tisch wie ein Goldschmied, wie ein Graveur, wie ein Uhrmacher, wie alle diese Urtüchtigen des gesunden, rechtschaffenen Handwerks, und wie jene liebt er sein Handwerk, in dem ja selbst etwas Mittelalterliches, Primitives, Antiquarisches ist. Er arbeitet heute in der vom elektrischen Licht überschütteten, von Untergrundbahnen durchwühlten, von tausend magnetischen Strömen durchflossenen Stadt Paris genau so, wie irgendein mythischer Urahne vielleicht vor ihm die alten Holzschnitte von Thourout, jene frommen Bilderbogen, in einer kleinen Stube schnitt, mit derselben einfachen Technik, mit dem gleichen Messer in dem gleichen Holze, mit derselben unerschütterlichen und gleichmäßigen Geduld. Und er liebt diese Technik um der männlichen Freiheit vom Requisit willen. Alle die chemischen Fabriken, die Farben erzeugen, könnten stillestehen, die surrenden Webstühle, die Leinwand aus feinen Fäden binden, einstürzen, er würde gelassen weiter arbeiten. Denn er braucht nur ein Messer und ein quadratisches Stück Holz, um die Welt zu formen, ja selbst dies nicht einmal, denn in Genf, erinnere ich mich, hat er einmal selbst einen Birnbaum gefällt und mit der Axt zerschlagen und sich selber seine Holzplatte gesägt. Wäre er wie Robinson auf eine wüste Insel geworfen, er könnte dort nach drei Tagen ebenso arbeiten wie in seinem Atelier, er würde sich seine Blöcke schaffen (ich sage Blöcke: denn in seinem Tun ist irgend etwas vom Bildhauer, zu dem er geheimnisvoll hinstrebt) und würde in ihnen alles noch einmal lebendig sein lassen. Er braucht keine Stimmung, er braucht keine

Hilfe, kein Modell, kein Motiv mehr: Jahrzehnte könnte er noch so weiter schaffen, ohne den Kopf zu heben von seiner Arbeit, so voll ist sein Inneres erfüllt, so rastlos seine Geduld. Und doch hat er schon Tausende und aber Tausende von Gestalten und Formen ins Leben gestellt: im Scherze sagte ich oft, er könnte sich heute ein Haus oder ein Segelschiff aus den Scheitern von Holz, die er schaffend zu Bild und Geschehnis verschnitt, erbauen.

Gerade diese Zwiefalt scheint mir der besondere Reiz von Masereels Kunst, nämlich, daß sie in ihrer handwerklichen Technik so altväterisch primitiv ist, genau noch dieselbe wie aus der Zeit der Blockbücher und Familienbibeln, und daß ihr Inhalt, ihr Eindruck, ihr Tempo, ihr Rhythmus so unerhört modern und zeitgenössisch ist. Er hat selbst einmal diese Zwiefalt in einem Bild dargestellt, das den Anfang seines Buches ›Erinnerungen an meine Heimat‹ bildet. Da steht er im Selbstporträt in der Mitte zwischen zwei Welten, zwischen den beiden Flandern, zwischen dem sinnlichen, lebendigen von heute mit seinen Arbeitern, Maschinen und Riesenstädten, und dem andern der Vergangenheit, dem frommen, glockendurchklungenen der Kirchen und Klöster, wo gesenkten Blicks eine Nonne von der Ewigkeit träumt. Unablässig steht er auf diesem Kreuzweg zwischen Fleisch und Geist, zwischen Primitivität der Kraft und nervösestem Lebensgefühl. Denn auf den gleichen kleinen Platten, in derselben Technik, im selben Acht-Zentimeter-Raum, wo die alten Meister in starr gebundener, kaum aufgelockerter Form ihre Heiligenlegenden hinmalten, lodert bei ihm ein neues Element: das Kinobild. Seine Zeichnungen haben die Geschwindigkeit, die pulsende, springende Kraft der Kinobilder (die er unendlich liebt, er hat sogar selbst einen Film geschrieben), und fügt man sie zusammen, so sind sie genau wie ein Film rasend rasch und spannend und aufregend. Und durch jedes dieser Blätter mit ihrem einfachen Zweiklang schwarz-weiß saust der ganze hitzige, nervöse Rhythmus unseres eiligen zwanzigsten Jahrhunderts. Das aber ist für ihn stärkster Anreiz, gerade in der härtesten farblosen Form, im Holzschnitt, auf engstem Raum die unerhörteste Fülle einzupressen, die Bewegtheit des Geschehens bis in die kleinste Spiegelung hinein in diese paar Zentimeter zu komprimieren. Darum sind auch diese seine Holzschnitte so unendlich gefüllt mit tausend Einzelheiten, Symbolen und Gleichzeitigkeiten. Bei dem ersten Anblick sieht man immer nur die Hauptsache, um in allmählichen Entdeckungen die verblüffendsten Paraphrasierungen und Kontrastierungen des Motives zu erspähen. Je länger man in sie hineinsieht, desto mehr findet man in ihnen. Ich selbst kenne sie seit beinahe zwanzig Jahren und werde nie müde, die Bücher und Mappen aufzuschlagen, nie noch habe ich sie aus der Hand gelegt, ohne irgendwo etwas mir bislang Entgangenes gefunden zu haben.

Aber trotz dieser Fülle bleibt sein Werk nicht ein bloßes Nebeneinander von Dingen und Dingen, von Formen und Formen, Masereel ist längst nicht bloß Illustrator von Büchern mehr: so hat er nur als ein Dienender fremder Kunst angefangen. Nun hat er sich frei zu schaffen, frei zu dichten begonnen, zuerst in geschlossenen Serien, wie sie auch schon Dürer, Goya und Callot schufen. In den letzten Jahren ist Masereel weit über das Reproduktive hinausgewachsen und hat einen neuen zeichnerisch-dichterischen Typus geschaffen, den Roman, die Novelle, die kleine Erzählung in Bildern ohne Worte; und nun wäre es umgekehrt an den Dichtern, zu diesen wortlosen Büchern eines Meisters den Text zu schreiben. Ich könnte mir Charles Louis Philippe oder Zola denken, die Masereels ›Passion d'un homme‹ in meisterlicher Prosa erzählten, einen Christian Morgenstern, der die skurrilen Abenteuer seines ›Livre d'heures‹ mit Versen versieht, und sein

Lieblingsbuch ›Idée‹ scheint mir so schön, daß ich im Augenblick gar keinen Dichter unter den zeitgenössischen weiß, der diesen Roman in Worte umschreiben könnte. Denn jeder unserer Künstler-Dichter würde ihn zu künstlich, zu literarisch schreiben: das aber ist das Wunderbare an der Kunst Masereels, daß sie bei all ihrer Neuheit so eminent demokratisch ist, daß er wirklich »gute Bilder« in dem Sinne schafft, den Tolstoi bei den »guten Büchern« als Forderung stellt, nämlich, daß jeder sie verstehen kann, das Dienstmädchen wie der Künstler, der Student wie der Professor. Und wirklich, Masereels Zeichnungen gehören, wie Walt Whitmans Verse, einer imaginären Demokratie. Jeder kann sie verstehen. Ich würde mich getrauen, sie vor Arbeitern und Lehrjungen in Lichtbildern zu zeigen, ohne viel daran erklären zu müssen, und weiß andererseits, wie gerade die größten Künstler den ehrlichen Expressionismus seiner Blätter bewundern. Weil er die ganze Welt fühlt, wirkt er eben wieder auf die Gesamtheit, weil er keiner Klasse geistig angehört, ist er fähig, auf das Volk und die Völker zu wirken.

Dieser Wille zum Welthaften wächst unaufhaltsam in seinem Werke mit der Kunst selbst. Immer glaubte man von Jahr zu Jahr, den weitesten Umkreis schon erreicht zu sehen, und immer wieder umkreist er in breiteren, umfassenderen Serpentinen die Sphäre der Wirklichkeit. Waren seine früheren Bücher groß, so ist sein letztes, ›Die Stadt‹, bereits monumental, ein Denkmal, ein unvergängliches, der modernen Großstadt mit ihrer Schicksalsfülle, ihren breitströmenden Menschenmassen und den tragisch aufgerichteten Kontrasten zwischen Armut und Luxus, Ausschweifung und Entbehrung, ein Pandämonium aller ihrer Leidenschaften. Mit diesem Werke ist der Bildner in ihm gewissermaßen vorgeschritten von der Sonate zur Symphonie.

Aber indes die graphische Bemühung ins Weite wächst, immer höhere Horizonte durch immer mehr Lichtkraft aufschließt, hat Masereel, der Künstler, gleichzeitig neue Elemente der Darstellung sich erobert, nach der gewaltigen Form nun auch die Farbe. Sein Weg war langsam, denn Leichtfertigkeit ist diesem im Fleiße Beharrlichen vollkommen fremd. So ist er Schritt für Schritt, lange zögernd erst an die Malerei herangegangen, gleichsam auf Umwegen. Erst waren es gewissermaßen nur illustrierte Zeichnungen, die er schuf, Farbstiftblätter und versuchsweise Theaterkostüme, dann Aquarelle, in denen noch immer der Umriß und die graphische Geste dominierte, erst seit kurzem beginnt er nicht mehr in Formen, sondern in Farben zu dichten, und jedes Jahr, jeder Monat fast bedeutet leidenschaftlichere Annäherung an die Mysterien der Farbe. Es ist, als müßte er gleichsam einer Düsternis, einer ungeheuren Weltnacht diese selige Lust des Auges, die Lust an der Farbe entringen, und seine ersten Bilder tragen dieses Dunkel noch mit, die Schwere der Materie. Aber von Leinwand zu Leinwand, von Opus zu Opus wird das farbige Licht glühender und glühender, es überströmt die abteilenden, absondernden Formen und schon geht die gleiche Gewalt, die unwiderstehlich überzeugende, von ihnen aus wie von seinen graphischen Blättern. Wenig in der neuen Malerei ist der seinen vergleichbar an Männlichkeit und Kraft, an gesunder, fast brutaler Sinnlichkeit: wer kann sie vergessen, diese Straßen von Paris, die Szenen am Hafen, der wie ein Wald gesehen ist, wie ein ungeheures, gar nicht mehr künstliches Stück Natur, wer seine Fischer mit ihrer Schwere des Leibes, der verhaltenen Wucht ihrer Kraft, wer die Frauen in den Kabaretts im grausigen Licht ihres Lasters? Eine so titanische Masse der Leistung sein graphisches Opus auch bedeutet, vielleicht war auch sie nur eine Stufe, von der sich jetzt seine Gestalt zu neuerem, höherem Ausblick ins unübersehbare Dasein erheben wird.

Das ist für mich die unvergleichliche Gewalt, die von Masereel ausgeht: Weltkraft, Fülle und unendliches Leben, von einer reinen und starken Männlichkeit getragen. Durch seine Blätter weht wahrhafter Weltwind, und man fühlt wie auf dem Vordersteven eines Schiffes die Luft aus allen Fernen schwingen, die Kraft des Vorwärtstriebes und die tonisch belebende Wirkung, wie sie von Wind und Wellen, den freiesten Elementen, ausgeht. Er ist wohltuend wie alles Naturhafte, ein steigernder Künstler, ein beschenkender, stärkender, erfreuender Mensch, und selten habe ich so sehr wie bei ihm die Wahrheit von Emersons Worten empfunden: »Große Kraft macht uns glücklich.«

Marceline Desbordes-Valmore

Das Lebensbild einer Dichterin

Die verlorene Kindheit

»D'un cœur de femme il faut avoir pitié,
Quelque chose d'enfant s'y mêle à tous les âges.«

In der ersten Morgenröte des Jahrhunderts, im Kriegsjahre 1801, steuert eine kleine französische Karavelle Westindien zu, vierzig Tage und vierzig Nächte durch den unendlichen Ozean. Nur ganz Verwegene wagen ihr Leben damals an solche Fahrt, denn die englischen Fregatten durchkreuzen raubgierig das Meer und jagen jeder Napoleonsflagge als erwünschter Prise nach. Auf dem Verdeck zwischen Offizieren, Abenteurern, Kommissären und Kaufleuten, zwischen all den Heimatlosen des Wunsches und des Schicksals zwei weibliche Gestalten, eng aneinandergelehnt in ihrer Angst, wenn die Wellen wie gierige Tiere über Bord springen, zwei kranke und schwanke Gestalten, ein vierzehnjähriges Kind, blond und zart, eine kleine Madonna, mit ihrer sorgenvollen Mutter zur Seite. Stürme schüttern das schwanke Fahrzeug, tropische Sonne brennt auf die gerefften Segel, wenn in der Windstille das winzige Fahrzeug sich ohnmächtig in der endlos flimmernden Schwüle des Ozeans wiegt. Nachts blicken fremde Sterne herab auf das niedere Deck, wo sie auf und ab gehen, sorgenvoll und ohne Freund. Manchmal singt das kleine Mädchen mit seiner gebrechlichen Silberstimme altmodische Romanzen, um die Mutter zu trösten und eine Heiterkeit vorzutäuschen, von der das eigene Herz nichts weiß.

Dieses vierzehnjährige blonde Mädchen unter fremden Sternen ist Marceline Desbordes, mit ihrem späteren Doppelnamen Marceline Desbordes-Valmore als Frankreichs größte Dichterin bekannt. Zu Douai in Nordfrankreich ist sie am 20. Juli 1786 geboren, in jenem flandrischen Grenzkreis, der von je der französischen Sprache die höchsten Meister des Liedes geschenkt hat: Verlaine, Samain, Rodenbach, Verhaeren, Lerberghe. Den Desbordes, einer alten Familie, steckt der Künstler im Blut. Der Oheim ist Maler, und auch der Vater, im Handwerk der Kunst verwandt, dankt behaglichen Wohlstand dem durchaus höfischen Beruf des Heraldikers und Schildermalers. Jahrzehntelang hat er die Karossen des Adels mit Emblemen geschmückt und mancherlei Prunkgerät mit Wappen und Spruch verziert. Aber die Revolution hat die Schlösser zertrümmert, die Karossen sind selten geworden und die Wappen zersplittert: aus gemächlicher Wohlhabenheit stürzt die Familie nieder in eine plötzliche Armut, und die grauen Schwestern Dürftigkeit und Sorge umschleichen das Haus. Der Erwerb ist verloren, nirgends in der Nähe Hilfe und Ersatz. Da beschließt die Mutter in phantastischer Kühnheit, Rettung von einem entfernten Verwandten in Guadeloupe zu erbitten, einem Plantagenbesitzer, von dessen Reichtum Legenden über das Meer gedrungen sind. Ohne sich von Vernunft und Gefahr abmahnen zu lassen, rüstet sie die Reise und nimmt als Begleiterin gerade das Schwächste, das Jüngste, das Liebste mit, die zwölfjährige Marceline, ein Kind, goldblond und zart, mit blaßrosig durchleuchtendem Antlitz wie das der Madonnen des van Eyck. Der Hafen wäre nahe, aber es fehlt den beiden das Geld zur Überfahrt. Nahezu zwei Jahre ziehen sie durch ganz Frankreich, ehe sie die Barschaft zusammengespart und -gebettelt haben. Die Mutter ist untüchtig und schwächlich, so muß es Marceline, die Zwölfjährige, sein, die das Brot erwirbt, Tag für Tag. Im Alter der Sorglosigkeit, da andere Kinder noch mit ihren Puppen spielen, muß sie schon, wie Mignon, die Heimatlose, in Komödiantentruppen Dienst tun, muß täglich mit ihrer kindischen, fragilen Stimme Lieder singen und tanzen, um nur das Kärglichste der Notdurft zu verdienen. Und mit wieviel Tränen ist dies schmale Brot genetzt! Die Truppe, die sie aufnimmt, macht Bankrott, ein anderes Mal jagt sie eine unfreundliche Prinzipalin mit Schlägen davon, und vor dem Hungertod bewahrt sie nur das Mitleid gütiger Kameraden. Aber sie dulden alles, um nur hinüberzugelangen ins Goldland, denn dort drüben harrt ihrer ja Reichtum, die Rettung. Sie hungern, sie betteln, sie frieren, sie darben sich durch von einem Ende Frankreichs bis zum andern, diese beiden Frauen; zwanzig Monate kämpfen sie, bis endlich in Bayonne jemand ihnen genügend Geld leiht oder schenkt, um die gefährliche Reise anzutreten. Vierzehn Jahre ist die kleine Marceline jetzt alt, aber ihre Kindheit ist unwiederbringlich untergegangen in Not und Sorge.

Und nun reisen sie über den Ozean vierzig glühende Tage, vierzig sterndunkle Nächte dem Vetter entgegen, der ihnen helfen soll. Aber ehe das Schiff landet, tauscht der Kapitän seltsame Signale mit denen am Ufer, und seine Mienen verdüstern sich. Entsetzliche Nachricht erwartet sie: Guadeloupe steht nicht mehr unter französischer Herrschaft, ein Aufstand der geknechteten Neger hat die Insel verwüstet. Und ihr Vetter, der reiche Plantagenbesitzer, auf den sie alle Hoffnungen gesetzt hatten, ist als einer der ersten von der Meute ermordet worden. Ratlos stehen die beiden Frauen am Ufer, allein in einer ungeheuren Wildnis von Menschen und Dingen. Die Mutter trägt es nicht lange, das gelbe Fieber rafft schon in den ersten Tagen die Enttäuschte hinweg, und nun steht die vierzehnjährige Marceline ganz allein, meilenweit von der Heimat, unter fremden Menschen und Sternen, angewiesen auf das Mitleid oder Übelwollen von Unbekannten. Nichts an Grauen bleibt ihr erspart. Ein Erdbeben erschüttert die Stadt, sie sieht Feuersäulen aus den harten Bergen brechen und die Häuser zusammenstürzen. Auf den Knien bestürmt sie den Gouverneur, er solle ihr die Heimreise ermöglichen. Aber nach Wochen erst – nach namenlosen Wochen, von deren Elend niemand weiß – wird ihr Wunsch erfüllt, und siebenfach heimatlos, eine Waise, kehrt sie wieder zurück auf einem elenden Kauffahrteischiff, wieder vierzig Tage und vierzig Nächte. Das Kind ist das einzige weibliche Wesen auf dem Fahrzeug, und der Kapitän, ein trunkener und brutaler Geselle, sucht aus ihrer Verlassenheit Vorteil zu ziehen. Er stellt ihr nach, und die Erschreckte muß zu den Matrosen um Hilfe flüchten, die sie in einer Art humaner Revolte vor seinen Zudringlichkeiten schützen. Aus Rache fordert er nun Bezahlung für die Überfahrt und behält der Waise bei der Ausschiffung in Havre den kleinen Koffer zurück, der all ihre Habseligkeiten enthält. In schwarzen Trauerkleidern, ohne Geld und ohne Freunde, steht die Fünfzehnjährige nun in der fremden Stadt, aber ihr Mut zur Entbehrung ist gestählt von all den bitteren Erfahrungen. Niemand weiß, wie sie sich weiter bis nach Lille geschleppt hat, wo sie einige Menschen kennt. Dort taucht sie im Jahre 1803 plötzlich auf, und freundliche Bekannte, von ihrem Schicksal gerührt, organisieren eine Theatervorstellung zu ihren Gunsten. Die Ankündigung, ein Kind, das aus dem Massaker von Guadeloupe gerettet sei, werde auftreten, bringt dem Theater einigen Zulauf und ihr genug Ertrag, daß sie endlich nach fast dreijähriger Wanderung wieder nach Douai in das Heimathaus zurückkehren kann. In traurige Stuben tritt sie dort mit ihrer bösen

Botschaft ein. Der Vater bringt sich nur kümmerlich weiter, ihr Bruder, unfähig zu ernster Arbeit, ist aus Not Soldat geworden und kämpft in Spanien für Napoleon. Dunkel auch hier wie überall. Ein paar Tage bloß ruht sie aus bei den Ihren, dann wandert sie eilig weiter, um nicht länger zur Last zu fallen. Früh ruft sie das Leben: schon vom zwölften Jahre an wirft sich die ganze Notdurft der Existenz schwer auf die zwei schmalen Schultern und erdrückt ihr die Kindheit.

Die Schauspielerin

»Toujours du talent, mais trop de sensibilité.«
Der offizielle Theater-Rapport von 1814

Die guten Bürger von Lille und Rouen sehen nun in diesen Jahren, wenn die Stafetten frohe Nachricht aus Napoleons Hauptquartier melden und sie, über die Weltlage beruhigt, ihrer Schaubühne Besuch abstatten, inmitten des heimischen Klüngels mäßiger Komödianten und abgetakelter Heroinen eine rührende Gestalt: ein halbreifes Mädchen von zartem Wuchs und verschüchtertem Gebaren, ernst und doch milde, keusch und doch nicht kühl. Aus Mignon ist Ophelia geworden, die Sanfte, die Schwärmerische; aber die frühe Strenge des in Sorgen verdüsterten Antlitzes wird schön beschwichtigt durch eine anziehende Kindlichkeit, die jedes Wort und selbst die flüchtige Geste dieses Mädchens beseelt. Ihre Erscheinung ist gewinnend. Eine lichte Aureole von Blond umschmiegt Marcelines Gesicht, von dem nicht zu sagen ist, ob es jemals wahrhaft schön gewesen sei. Sie selbst, die Bescheidene, fand sich »laide aux larmes«, und die wenigen Bilder von ihr sind ungewiß und nicht recht authentisch. Aber die Kritiken aus jenen verblichenen Provinzgazetten wissen ihren Eindruck von damals deutlich zu beleben und bezeugen trotz ihrer ledernen Pathetik im letzten doch die gleichen Vorzüge ihres Wesens, die später die Dichterin inspirierten. Hier und dort, in jeder Kunstäußerung war ihr Zauber die tiefe Aufrichtigkeit einer Seele, die jedes und auch das unterwertigste Gefühl mit einer wundervollen Kraft der Expansion ins Grenzenlose ausspannte, und dann jener innerste, vom Genie ihr eingesenkte Sinn für Musik. Dazu kam damals noch der Schimmer von Anmut, der ihre kindliche Gestalt umschwebte. Etwas Unirdisches und hold Sentimentales muß ihr damals zu eigen gewesen sein, etwas von der geheimnisvollen Magie der sanften Tiere, der rührenden Anmut der Rehe, der flüchtenden Leichtigkeit der Schwalbe, Schönheit von der Schönheit der wehrlosen Wesen, denen die Natur jede Waffe versagt hat, um ihnen dafür jenen Zauber der Seele zu schenken, der Rührung und Mitleiden schafft. Und wirklich: die Wehrlosen, die Leidenden, die unschuldig Gekränkten, das sind die Rollen, die Marceline damals zugewiesen sind. Niemals spielt sie die Heroinen, die Amoureusen; denn Leidenschaft, die begehrende und große, Pathos und Emphase, das glitzernde Funkenspiel der Koketterie sind ihr fremd. Sie vermag – hier ist Grenze und Größe der Dichterin und Schauspielerin – nur darzustellen, was ihrem eigenen Schicksal nahe ist. Damals wurde ihr noch die Rolle der Verfolgten zugeteilt, die gekränkte Waise, die verachtete Schäferin, das Aschenbrödel bei den bösen Schwestern, die verfolgte Unschuld, die liebende Tochter – alle diese himmelblau sentimentalen Mädchenfiguren, die wir noch besser als von jener verstaubten Literatur aus den affektierten Bildern Greuzes und den Kupfern der Almanache kennen. Aber diese Verlogenheit durchdringt sie mit Seele, weil ihre schon in kindlichen Jahren rege Güte selbst dies künstliche Schicksal mit Ergriffenheit überfühlt. Nur die seelische Sensibilität, die auf die geringste Vibration der Menschlichkeit mit stärkstem Ausbruch des Empfindens reagiert, macht sie als Schauspielerin bedeutsam. Und dann: sie hat die Träne, die leichte und doch die echte, nicht die erpreßte der Komödianten, sondern schon damals die der Dichterin, die Träne, die aus den Quellen eines heißen Herzens stammt und, aufsteigend in die Kehle, erst die Stimme warm durchschüttert, ehe sie feucht an den Wimpern blinkt.

Abend für Abend tritt sie vor die Rampe, und viele hundert bunte Schicksale hat sie in diesen zwei Jahren zur Freude der wackeren Bürger von Lille und Rouen dargestellt. Aber ihre wahre Existenz, die hinter den Kulissen, ist monoton und matt, ein freudloses proletarisches Dasein zwischen Arbeit und Entbehrung. Wenn oben die Kerzen verlöschen, der Vorhang sinkt, eilt sie müde nach Hause, wo die beiden Kostgängerinnen, ihre Schwestern, auf sie warten, die, ärmer noch als sie selbst, an ihrem armen Leben zehren. Bei der flackernden Lampe muß sie dann noch Kostüme schneidern, Kleider waschen, Rollen abschreiben, um sich mageren Zuschuß zu verdienen, und durch ein unerhörtes Mirakel der Aufopferung gelingt es ihr sogar, ab und zu von diesen achtzig Franken Gehalt etwas nach Hause zu senden. Aber unter welchen Entbehrungen sind diese Groschen gespart! Es ist oft das nackte Brot, das sie den Ihren opfert. »Man warf mir Blumen zu«, schreibt sie später, »und ich kehrte hungernd nach Hause zurück, ohne es irgend jemandem zu verraten.« Und Marcelines ganzes Grauen vor ihrem Schicksal ermißt man an dem Schrei, mit dem sie zwanzig Jahre später, selbst in tiefster Notlage, davor zurückschreckt, ihrer Tochter dem Theater zu geben: »Lieber sterben, als sie das erleben lassen, was ich selbst erlebte.«

Ein gnädiger Zufall erlöst sie von der Provinz. Die Künstler von der Opéra Comique, auf einem Gastspiel in

Rouen, hören ein kleines Lied, von Marceline in einem der Stücke gesungen, und die Lieblichkeit ihrer Erscheinung sowie eine seltenc Beseelung des Vortrags erwekken ihre Aufmerksamkeit. Sie verhelfen ihr zu einem Engagement nach Paris, an die Opéra Comique, und mit einemmal ist sie auf anderer Bahn, ist ohne Schulung und Übung Sängerin an einer Weltbühne. Grétry, der große Meister, wendet ihr seine väterliche Zuneigung zu, nennt sie »sa chère fille« und öffnet ihr sein Haus, gute Rollen werden ihr zugewiesen, obzwar ihre Stimme, die zarte, eigentlich nicht recht ausreicht und im weiten Saale zu verhauchen droht. Aber die Musiker, auch sie wie alle anderen Kollegen von ihrem kindlichen Liebreiz und der schüchternen Güte ihres Wesens gewonnen, dämpfen mit Absicht, wenn sie singt, heimlich ihre Instrumente, damit ihr Gesang nicht gedeckt werde und besser zur Geltung komme. Fünf, sechs Jahre verbringt Marceline an dieser Bühne, eine drängende, geheimnisvolle Zwischenzeit. Das Kind in ihr ist längst versunken im Anstrom der Sorgen, der Flut der täglichen Geschäfte, aber auch die Frau in ihr ist noch nicht ganz wach. Denn noch haben die beiden Stimmen in ihr nicht geklungen, die sie in ihre wahre Welt erwecken und ihr harrendes Gefühl ins Grenzenlose heben: die Liebe und mit ihr die Dichtung.

Die Liebende

»Mon cœur fut créé pour n'aimer qu'une fois.«

Sie ist nun einundzwanzig Jahre alt. Ihr Gefühl, das übermächtige, hat sich bislang nur an kindliche Demut und schwesterliche Aufopferung verschwendet, jetzt aber tastet es weiter in die Welt, dies drängende »besoin d'aimer pour aimer«. Die Frucht ihres Gefühls ist reif. Unkund seiner Bestimmung gibt sie sich in dieser Zeit leidenschaftlich der Freundschaft hin, und am meisten wendet sich Marcelines Neigung einer jungen Griechin Delia zu, einer begabten Schauspielerin des gleichen Theaters. Zeitgenössische Beschreibungen schildern sie als eine übermütige, leichtfertige, sinnliche Frau. Wie immer wirkt hier Gegensätzlichkeit des Charakters als Anziehung. In ihrem Hause begegnet Marceline dem Verführer. Hier beginnt der tragische Roman ihres Lebens. Kapitel auf Kapitel können wir ihn aus ihren Gedichten lesen, Zug um Zug den Feldzugsplan ihres Verführers, das Ermatten ihres Widerstandes, die Peripetien ihres Gefühls verfolgen, denn dies ist das Wunderbarste dieser Dichterin, daß sie, zaghaft im Wort und keusch im Wesen, sich bis auf das letzte verriet in ihren Versen. Ihre Seele war immer nackt im Gedicht.

Delia spielt auch hier wie auf der Bühne die Rolle der Verführerin und Marceline die der Unschuld. Der Hauptakteur ist ein junger Dichter, Delias Geliebter, der »Olivier« der Elegien. Die allererste Szene muß man sich ersinnen. Eines Tages (vielleicht hat Marceline eben die beiden verlassen) stellt der junge Dichter ganz absichtslos in heiterer Neugier die Frage an Delia nach ihrer Freundin Herzensangelegenheiten und staunt bei der verräterischen Mitteilung, die Zwanzigjährige noch völlig unschuldig zu wissen. Delia rät ihm lächelnd, sein Glück zu versuchen. Die Zumutung reizt und versucht ihn, sie verbinden sich beide übermütig zum Komplott, dies kühle Herz zu entflammen. Das nächste Mal schon setzt er sich an Marcelinens Seite und spricht Worte zu ihr, die sie beglücken und verwirren, er spricht mit seiner sanften Stimme, deren Schmelz sie in zahllosen Gedichten gerühmt und deren Zauber sie immer wieder unterlegen ist. Delia bleibt abseits, lächelnd und der verstatteten Abirrung ihres Geliebten neugierig froh. Unmerklich ebnet sie ihm die Wege und fördert durch Rat die leichte Mühe. Später, viel später erst begreift Marceline diesc frivolen Zettelungen, später, zu spät, wie sie aufschreit:

»Ce perfide amant, dont j'évitais l'empire,
Que vous aviez instruit dans l'art de me séduire,
Qui trompa ma raison par des accents si doux,
Je le hais encore plus que vous!«

Aber anfangs ist sie nur selig und verwirrt. Sie fühlt zwar gleichzeitig Gefahr; unbewußt, mit dem Instinkte schauert sie vor der Versuchung, sie sucht zu flüchten. Eine düstere Ahnung wetterleuchtet in den Himmel voll Glück: »Je l'ai prévu, j'ai voulu fuir.« Aber ihr klarer Wille will schon nicht mehr zurück. Zwar rettet sie sich zu ihren Schwestern und vertraut ihre Angst dem Gesang und der Dichtung, die zum erstenmal an dieser erhöhten Wärme des Gefühls in ihr aufkeimt, aber das Verhängnis ist schon im Zuge, sie ist ihm verfallen.

»J'étais à toi peut-être avant de t'avoir vu,
Ma vie, en se formant fut promise à la tienne,
Ton nom m'en avertit par un trouble imprévu,
Ton âme s'y cachait pour éveiller la mienne. –
Je l'entendis un jour et je perdis la voix,
Je l'écoutais longtemps, j'oubliais de répondre,
Mon être avec le tien venait de se confondre,
Je crus, qu'on m'appelait pour la première fois.«

Er merkt ihre Verwirrung und seine Macht. Immer dringlicher werden seine Bewerbungen. Er spricht zu ihr in Delias Gegenwart, sie wagt ihm nicht zu antworten. Sie flüchtet aus dem Haus (Zug um Zug kann man die Szene aus ihrem Gedicht verfolgen), um ihm, nein, um sich selbst, ihrem eigenen Verlangen zu entgehen.

»Je fuyais tes regards, je cherchais ma raison,
Je voulais, mais en vain, par un effort suprême,
En me sauvant de toi me sauver de moi-même.«

Aber er folgt ihr auf die Straße. Sie sind zum erstenmal allein, sie erschrocken, schüchtern, mit klopfendem Herzen, er klug und berechnend. Mit unnachahmlichem Geschick weiß er die einzige Saite ihres Herzens zu rühren, die bisher geklungen, an das Unglück. Er weiß, daß ihre Güte stärker ist als ihre Lust, und vertraut lieber dem Mitleid als Mittlerin denn stürmisch leidenschaftlicher Werbung. Er stellt sich traurig, melancholisch, heuchelt Weltschmerz und Überdruß, und sie, die Leiderfahrene, vergißt, ihn zu fürchten, weil sie ihn leiden sieht und selbst das Leiden kennt. Die Tröstung scheint ihr eine Pflicht. Nun weigert sie ihm nicht mehr das Beisammensein, und rascher folgen nun die Kapitel im Roman ihrer Liebe. Ein Rendezvous wird vereinbart. Ihr ganzes Wesen fiebert ihm entgegen, vergebens sucht sie mit einem Buche ihre Ungeduld zu täuschen, aber ihr Herz spricht lauter und überschlägt alle Worte:

»Ah, je ne sais plus lire!
Tous les mots confondus disent ensemble: il vient!«

Sie kann nicht mehr lesen, sie kann nicht mehr leben, sie kann nicht mehr atmen, sie kann nicht mehr schlafen. Aber alle diese Qualen liebt sie um seinetwillen, sie liebt diese Schlaflosigkeit, weil sie von Denken durchwirkt ist, von Denken an ihn:

»Je ne veux pas dormir; oh! ma chère insomnie,
Quel sommeil aurait ta douceur?«

Und wenn er nun naht, so weiß sie nicht mehr zu fliehen, magnetisch hält seine Nähe sie fest:

»Hélas! Je ne sais plus m'enfuir comme autrefois!«

Schon ahnt sie, daß sie ganz an ihn verloren ist und jener große Sturm über ihre Sinne gekommen, den sie manchmal auf der Bühne durch fremdes Schicksal brausen sah. Ihre Angst ist längst nicht mehr Widerstreben, sie ist bloß Furcht vor dem Neuen, Furcht vor dem Glück. Sie erkennt sich erschrocken seinem Willen leibeigen und daß gar nicht mehr sie es ist, die dem Letzten noch widerstrebt. Er kann sie nehmen, wann er will, sie fühlt es, sie weiß es. Und der Aufschrei:

»Ma sœur, je n'avais plus d'appui que sa vertu«

sagt ihr ganzes Schicksal.

Er zögert nicht länger. Der Augenblick – auch einem minder Wissenden unverkennbar – ist gekommen. Er naht drängend und glühend. Ihre Tränen scheuchen ihn zurück, eine letzte kurze Sekunde lang, aber seine sanfte Stimme, diese Stimme, deren Bezauberung sie immer und immer wieder erlag, löst ihre Arme, und sie fühlt ihre Seele entfliehen in einem ersten Kuß:

»J'ai senti fuir mon âme effrayée et tremblante:
Ma sœur, elle est encore sur sa bouche brûlante!«

Alle Bedenken des Gefühls und der Vernunft sind geschwunden, Vergangenheit und Zukunft gehen unter im Überschwang, die Sinne glühen auf:

»Et tout s'anéantit dans notre double flamme!«

Nun brechen Ekstasen aus ihren Versen, Feuergarben der Lust. Wie ein Sklave in die Freiheit stürzt sie in den Kerker dieser Leidenschaft. Nur wer das Glück nie gekannt hat, nur eine Frau, der wie Marceline die ganze Kindheit in tragischer Trauer sich verdüstert hatte, kann dermaßen aufglühen im Rausch. Sie, die nie wie die anderen die Liebe vorgekostet in Spielen und Träumen, wird trunken von dem brennenden Trank seiner Lippen, sie jauchzt in der Seligkeit ihres Schwachseins, sie fiebert in der Lust, unter seiner Stimme zu erschauern. Fast zu viel scheint ihr seine Nähe, kaum kann sie »le bonheur accablant« seiner Gegenwart ertragen. Aber um wie viel furchtbarer ist doch der Wahnsinn des Ferneseins. Sie leidet im Zuviel des Glückes und verlangt sich doch immer noch mehr. Immer tiefer dringt sie ein in die Liebe:

»Tu ne sauras jamais comme je sais moi-même
A quelle profondeur je t'atteins et je t'aime.«

Immer höher schwingt sich ihr Jubel auf, er zerreißt alle Dämme der Besinnung, und ihre ganze Seele flutet fessellos über in das neue Gefühl.

Tragödie

»Il n'aimait pas ... J'aimais.«

Am 24. Juni 1810 trägt ein Beamter des Pariser Magistrats den Namen eines neugeborenen Kindes männlichen Geschlechts in die Register der Stadt ein und fügt der Meldung den bedeutsamen Vermerk bei: Vater unbekannt. Irgendein Freund Marcelines dient als Zeuge, da »Olivier«, der geheimnisvolle Geliebte, nicht geneigt scheint, sich öffentlich zu bekennen. Jeder Legitimierung ihrer Beziehung setzt er den Vorwand entgegen, sein Vater würde niemals in die Vermählung mit einer Schauspielerin einwilligen. In Wahrheit denkt er nur, das ihm lästige Verhältnis zu lösen. Marceline, mit allen Sinnen trunken von Liebe und Mutterglück, ahnt nichts von dem mählichen Erkalten seiner Leidenschaft. Sie glüht ihn an mit allen ihren Flammen, voll der Sorge um ihn gibt sie dem Fliehenden noch die zärtlichsten Wünsche mit, da er ihr ankündigt, er müsse verreisen, seinen Vater zu sehen, ihn zu überreden:

»Partir! tu veux partir! oui, tu veux voir ton père . . .
Va, dans tous les baisers d'un enfant qu'il adore
Lui parler des baisers de l'enfant qu'il ignore:
Mets sur son cœur mon respect, mon amour;
Il est aussi mon père, il t'a donné le jour!«

In Wirklichkeit promeniert der Ungetreue aber nach Italien und bleibt lange fern. Die Nachrichten von ihm fließen spärlich; aber sie, die unendlich Gütige, die Vertrauensvolle, ahnt noch nicht die volle Wahrheit. Durch Zufall erfährt sie von seiner Rückkehr und zugleich das Entsetzliche, daß er längst mit einer anderen Frau in Beziehung steht. Wie ein Blutsturz bricht die Erkenntnis aus ihr:

»Malheur à moi! Je ne sais plus lui plaire!«

Mit einemmal wird sie der ganzen tragischen Wirklichkeit bewußt, und mit dem grauenhaften Irrtum erkennt sie schauernd die abgekartete Komödie, der sie zum Opfer gefallen. Sie erkennt, daß sie, auch diesmal wie so oft im Theater, ihr eigenes unendliches Gefühl an ein Spiel gewandt hat. Ihre Brust birst vor Verzweiflung. Aber wem soll sie klagen, wem? Von Delia, der Freundin, ist sie verraten, alle anderen Menschen hat sie vergessen, verloren über diesem einen. In dieser Herzensnot wirft sie sich an die Brust ihrer Schwester, und an sie gerichtet ist das unsterbliche Gedicht des Entsetzens, in dem die gellen Schreie der ersten Verzweiflung noch nicht in das strömende Metall der Worte eingeschmolzen sind. Spitz und heiß von ihrem Blute, durchstoßen die Schreie wie Dolche die zitternden Zeilen:

»Ma sœur, il est parti! Ma sœur, il m'abandonne!
Je sais qu'il m'abandonne, et j'attends, et je meurs!
Je meurs! Embrasse-moi! Pleure pour moi . . .
Pardonne!

Je n'ai pas une larme, et j'ai besoin de pleurs.
Tu gémis! Que je t'aime! Oh! jamais le sourire
Ne te rendait plus belle aux plus beaux de nos jours.«

Sie weiß, daß er ihr verloren ist, aber sie will es nicht glauben. Sie betet, sie fleht um einen Betrug, um eine Hoffnung, weil sie die Wahrheit nicht ertragen kann. Gleichsam auf die Knie wirft sie sich vor ihrer Schwester und bettelt, bettelt um eine fromme Lüge:

»Sans retour! Le crois-tu? Dis moi, que je m'égare,
Dis, qu'il veut m'éprouver, mais qu'il
n'est point barbare,
Dis, qu'il va revenir, qu'il revient ... trompe-moi,
Mais obtiens qu'il me trompe à son tour comme toi.
Va le lui demander, va l'implorer ...«

Und dabei weiß sie ihn bei einer andern, sie weiß es, sie sieht es. In weißen, schlaflosen Nächten taucht das Bild greifbar nah auf:

»Oh comme il la regarde, oh comme il est près d'elle,
Comme il lui peint l'ardeur qu'il feignit avec moi.«

Und sie flüchtet vor ihm, vor jeder Begegnung, vor seinem Blick, sie rettet sich zu ihren Schwestern auf das Land, in die Einsamkeit. Sie verläßt das Theater, sie gräbt sich ein in ihre Trauer, irgendwo in einem verlassenen Winkel Frankreichs. Das Kaiserreich stürzt um sie zusammen, die Völkerschlacht bei Leipzig wird geschlagen, die Kosaken ziehen ein in Paris, aber man spürt es nicht in ihren Versen, ihren Briefen. Ihre ganze Nation, Zeit und Raum, alles ist ihr, der echten Frau, gering gegen das Gefühl. Sie weiß nur, daß sie ihn liebt, noch immer liebt, trotzdem sie längst das verwegene Spiel durchschaut. Nur um den eigenen Stolz zu retten, das Gefühl zu entschuldigen, das dem Ungetreuen doppelt getreue, forscht sie im eigenen Verhalten nach einer Schuld. Sie sucht in sich einen Anlaß zu finden. Vergebens. Sie sucht und sucht in sklavischer Demut und muß es doch gegen den eigenen Willen verneinen:

»L'ai-je trahi? Jamais! Il eût mon âme entière;
Hélas! j'etais étreint à lui comme le lierre.«

Aber trotz alledem gelingt es ihr nicht, ihn zu hassen, ihm zu zürnen. Resigniert gesteht sie's ein:

»Ah, je ne le hais pas, je ne sais point haïr«,

und bald weiß sie, daß es mehr ist als Nicht-Hassen; beschämt, vernichtet, erniedrigt wird sie gewahr, daß sie trotz alledem noch immer Liebe für ihn fühlt. Erschreckt vertraut sie es den Versen an, erschreckt über sich selbst:

»Ma sœur, je l'aime donc toujours,
Quel aveu, quel effroi, quelle triste lumière.«

Und wie glücklich ist sie, da sie hört, daß er krank ist, wie glücklich, einen Vorwand zu finden vor sich selbst, ihn wieder lieben zu dürfen:

»Comment ne plus l'aimer quand il est malheureux.«

Endlich nach zwei Jahren Sich-Wehrens ist ihr ganz klar, daß keine Härte in ihr ist, kein Haß und kein Widerstand, und nichts als der Wunsch, ein einziger, brennender, glühender Wunsch, ihn wiederzusehen. Sie sucht, sie bettelt um eine Versöhnung, sie wendet sich an ihre Schwester, wendet sich selbst an Delia, die sie verraten hat, nur um ihn wiederzugewinnen. Bedingungslos kapituliert sie, erlöst gibt sie ihren Stolz preis:

»Fierté, j'ai plus aimé mon pauvre cœur que toi.«

Er läßt sich erbitten. Sie soll ihn wiedersehen. Und kaum daß sie es weiß, daß ihr Wunsch erfüllt werden soll, überkommt sie das alte Schreckgefühl. Sie zögert, sie sucht Entschuldigungen und findet sie schließlich:

»Dieu! sera-t-il encore mon maître?
Mais, absent, ne l'était-il pas?«

Sie weiß, daß eine neue Verbindung nicht Glück mehr sein wird wie einst, ein Glück der Wollust und des Taumels, sondern ein Glück in Tränen, Glück des Mißtrauens; aber sie nimmt das Joch freudig auf sich, obwohl seiner Schwere bewußt. Wie eine Gefangene tritt sie vor ihn hin. Ihren Stolz hat sie zertreten und ihre Scham, schauernd beugt sie den Nacken für dieses Glück der Erniedrigung:

»Prenez votre victime et rendez lui sa chaîne,
Moi, je vous rends un cœur encore tremblant d'amour.«

Er hebt die Kniende zu sich empor, ein kurzes Zwischenspiel der Versöhnung beginnt. Aber dies von Demütigung und Mitleid genietete Beisammensein ist nicht von langer Dauer. Bald verläßt er sie wieder, und diesmal wird es ein Abschied für immer. Er verstrickt sich in andere Abenteuer, seine Gestalt verlischt im Namenlosen. Marceline faßt ihr Kind, ihren letzten Besitz, und wandert wieder zurück ins Leben. Die Zuflucht ihrer Liebe ist vernichtet, aber eine andere Macht im Tausch erstanden, Tröstung ihres Unglücks: die Dichterin in ihr ist geboren. Ihr Gefühl, zurückgestoßen von dem einen, entlädt sich nun gegen das All, beschwingte Verse entäußern ihre einsame Qual, ihre niedergehaltenen Tränen werden zu aufklingendem Kristall.

»Mon secret c'est un nom.«

Musik hat ihrem Schmerz die Lippen entsiegelt. Jedes flüchtigste Beben ihres Herzens ist Strophe geworden, jeden Überschwang und jedes Verzagen ihres Gefühls hat sie ein Leben lang und immer noch in der feurigen Minute des Erleidens und Wiedererleidens lyrisch bekannt. Nackt und hüllenlos hat sie dem Winde der Welt jeden Schauer ihrer Sinne, jede Schmach ihrer Seele hingegeben, aber ihre Lippen blieben bis über die Todesstunde hinaus abwehrend verschlossen, wenn es den Namen galt, den Namen jenes einen Menschen, der diesen Sturm in ihr erweckte. Alles von sich hat sie verraten. Nur ihn nicht, der sie verriet.

Fünfzig Jahre jappt nun schon vergebens die französische Literaturgeschichte hinter diesem einen Geheimnis Marcelines her, Sainte-Beuve, ihr Freund und Vertrauter, allen voran. Mit Dissertationen und Kommentaren spüren sie auf allen ihren Wegen, ihren Biographien nach, um den Namen dieses »Olivier« irgendwo aufzudecken, durch Licht und Schatten, durch das tausenfältig blühende Gestrüpp ihrer Verse folgt die ganze Meute jedem Blutstropfen ihres verwundeten Herzens. Jedem Seufzer schnuppern sie nach, jede versickerte Träne graben sie auf: aber wunderbar und fast unbegreiflicherweise ist die tiefe Scham ihres Verschweigens bis heute noch immer stärker geblieben als die Mühe der Nachspürer. Mit keinem andern Namen ist er heute noch zu nennen als »Olivier«, dem Namen, den sie in ihren Versen ihm gibt und mit dem jener einzige erhaltene Liebesbrief zu ihm spricht. Siebzig Jahre, ein biblisches Menschenalter, nach ihrem Tode ist das Geheimnis noch so stark und unentweiht wie in jeder Stunde ihres Lebens.

Das wenige, das von ihm aufzuspüren gelang, weiß man nur durch sie, durch den Verrat ihrer Leidenschaft im Gedicht. Die eine Zeile bezeugt, daß er ein Dichter war und früh schon in engerem Kreise berühmt; jene andere Stelle stellt sein Alter fest, daß er um drei Jahre jünger war als sie selbst; viele Strophen rühmen die wunderbare, zärtliche, eindringliche Stimme, die sie immer und immer berauschte; und Briefe wiederum erzählen, daß er nach Italien ging und dort erkrankte. Der merkwürdigste Hinweis aber, der für die Feststellung immer entscheidend sein muß, geht von einem Gedicht aus. Dort sagt sie, daß in ihren Taufnamen ein gemeinsamer wiederkehrt. Sie sagt:

»Ton nom . . .
Tu sais, que dans mon nom le ciel daigna l'écrire,«

und späterhin nochmals:

»On ne peut pas m'appeler, sans te jeter vers moi,
Car depuis mon baptême il m'enlace avec toi.«

Man mag denken, wie gierig die ganze Meute nachspürend in der Richtung dieses Fingerzeigs gestürmt ist. Marceline, Felicité, Josephe sind ihre drei Vornamen, und in der Scharade jenes anderen Namens mußte also einer von ihnen wiederkehren. Dies und manch anderer flüchtiger Beweis hat die meisten verführt, Henri de Latouche als ihren Erlesenen zu vermuten. In Hyacinthe Joseph Alexandre Thabaud de Latouche ist Joseph die Bindung zu Marceline, auch der Beruf nähert sich dem Beweis, daß er ein Dichter und schon damals von einem gewissen Range war, und selbst die dritte Tatsache ist unbestreitbar, daß er als junger Mann zwei Jahre in Italien verbrachte und daß George Sand seine »sanfte und eindringliche« Stimme rühmt. Sainte-Beuve als Schnüffler und Indiskreter in Liebesdingen, der er war (durch seinen Vertrauensbruch wurden die Briefe Mussets an George Sand vorzeitig ausgeliefert), wollte auch hier den billigen Ruhm, schon zu Lebzeiten Marcelines als erster das Geheimnis aufgespürt zu haben. Er wollte Gewißheit und versuchte eine List, die nicht gerade edel genannt werden kann: eine Mitteilung eines Freundes ihrer besten Freundinnen mißbrauchend, der in manchen Andeutungen auf Latouche als den vermutlichen Liebhaber Marcelines hinwies, nahm er den Tod Latouches eilig zum Anlaß, einen jesuitisch geschickten Brief an Marceline zu richten, in dem er sie (als hätte er ihn nicht selbst vertraut gekannt) um Mitteilungen über seinen Charakter befragte. Seine geheime Hoffnung war, sie würde bei diesem schüchternen Klopfen alle Türen ihres Herzens öffnen und werde, sie, die aufrichtige, heroische und in ihrer Leidenschaft unbedachte Frau, in irgendeine Zeile ein gültiges Bekenntnis ihrer einstmaligen Neigung einfließen lassen.

Und Marceline Desbordes-Valmore, die Wunderbare, ließ sich leicht verleiten, ein Requiem für den Menschen zu sagen, der ihren Versen reger Anwalt gewesen und ihr den ersten Verleger verschaffte. Ein Brief, ein Dokument menschlichen Gefühls und hinreißender Güte, ist heute noch erhalten und hier zu lesen. Er gilt den Psychologen unter den Forschern als entscheidendes und letztes Argument; denn Marceline, schöner und mühsam zurückhaltener Erregung voll, spricht hier von Latouche zwar mit Härte und Erbitterung, aber immer wieder tadelt sie gewissermaßen ihr eigenes Gefühl und hebt die Hände flehend und beschwörend zu Sainte-Beuve empor, um ihn von einem strengen Urteil zurückzuhalten. Sie schildert alles Gefährliche Latouches, dieses zynischen und in seinem eigenen Schaffen durch ein Übermaß von Geist und Ironie gehemmten Menschen; aber ihre Nachsicht findet im Negativen noch ein Verdienst, da sie von ihm rühmt, daß er weitaus nicht alles Unheil verschuldet habe, das in seiner Macht gelegen sei, und daß in seinem innern Büßen schon reichliche Vergeltung wäre für die vielen Tränen, die er verursacht. Dieses Wort von den Tränen, die er verursacht, ist den Gelehrten der Bücher und Dilettanten des Herzens schon Beweis genug. Wie die Folterknechte vermerkten sie jubelnd den erpreßten Schrei, und seit diesem Tage zischelt's und tuschelt's durch ein Dutzend Bücher: Latouche, Latouche.

Wirklich: die Scheingründe lasten schwer in der Waagschale des Urteils. Aber in die andere Schale senkt sich unendliches Gewicht und hebt den trüben Ballast der Vermutungen und Wahrscheinlichkeiten wieder empor. Dieses Gewicht ist Marceline Desbordes-Valmores Persönlichkeit, deren menschliche Eigenschaften ganz gebunden und beseelt sind durch eine beispiellose und fast gefährlich übersteigerte Aufrichtigkeit und Gerechtigkeit. Es ist kaum ausdenkbar, ihr den jämmerlichen Betrug zuzumuten, daß sie jenen Menschen als einen Fremden in das Haus Valmores, ihres Gatten, eingeführt hätte, der ihre Vergangenheit kannte aus Wort, Brief und Gedicht und der das Grab ihres vorehelichen Kindes in Brüssel gesehen. Und es ist mühevoll, ihr zuzumuten, daß sie, die Unkundigste aller Verstellung, in ihren Briefen an Latouche sich plötzlich zu so demütiger und respektvoller Förmlichkeit erniedrigt hätte, sie, die an »Olivier« die brennendsten und aufgelöstesten Verse und Worte der französischen Lyrik geschrieben. Das Geheimnis ihres klaren Herzens überzeugt da ebenso wie alle Beweisgründe der Vernunft.

Sollte aber tatsächlich, wie immer eindringlicher die Forscher auf eine bloß mündliche Nachrede hin behaupten, Latouche jener »Olivier« gewesen sein, dann bereitet jene erste Tragödie des verführten Mädchens nur noch eine viel grausamere, eine Tragödie der Mutter vor, wie kein Roman sie kühner und grausamer zu entsinnen gewagt hätte. Denn dieser Latouche, der einundzwanzigjährig mit Marceline bekannt war und ihre ersten Verse auf orthographische Fehler korrigierte, er ist ja – verwirrender Gedanke! – derselbe, der unter der Maske des biedern hilfreichen Familienfreundes mehr als fünfundzwanzig Jahre später Ondine, die Tochter Marcelines, zu verführen sucht, die sie nur mit Mühe (ihre Briefe zittern vor Schrecken) vor ihm schützt. Derselbe Latouche, dem sie heimlich jenen Knaben geboren hatte, der unter geborgtem Vatersnamen auf dem Friedhof begraben liegt, derselbe sollte dann fünfundzwanzig Jahre, ein Vierteljahrhundert später als Verführer ihre Tochter begehren – eine Vorstellung für mich, die das Gefühl kaum zu fassen vermag. Zwar gellen tatsächlich jene Briefe an ihren Mann, der Latouche damals freundschaftlich besucht, von schrillen Warnungsschreien: kein Gedanke wäre ja wirklich einer Mutter fürchterlicher als jener, ihr eigenes Elend von ebendemselben noch einmal an ihrem Kinde verschuldet zu sehen, und wirklich zwingt sie ihren Gatten, damals von Latouche ein Jugendbildnis zurückzufordern. Aber warum dieser Zorn bei ihr, der Verzeihenden, erst nach zwanzig Jahren, warum so späte Vorsicht bei der immer so Unbedachten? Trotz aller vorgebrachten Wahrscheinlichkeit wehrt sich deshalb mein Gefühl unwillkürlich gegen diesen Latouche und gerade gegen ihn, bis nicht ein Zufall statt Andeutungen endgültigen Beweis erbringt.

Mögen sie weiter spüren: ich weiß nichts Schöneres, als daß dieser Name noch immer nicht gefunden ist, das große Geheimnis ihres Herzens nicht unwidersprechlich entsiegelt. Denn wie wenig wäre dies, das Gewonnene: ein Name, ein Hauch von Worten in der Luft, ein flüchtiges Silbenpaar gegen das tiefsinnige Symbol der Anonymität, gegen dies, daß er nichts blieb für uns als für sie: das Namenlose in ihrem Leben, das Erlebnis. Er war nur der Ruf, die Macht, die ihr entgegentrat, die Form, in die ihre harrende aufgespeicherte Liebe einströmte, der Lehm, der zerbrochen wird, sobald der heiße Guß an ihm sich gestaltet. Er hat keine selbsttätige Bedeutung für ihr späteres Leben und hat keine Schuld. Denn wenn er mit ihrem Herzen tändelt und unbewußt jenen ungeheuren Brand verschuldet, so ist er ebensowenig verantwortlich wie ein Kind, das mit dem Zündholz spielt und eine Feuersbrunst entfacht. Die ganze Tat dieses »Olivier« war, daß er nahte, daß er die Stunde war. Er brauchte ihr nur die Tiefe zu weisen, in die ihr durch den Schutt der Sorgen, den Schlamm der Entbehrung zu lange aufgestautes Gefühl selig schäumend hinabstürzen konnte, und schon hatte er sein, hatte er ihr Schicksal erfüllt. Er gab ihr Gelegenheit zu lieben, und damit ist seine Bedeutung erschöpft. Wie er sich menschlich verhielt, bleibt gleichgültig, denn seine Macht über ihr Gefühl ist damit zu Ende. Er konnte sie dann verlassen oder mißhandeln, sie wieder aufnehmen und neuerlich verlassen, aber er konnte ihr Gefühl nicht mehr steigern und nicht mehr dämmen, es war schon jenseits seines eigenen Willens und Gewissens. Er konnte nur mehr Schmerz häufen oder Lust, ihre Stimmung verwandeln, aber nichts mehr ungültig machen, nicht mehr die aufgebrochene Blüte ihrer Leidenschaft zurückdrängen in die Knospe, diese wundervolle purpurne und unverwelkbare Blüte, die er mit flüchtigen Fingern spielend aufgeblättert.

Man kann es nachfühlen, was ihn zu ihr drängte, verstehen, was ihn lockte. Süßer noch als bei einer Halbwüchsigen die frühe Leidenschaft, mochte es ihn reizen, hier in einer Verschlossenen und Verspäteten unter der Asche von Sorge und Trauer noch einmal die Lohe mit einem Atemhauch aufglühen zu lassen. Und noch besser vermag man zu verstehen, was ihn von ihr entfernte. Er wollte ein Spiel, wollte diesem schüchternen, von allen Geistern der Not und Entbehrung aus den Gärten ihrer Kindheit gejagten Mädchen die erste Frucht zärtlicher Worte reichen. Aber die Erweckte ist eine andere. Aus ihrem schmalen Körper brechen Flammen der Exaltation, ihre Sanftheit löst sich plötzlich in einen bacchantischen Taumel der Leidenschaft, sie preßt sich mit einer unvermuteten Trunkenheit an den Erstaunten, mit einem Durst, als wollte sie von ihm allein alle Seligkeit des Himmels und der Erde trinken. Er will eine Geliebte und findet die Liebende, er begehrt in ihr die Frau, die wunderbare, die vielfältige, die neue, und sie ist die glühende, immer die gleiche. Er will die Lust, und sie gibt ihm die Liebe. Er will Stunden, und sie bietet ihm die ganze Unendlichkeit. Man sieht es deutlich aus ihren eigenen Bekenntnissen, daß er zurückschrak vor ihrer maßlosen Hingabe, vor dem vulkanischen Ausbruch ihrer Liebe, denn für sie, die Entbehrende, der niemals etwas zu eigen war von irdischem Besitz, wird das Gefühl zur Welt, und sie dehnt es zur Unendlichkeit. Übermaß ist ihr einziges Maß in der Liebe: immer lodert sie, jedes Wort, jede Regung setzt sie in Brand. Mit Tränen antwortet sie auf kleines Gelüst, mit Tränen des Jubels, mit dem Schluchzen der Verzweiflung. Tränen sind ihre einzige Sprache in der Liebe. Immer sieht er, der kühle Lovelace, in feuchte Blicke, in schauerndes Antlitz: sie hat nur diese eine Antwort, immer nur die eine:

»L'amour n'eut jamais de moi que des larmes.«

Tränen, Tränen sind ihre Welt, »pleurs« und »larmes« ihrer Verse häufigster Reim. Ihre Leidenschaft tut weh, sie ist zu heiß, sie versengt, sie verbrennt. Vergebens versucht sie selbst, dieses Übermaßes bewußt, sich zu dämpfen und ersehnt beschaulicheren Genuß. Sie möchte selbst gerne heiter werden durch die Liebe, sie als Spiel erlernen:

»Je voudrais aimer autrement.
Pour moi l'amour est un tourment,
La tendresse m'est douloureuse.«

Und dieser Kontrast zwischen ihm, dem Spielenden, und ihr, der Ekstatischen, wird immer größer im Abstand ihrer Beziehung. Sie vermag sich nicht zu mäßigen, er nicht zu steigern. Er, der sie emporlockte, kann ihr nun nicht mehr nach. In dem Äther des Gefühls, zu dem sie ihn aufreißen will, jappt er, der Gleichgültige, nach Luft. Und so wehrt er sich gegen diese Verkettung. Gegen ihre Güte kämpft er mit Grausamkeit, gegen ihre Hitze mit Kälte. Aber sie ist gepanzert mit der Liebe, und ihre Waffe ist Vergebung. Er höhnt sie mit Untreue, und sie vergibt ihm; er quält sie mit Lüge, und sie verzeiht ihm; er flüchtet vor ihr, doch ihre Liebe läßt nicht nach. Immer tiefer treibt ihn das Verlangen, den letzten Grund ihrer Güte zu finden, ihre Hingabe zu versuchen, wie man Gott versucht. Doch er vermag nur ihr Leben zu zerstören, sie unglücklich zu machen, bleibt aber ohnmächtig gegen die dämonische Gewalt dieser Liebe, die er nicht mehr dämmen, nicht mehr zerstören kann. Stanzt er ihr Haß ins Herz, gießt er die Säuren der Selbstverachtung, die Ätzungen der Qual ihr in die Brust, so saugt ihr Gefühl all dies gierig auf und verwandelt es wieder in Liebe: sie kann sich nur steigern und nicht mäßigen. Was immer er tut, es bleibt ohne Gewalt über sie, und selbst sein Entschwinden vermag sie nicht zu berauben. Wir haben in der Weltliteratur kaum ein schöneres Beispiel von der ungeheuren Macht, die der Erste, der Verführer über das ganze Leben einer Frau ausübt, jener Erste, der ihren Körper aufschließt und das aufgesparte Gefühl aus den Adern bis zu den Lippen jagt. Denn dieser Mensch – oder schon der Traum von ihm – zehrt im Leben der Desbordes-Valmore das Edelste an Liebesfähigkeit auf, das Göttliche, das

Maßlose, den Überschwang. Was sie später gibt, ist gemessene Güte, Dankbarkeit, Ehrfurcht, Sinnlichkeit, aber immer nur Einzelnes, nie jener elementare Ausbruch ihres ganzen Wesens, dies Ausstürzen ihrer Weiblichkeit. Ein anderer Mann tritt später an ihre Seite, und sie ist ihm treu als Gattin, aber in seinen Armen noch bekennt sie: »Je ne sais pas comme on oublie.« Nur durch höchste Aufrichtigkeit vermag sie dies seltene und doch so seelenwahre Wunder der zwiefachen Liebe zu erfüllen, denn noch als alte Frau fühlt sie sich in manchen Stunden nicht dem erwählten Manne, sondern dem erträumten zu eigen. Wie Wetterleuchten zuckt aus jenen Fernen immer wieder Bezauberung in ihr längst beruhigtes Leben hinüber; fünfzigjährig, auf einer entbehrungsreichen Komödiantenreise mit ihrem Gatten in Italien, fühlt sie vor der neuen Landschaft nur den einen Schauer, daß »seine« Schritte vor dreißig Jahren hier geweilt, und unvermutet bricht aus einem Briefe des Jahres 1836 an die Freundin der bekennende Schrei: »Das einzige Herz, das ich mir von Gott erbeten hätte, hat das meine nicht gewollt.« Nie kann sie, im Glück und im Elend nicht, jenen Ersten vergessen. Treu dem Gatten, ist sie, die Dankbare, auch treu dem Gefühl, nie verleugnet die Frau in ihr jenen fernen und fast schon mythischen Gott ihrer Kindheit, der sie zum Weibe schuf: in Valmore liebt sie treu den Mann und ihrer Kinder Vater, und in dem Entschwundenen, in »Olivier«, ebenso treu das Phantom ihrer Träume, das Übermaß ihres eigenen Gefühls. In »Olivier«, dem Verführer, liebt sie ein ganzes Leben lang die Liebe.

Die Verlassene

»Toutes les humiliations tombées sur la terre
à l'adresse de la femme, je les ai reçues.«
An Pauline Duchambge

Am Tage, da ihr Geliebter sie verlassen hat, verläßt sie Paris. Sie hofft, sein Fernsein zu ertragen in der Ferne, und flüchtet vor seiner Nähe, der ersehnt-verhaßten, nach Brüssel, wo sie am Théâtre de la Monnaie Anstellung findet, und zwar eine vortreffliche. Anfangs wird sie dort wenig beachtet, denn drei Stunden von der Stadt donnern die Kanonen von Waterloo, und der Zusammenbruch des Kaiserreiches übertönt Gespräch und Gesang. Die Tragödie der Welt ist zu laut und zu nahe, als daß man auf den falschen Donner der Bühne hörte.

Aber bald wird man ihrer mit Bewunderung gewahr. Ihre Kunst ist reif geworden im Erlebnis, aus der schmerzgeweiteten Brust bricht nun voller der dramatische Aufschrei. Jetzt erst wird sie die Heroine. Ihr Wesen, einst nur fähig, kindliche Schüchternheit, Einfalt und Bangen zu verkörpern, vibriert nun von Sinnlichkeit und Leidenschaft, ihr Schmerzruf hat eine wundervolle Resonanz aus tiefstem Empfinden, und die gesprochenen Verse beseelt der melodische Rhythmus ihrer Dichtung.

Erfolg hat aber niemals für Marceline Desbordes-Valmore Glück bedeutet. Nur als Lärm hat sie ihn empfunden, als Schall aus der Ferne, niemals körperlich, nie als Welle, die ihr Leben heben oder senken konnte. Sie weicht allen Versuchungen aus, sie riegelt sich ab gegen die Welt, sie klammert sich an das einzige, was ihr geblieben ist, an ihr Kind:

»Gage adoré de ses tristes amours,«

und sucht in den unschuldigen Zügen das fremde und

geliebte Gesicht. Sie will ihr Leben abschließen, beschränken, begrenzen. Aber das Schicksal hat eine seltsame Feindschaft gegen sie. Ein Fluch ist ihr geschworen von einem unbekannten Gott, der ihr Rast versagt. Ihr Schmerz, der fruchtbare, soll ewig feuerflüssig erhalten werden, und so wühlt das Schicksal ihn immer von neuem auf, so wie man die strömende Erzglut beständig bewegt erhält, damit sie nicht Schlacken bilde und zu früh in kalten Formen erstarre. Immer wieder wird ihr Neues gegeben, aber immer nur zur Leihe, immer etwas geschenkt, darin ihre Sehnsucht sich einwurzeln könne, um es dann ihr zu entreißen und das Erdreich ihrer Seele schmerzhaft aufzuwühlen. Kaum läßt das Leben ihr Rast, so mengt sich der Tod in ihr Geschick. Ihre Freundin, die einzige, von der sie Zuspruch in diesen Tagen hat, bald darauf ihr Vater sterben plötzlich hin, und wenige Wochen später wird auch ihr Letzes durch Krankheit bedroht, der fünfjährige Knabe. Wie eine Rasende kämpft sie gegen das Verhängnis zwei Monate lang, aber es ist vergebens:

»Après soixantes jours de deuil et d'épouvante
Je criais vers le ciel: Encore, encore un jour!
Vainement! J'épuisais mon âme tout entière ...
Je criais à la mort: Frappe-moi la première!
Vainement! Et la mort, froide dans son courroux
En moissonnant l'enfant, ne daigna pas atteindre
La mère expirante à genoux.«

Der Knabe stirbt. Innerhalb eines einzigen Jahres hat sie alles verloren, was ihr das Schicksal geschenkt:

»J'ai tout perdu, mon enfant par la mort
Et mon ami par l'absence.«

Ihre Verzweiflung ist unbeschreiblich. Aus ihren Briefen brechen wilde Schreie, die nichts anderes mehr ersehnen als den Tod. Sie ist wieder so arm, so verlassen wie damals, als sie im schwarzen Kleide, eine Waise, am Landungsplatz in Havre stand, aber nun noch viel mehr, weil ihr Leben geschwächt ist von dem früh verlorenen Kind und ihre Seele zerrissen von der Verachtung des Geliebten. Nun erst, da sie Besitz gefühlt, wird die Entbehrung zum Schmerz. Vergebens sucht sie ein Ende. Von dem Tod hält sie die Gläubigkeit zurück, so sucht sie der Welt zu entweichen durch Flucht. Wie eine Nonne in ihre Zelle, gräbt sie sich lebendig ein. Sie will nichts mehr haben, nichts mehr hören, an nichts mehr sich binden, da ihr doch alles genommen wird. Die flüchtigen Stunden der Komödie sind die einzigen, da sie zu Menschen spricht, und da sind es nicht ihre Worte, sondern erlernte. Jedes wirkliche Wesen ist ihr Feind, jeder Blick tut ihr weh, denn alles wird Vergleich und Erinnerung. Der Kelch ist voll. Es gibt aus diesen Jahren ein Gedicht ›Les deux mères‹, das in einer Szene ergreifend schildert, wie selbst unschuldigster Anlaß in der Gequälten die Narben aufsprengt. Ein Kind naht ihr auf der Straße, freundlich mit in Liebe ausgebreiteten Händen tappt es ihr näher, und sie, fast auf den Knien fleht sie das Fremde an, ihr nicht zu nahen, denn es ist Erinnerung:

»Vous qui m'attristez, vous n'avez en partage
Sa beauté ni sa grâce où brillait sa candeur.
Oh! mon petit enfant, mais vous avez son âge
C'en est assez pour déchirer mon cœur.«

Und mit dem verlorenen Kinde scheint auch ihre Jugend zu Ende. Ein Flor des Leides umschleiert ihre Augen; sie, die nie heiter war, ist nun düster geworden und herb. Die vielen Tränen haben den Schmelz der Jugend von ihren Wangen gewaschen, die Stimme ist brüchig und weigert sich dem Gesang. Unendlich ist ihre Einsamkeit. Sie lebt in der Welt wie Ariadne, die Verlassene, auf der wüsten

Insel Naxos, nur der Klage und dem Gebet. Bacchus, der glühende, der Gott der Trunkenheit, hat sie verlassen, der Rausch der Liebe ist geschwunden, und nun wartet sie nur auf einen mehr, auf den Tod. Sie hört ihn nahen, schon breitet sie ihm die Arme entgegen, um hinzusinken aus dieser Welt in das ewige Dunkel. Aber sie ahnt nicht, daß, der naht mit beflügelten Schritten, Theseus ist, der Befreier, sie nochmals zurückzuführen ins lebendige Leben.

Valmore

»Il n'y a rien de si sincère que mon cœur,
Je ne puis le donner qu'en donnant ma vie.«

Im Theater ist damals als Partner heroischer und leidenschaftlicher Konflikte ein junger Schauspieler engagiert, Valmore, vom weiblichen Publikum Brüssels bald der »schöne Valmore« genannt. Sproß einer adeligen Familie, Neffe eines kaiserlichen Generals, der in der Schlacht an der Moskawa sein Leben gelassen, hatte er sich dem Theater durchaus nur um künstlerischer Neigung willen verschrieben. Zu spät gekommen in der Weltgeschichte, um auf der Lebensbühne unter Napoléon zu kämpfen, will er Held und Konquistador zumindest im Spiele sein. Er ist sieben Jahre jünger als sie, darstellerisch zwar nur mäßig begabt, aber doch gewinnend durch seine ritterliche Erscheinung und die fast herrische Aufrichtigkeit seines Wesens. In den Stücken geben sich die beiden oft das Stichwort der Liebe von Mund zu Mund, er hat die Werbung, sie den Widerstand, und aus dieser regen Gewohnheit des Tausches erborgter Gefühle wächst allmählich eine gewisse menschliche Vertrautheit.

Und dann – in der Biographie Marcelines ist jede Episode immer dramatisch motiviert –, diese beiden

Komödianten, die hier Zufall oder Bestimmung auf den Brettern eines Provinztheaters zusammenführt, diese beiden fremden Existenzen haben vor vielen Jahren einander gestreift. Vor sechzehn Jahren, als die Halbwüchsige nach Guadeloupe reiste und in Bordeaux um ein paar Franken auf der Schaubühne agierte, hat sie dort in befreundeter Familie einen kleinen Knaben auf den Knien geschaukelt. Sie hat mit ihm geplaudert, sich an seiner klugen Anmut gefreut und schon damals mit ihm unschuldig schwesterlichen Kuß getauscht. Ihre Lippen kennen einander: dieser Knabe aus Bordeaux, dieser lang vergessene Gespiele einer Stunde war Valmore gewesen. Das Entsinnen der kindlichen Episode flicht rasche Freundschaft zwischen den Erwachsenen.

Valmore aber erwidert ihr Gefühl der Freundschaft mit lebhafterer Neigung, und allmählich erwächst ihm der Wunsch, sich der verehrten Frau dauernd zu verbinden. Noch wagt er nicht, sich zu erklären, er hat Scheu vor dem Wort. Ein schöner männlicher Stolz verbietet ihm stürmische Werbung, um sich die rasche Abweisung der Erschreckten zu ersparen. Kund ihres Unglücks weiß er vielleicht, daß man die tiefe Resignation ihres Herzens erst Stufe um Stufe mit sachter Hand wie eine Kranke wieder emporführen müsse ins Vertrauen. So wählt er des Wortes behutsamere Form: den Brief. Obwohl ihr täglich nah, schreibt er ihr einen Brief, in dem er sich gewillt erklärt, die Redlichkeit seiner Gefühle durch eheliche Liebe zu erweisen.

Marceline erhält den Brief, sie erschrickt und will den werbenden Worten nicht glauben. Sie blickt in den Spiegel: das Salz der Tränen hat ihre Wangen aufgelaugt, der Schmerz mit spitzem Stichel den Augen Furchen eingegraben, sie fühlt sich verbraucht, unwertig und verblüht. Einunddreißig ist sie den Jahren nach und innerlich viel älter, er aber, der Jugendfrische, vierundzwanzig – wie darf sie da ihn binden, sie, die selbst gebunden ist an Erinnerung und, wie ihr dünkt, an untilgbares Leid? Denn selbst in dieser Sekunde des Glücks fühlt sie, daß ihr Herz nichts vergessen kann, daß »Olivier«, des Unbekannten Bild, ewig in ihrer Seele brennt. Sie ist entschlossen zur Treue, zur Abwehr. Aber doch, es lockt so seltsam, noch einmal das Leben zu beginnen, noch einmal aus diesem unendlichen Abgrund von Trauer und Entbehrung emporzusteigen in das Licht.

Sie antwortet Valmore in einem Brief, der ablehnt und doch zögert zugleich. Er will Absage aussprechen und scheut sich doch, unwiderruflich zu werden. Sie bittet ihn, sie zu schonen. »Versuchen Sie nicht, mein Herz mit Gefühl zu erfüllen, ich habe so viel gelitten, und traurig, wie ich bin, tauge ich nicht mehr zur Liebe.« Sie warnt und warnt, sie verneint die Möglichkeit eines neuen Gefühls und bezeugt es ihm doch durch ihre Furcht vor neuer Prüfung und die Bitte, sie zu schonen. Sie bietet ihm an, Brüssel zu verlassen, wenn das Beisammensein mit ihr ihn quäle, sie warnt und wehrt ab. Aber doch, sie findet kein Wort, das ein hartes Nein sagt. Denn dies ist zu neu, zu selig schön für die Enterbte, dieser ungewohnte Schauer, zum erstenmal nicht nur zu lieben, sondern einmal auch wahrhaft geliebt zu sein.

Valmore mißversteht sie. Er meint, ihr Zögern bedeute, er sei zu gering für sie, die gefeierte Schauspielerin, die Erste des Theaters. Noch kennt er nicht die ganze Tiefe ihrer Glücklosigkeit. Er will sich entfernen, aber schon ruft sie ihn zurück. Sie beeilt sich, ihm zu antworten, ihm zu versichern, wie sehr sie ihn achte, und in dieser Hochschätzung klingt schon ein erster Unterton von Neigung. Valmore wird sicherer, er wirbt nun dringender und heißer. Immer weicher wird der Ton in ihren Briefen, immer nachgiebiger. Sie will es noch nicht glauben, daß man sie wieder zum Leben erlösen will, und glaubt es doch schon. Sie schämt sich ihres eigenen Wankelmuts, nach so großem Gefühl so bald eines zweiten fähig zu sein, und ersehnt es doch schon mit allen Sinnen. So fremd ist ihr das Glück geworden, daß sie sich davor fürchtet und beinahe wieder ihr Leid zurückwünscht:

»Je tremble d'être heureuse et je verse des larmes;
Oui, je sens que mes pleurs avaient pour moi des charmes
Et que mes maux étaient mes biens.«

Sie ist sich bewußt, daß sie nicht vergessen kann, aber sie fühlt sich stark genug, auch mit einer Wunde im Herzen einem andern Manne sich zu vereinen. Sie hat ihn gewarnt, sie warnt ihn bis zum letzten Augenblick. In Aufrichtigkeit bietet sie ihm ihr ganzes Leben dar, aber er begehrt es stark und glühend, und mit einem gewissen Jubel stimmt sie schließlich zu.

Es ist rührend, in diesen ihren Briefen zu lesen, wie fremd sie dem Glück geworden ist. Ein Wunder von Gott ist ihr diese Wendung. Sie kann es gar nicht begreifen, sie faßt es kaum, dieses vergessene Wort, dieses verlorene Gefühl. Gleichsam aus einem Kerker taumelt sie an das Licht, und ihre Augen sind blind, sie wagt nicht zu schauen. »Wie, das Leben ist also doch das Glück?« stammelt sie in einem Brief, einen Tag nach der Vermählung: »Ich bin glücklich! Wie doch meine ganze Seele sich auftut diesem vergessenen Wort, das für immer ausgelöscht schien.« »Sag mir, Geliebter, wo ich bin, sag mir's doch, ich weiß es nicht mehr. Laß mich noch einmal einen solchen Brief lesen, der mir das Herz verbrennt.« Sie stammelt, sie taumelt unter diesen ersten Tagen. Und was das Wundervollste ist, das Unwahrscheinlichste, daß dieses Glück über ein ganzes Leben hin dauert. Denn in ihrem ersten Erlebnis ist sie eine andere geworden. Sie ist nun fähiger, einen Mann zu beglücken, weil sie resignierter ist. Sie will nicht mehr alle Himmel umfassen, sie will nicht mehr glücklich sein, sondern als wahre Frau nur glücklich machen. Nichts begehrt sie für sich fortan, alles nur für ihn. Ein wunderbarer Kampf beginnt nun in diesen beiden für viele Jahre, ein Kampf der Demut gegen Demut. Beide fühlen sie sich minderwertig, einer gegen den andern. Er empfindet ihre Überlegenheit als Schauspielerin, als Dichterin, fühlt den Adel ihrer Menschheit und beugt sich vor ihr. Sie wieder spürt nur das eine, das Wunderbare, in einer immer wieder erneuten Dankbarkeit, daß er jünger ist als sie, sieben Jahre, und er ihr freudig seine strahlende Jugend geschenkt hat, und sie beugt sich vor ihm. Er hat sie ins Leben gehoben und Kinder aus ihrem abgestorbenen Leib erweckt, dafür dankt sie ihm Tag für Tag. In den Briefen der alternden Frau brennt gleich heiß wie in denen am Tage der Vermählung ihre Glut, und er wiederum faßt ungelenk, um einmal in ihrer Sprache zu sprechen, seine Gefühle in Versen zusammen. Keines ihrer Liebesgedichte ist vielleicht so rührend wie dies Gedicht, das sie erweckt, dieser ungeschickte Versuch eines nüchtern-redlichen Menschen, Worte in Reime zu pressen, um auch ihr in ihrer Weise zu dienen. Die entsetzliche Angst, er, der Jüngere, könnte sie, die Alternde, betrügen und mißachten, sie könnte nochmals verstoßen werden von der Liebe, schwindet selig dahin. Tag für Tag erstaunt sie immer wieder aufs neue, noch immer geliebt zu sein, und bewundert seine Redlichkeit. Immer bleibt sie die Erstaunte, daß auch ihre Liebe gelte, immer die Dankbare. Und nun endlich darf sie sich hingeben, verschwenden, aufopfern, Tag für Tag, und die furchtbare Mühsal ihres äußeren Lebens macht dies Opfer zu einem unaufhörlichen.

Manchmal fällt noch ein leichter Schatten vergangener Zeiten in ihr Glück. Valmore leidet im Geheimen sehr, immer zu spüren, wie unvergessen jener andere ist. Er hatte gehofft, nun werde ihm, der sie nochmals die Liebe gelehrt, mit ihrem Leben auch ihre Dichtung gelten. Das Bild jenes andern, der sie gequält und verachtet, werde verschatten im erneuten Glück. Aber Marceline Desbordes-Valmore ist unfähig zur Lüge. Ihre Dichtung, die aus dem traumgewordenen Erleben der Jugend aufsteigt, scheint geheime Gesetze zu haben, gegen die sie selbst nichts vermag. Inmitten ihrer Ehe schreibt und veröffentlicht sie jene schmerzvollen Elegien an »Olivier«, den einst Geliebten, und Valmore, der all ihre lebendige Liebe hat, muß den Druck von Versen überwachen, die einem andern gelten. Seltsamere Qual ward nie einem Gatten ersonnen. Aber Dichtung ist stärker als ihr bewußter Wille. Nicht das Glück inspiriert diese Frau, sondern das Tragische, nur die Träne erlöst ihr das Wort, und darum gelten ihre Verse einzig dem, der ihr Gefühl zur Qual der Liebe aufrief und fast nie jenem, der sie beglückte. In Valmore liebt sie den Mann, den Gatten, in »Olivier« die Liebe selbst, die Quelle des Leidens, das ihr tiefstes Glück aufwühlt. Sie bezeugt in ihrer unendlichen Aufrichtigkeit, daß im Leben einer Frau doppelter Raum für Liebe ist, für die der Wirklichkeiten und die des Ideals, und daß das Unvergessene, im Leibe längst erstorben, in den tiefsten Schluchten des weiblichen Gefühls unerreichbar verborgen bleibt, daß Erlebnisse nicht absterben mit dem Erlebten. Sie sieht Valmore leiden an ihren Geständnissen, aber sie vermag ihre Dichtung nicht zu beherrschen: ihre Aufrichtigkeit ist stärker als ihr Wille. Sie ist machtlos gegen die eigene poetische Gewalt. Vergeblich müht sie sich, ihm seine Eifersucht auf die Verse auszureden:

»Ces poésies qui pèsent sur ton cœur;«

sie fügt ihrem Mädchennamen als Dichterin immer den seinen bei, nennt sich Marceline Desbordes-Valmore, um öffentlich ihre Verbindung zu bekunden. Alle kleinen Listen des Herzens wendet sie an, sie beschuldigt sich der Übertreibung, und ist zweifellos aufrichtig in der Sekunde der Verzweiflung, da sie ihre Dichtung verflucht, weil sie Mißstimmung aussäe zwischen ihnen. Wie selig ist sie darum, wenn sie auch ihm etwas zu vergeben hat. Spät, mit siebenundvierzig Jahren, gesteht er ihr, der Vierundfünfzigjährigen, daß er sie mehrmals betrogen habe. Und beinahe beglückt antwortet sie ihm in dem wundervollen Brief: »Es wäre ein Wunder, hättest Du den Versuchungen Deines Alters und Deines Berufes entgehen können! Glaube mir, es ist einzig wichtig, daß sie nicht die Unzerreißbarkeit unseres Bundes vernichten konnten. Keiner Frau nehme ich es übel, Dich liebenswert gefunden zu haben, mein teurer Freund. Viel eher hätten sie es mir nicht vergeben dürfen, Deine Frau zu sein und – offen gesagt – ein solches Glück nicht zu verdienen.« So, mit Güte und Aufrichtigkeit knüpfen sie immer aufs neue das Band, das sie aneinander hält; selbst die Armut, die ewige und unerträgliche ihrer Tage, kann die Reinheit ihrer Existenz nicht vergiften. Immer findet ihre Hingebung neue Formen des Aufschwungs und schließlich auch die edelste Wendung: sie verzichtet ganz darauf, die Geliebte zu sein, um des neuen Glückes willen, ihn neu und anders lieben zu dürfen. Früh blinkt ihr Schnee auf dem Scheitel, und nun umgibt sie Valmore, den Gatten, mit einer wundervollen Mütterlichkeit. Er wird gleichsam ihr ältestes Kind, das Sorgenkind, dem sie sich müht, eine Stellung zu finden, das sie behütet, pflegt und berät. Sie muß ihn, den schlechten Provinzschauspieler, der nirgends ein Engagement findet, in Rouen ausgepfiffen, in Paris nirgends angenommen wird, immer wieder trösten über die schmerzhaften Niederlagen seiner Eitelkeit, sie muß den zweifelhaften Komödianten und doch wackern Mann dreißig Jahre darüber hinwegtäuschen, daß sie es ist, die mit Arbeit und Qual die ganze Familie erhält. Erst als der künstlerische Wahn ihm zerrinnt und er eine kleine Stellung an der Bibliothek findet und nun nichts mehr ist als Vater und Gatte, kommt eine Art Ruhe in den zerrissenen Haushalt. In den späteren Briefen mischen sich der Leidenschaft des Gefühls immer mehr und mehr hausmütterliche Ratschläge bei, die Ehe wandelt sich in Mutterschaft und Geschwisterlichkeit. Und aus der Ferne ihrer Jahre, dem gefährlichen Unterschied des Alters wird durch ihre Güte und Resignation immer neue Nähe und eine noch innigere Bindung.

Die Nomade

»Depuis l'âge de seize ans j'ai la fièvre et je voyage.«

Die Not und Entbehrung ist nun aus ihrem Herzen gescheucht. Aber sie läßt ihr liebstes Opfer nicht und umstellt von außen ihr Leben. Vergeblich sucht das Komödiantenpaar nach einem Nest. Die Brüsseler Truppe löst sich bald auf, sie streben nach Paris; aber Valmore, dessen mindere Qualitäten als Schauspieler mit dem Schwinden der Jugendlichkeit immer sichtlicher werden, erweist sich dort als Hemmnis für ein gemeinsames Engagement. Wieder wirft sie die Welle in die Provinz zurück von Strand zu Strand, jahrelang treiben sie dort, von allen Stürmen des Mißgeschicks gejagt und herumgefegt, zwanzig, dreißig Jahre, nirgends heimisch, überall wieder vertrieben. Nächtelang, tagelang, mit kleinen Kindern und dem ganzen Hausrat wandern sie von Ort zu Ort, immer wieder wird ihr ganzer Lebensbestand auf Karren geladen, immer wieder Kontrakte und Kündigungen, Hoffnungen und Enttäuschungen. Ein paar Jahre ruhen sie in Lyon, aber es ist Rast auf einem Vulkan, denn die Industriestadt ist fiebrig aufgewühlt von Arbeiterrevolten, in den Straßen werden die Menschen niederkartätscht, und dem Volke vergeht bald das Gelüst auf Komödie.

Der Traum der Kunst ist längst erloschen, es ist nur ein hartes Metier, das die beiden um ihrer Kinder willen betreiben, Broterwerb, Handwerk ohne Redlichkeit, dem Mißgunst und Neid bald die letzte Freude nehmen. Selbst zwischen ihnen beiden droht Zwietracht emporzuwuchern, denn immer deutlicher zeichnen sich die Erfolge Marcelines von den zweifelhaften Triumphen ihres Mannes ab; doch diese Gefahr bietet erwünschte Gelegenheit, die Größe ihrer Hingabe zu beweisen. Rasch entschlossen gibt sie den Beruf auf, läßt die Heroine, um nichts mehr zu sein als Hausfrau und Mutter, Heldin des Tages. Unglück und Kindbett haben ihren Körper matt gemacht, ihre Stimme durchsiebt. Empfindlich für Mißachtung, gleichgültig gegen Ruhm, ist sie längst schon müde, täglich fremden Menschen ihre Tränen zu geben; ein Grauen faßt sie an, wenn sich abends die Lichter entzünden, ein Grauen, die Furchen ihres Gesichts mit Schminke zu füllen, und kaum daß sie resigniert hat, so jubelt sie schon über ihren Entschluß. »Nicht mehr Theater zu spielen, ist eine Art Glück, das ich bis zu Tränen empfinde.«

Nun ist er, Valmore, das Haupt der Familie, Erwerber und Erhalter. Sorge wächst ihm damit zu, aber auch Selbstgefühl. Zuerst kämpft er noch in den großen Städten, aber in Lyon ausgepfiffen, meidet er die besseren Bühnen und schleppt sich von Provinz zu Provinz. Marceline bleibt in den ersten Jahren seine Begleiterin, dann aber fordern die Kinder ihre Gegenwart, und nur von ferne vermag sie ihn mit Briefen aufzumuntern. Sie verschweigt ihm zärtlich die tausend Sorgen, die ihr den Tag zerstücken und die Nacht wegstehlen. Denn sie kämpft einen tagtäglichen heroischen Kampf, um ihre kärgliche Existenz zu sichern; und diese große Dichterin, der Frankreich schönste und unvergeßliche Verse dankt, ist in allen Jahren der Entbehrung gleichzeitig der einzige Dienstbote des ganzen Hausstandes. Sie näht die Kleider der Kinder, sie wäscht, sie schneidert, sie kocht; nachts nach aller Mühe und Sorge schreibt sie sentimentale Novellen und Romane, um ein paar Franken zu verdienen. Sie arbeitet dreißig Jahre wie eine Verzweifelte, sie verkauft ihren letzten Schmuck, den Ring, den er ihr zur Vermählung gab; sie sucht nach Stellungen, sie bettelt beinahe, und an dieser Ärmsten der Armen hängen noch andere Lasten. Der Bruder, in englischer Gefangenschaft, quält unablässig um Geld, sie muß sich von ihrem eigenen Nichts etwas absparen, um ihm einen Notpfennig zu senden; die Familie ist in ewiger Bedrängnis, sie hilft auch ihr; in die Gefängnisse von Lyon bringt sie das letzte Brot von ihrem Tisch. Sie muß Briefe wochenlang liegen lassen, weil ihr das Geld fehlt, sie zu frankieren. Sie bleibt oft zu Hause, weil ihre Kleider und Schuhe zu schlecht sind für die Gasse. Ihr einziger Trost sind die kleinen Gedichte, die sie, über den Stickrahmen gebeugt, bei der Arbeit ersinnt, und die kleinen Lieder, jene wundervollen Kindergedichte, mit denen sie Hippolyte, Ondine und Ines, ihre drei Kinder, einschläfert.

Und dabei: wie klein sind ihre Wünsche! In eine Nußschale lassen sie sich pressen: Ruhe, ein wenig Rast, etwas Sonnenschein und ein bißchen Grün. Sie träumt – wie andere von Kronen und von Karossen – von irgendeinem stillen Haus auf dem Lande, von einem kleinbürgerlichen Glück, von einer ganz einfachen Existenz. Nur den Mann nahe haben, nur wissen, wovon man am nächsten Tage lebt, nicht sehen müssen, wie er beschämt und todesmüde von irgendeinem Mißerfolg in einem lächerlichen Winkel Frankreichs sich heimschleppt, und nicht immer mit übermenschlicher Anstrengung täglich das Lächeln erlügen müssen, um ihn zu begrüßen. Aber sie muß die Nomade bleiben, zwanzig, dreißig Jahre. Sie schreit auf zu Gott:

»Défendez aux chemins de m'amener encore.«

Aber die Wege schleppen sie weiter: durch alle Länder muß sie irren, und ihre Füße sind wund. Im Postwagen nach Italien, wo Valmore einer Truppe verpflichtet ist, schreibt sie mit zitternder Hand:

»Ah, les arbres du moins ont du temps pour fleurir,
Pour répandre leurs fruits à la terre et mourir.
Ah! je crains de souffrir, ma tâche est trop pressée
Ah! laissez-moi finir ma halte commencée
Oh! Laissez-moi m'asseoir sur le bord du chemin
Mes enfants à mes pieds et mon front dans ma main
Je ne puis plus marcher.«

Aber Gott erhört sie nicht. Selbst in Paris hat sie, die Fünfzigjährige, noch nicht Rast. Vierzehnmal übersiedelt sie, immer von einer Wohnung zur anderen gejagt, immer ist da der fünfte oder sechste Stock der einzige, wo sie die Miete erschwingen kann. Und ihre Füße sind wund. Sie zählt die Stufen von Wohnung zu Wohnung, hundert Stufen, hundertzwanzig, hundertdreißig, und ein Jubelschrei bricht aus ihr, wie sie endlich den Freunden berichten kann, daß sie in der Rue St. Honoré um 27 Stufen niedriger wohnt. »Im zweiten oder dritten Stockwerk wohnen, das wäre mein Traum«, seufzt sie auf. Ein kleiner Balkon mit ein paar Blumen muß ihr das Grün ersetzen, von dem sie träumt, in zwei, in drei Zimmern drängt sich ihre, ihres Mannes und ihrer drei Kinder Existenz zusammen. Ihre ganze Kraft wendet sie an diesen widerlichen, winzigen Kampf, die jeden Monat fehlenden zwanzig und dreißig Franken zu erobern, immer bleibt diese Existenz im Kleinlichen befangen, und so fremd sind ihr wirkliche Summen geworden, daß, als ihr einmal vierhundert Franken Pension als Geschenk des Königs durch die Güte von Freunden vermittelt werden, sie von einer »inondation d'argent« jubelt. Dabei müht sie sich, ihre ganze Sorge, ihr Elend dem eigenen Manne zu verbergen. 1842 schreibt sie: »Alles, was ich an weiblichem Genie, an Schweigen und an Worten kenne, wende ich an, um diesen großen und niedrigen Kampf meinem lieben Mann zu verschweigen, der das nicht acht Tage ertragen könnte. Ich rette seinen Stolz um den Preis meiner Erniedrigung, und erst nach meinem Tode wird er erfahren, durch welche unschuldigen Schliche, durch welche Tränen, die einzig Gott und ich kennen, ich bis zum heutigen Tag das traurige Geheimnis des Brotes gerettet habe, das noch nie an unserem und unserer Kinder Tisch fehlte. Auch Frost haben sie noch niemals gelitten.« Aber dann schreit sie wieder auf: »Die Arbeit tötet mich, ich ersticke an diesen Geldnöten, die mein Leben aufzehren wie die Motten das Tuch.«

Das geht zehn, das geht zwanzig und dreißig Jahre. Sie versteht es selber nicht mehr. »Wie ist es denn möglich«, schreibt sie, »daß man Tag und Nacht arbeitet und doch nicht genug verdient, um zu leben!« Dazu kommt, daß Valmore, von allen Bühnen refüsiert, selbst nichts mehr verdient. Mit dreiundfünfzig Jahren weiß sie nichts mehr »pour inventer leur existence«. Es ist der ewige Bankrott. Zwar hat der Sohn schon eine kleine Anstellung, aber das kann nicht genügen, und nun muß sie in die letzte Erniedrigung sich ergeben, muß sie, die Stolze, die ein Geldgeschenk von Madame Récamier zurückwies, bei allen Ministerien, bei allen Freunden betteln, in den Vorzimmern der Theater herumschleichen, um Valmore einen Posten zu verschaffen, um seinen Stolz zu retten, der unter allen diesen Enttäuschungen sich selbstmörderisch in Anklagen ergießt und seine ursprüngliche Heiterkeit verdüstert hat. Endlich gelingt es, ihn mit zweihundert Franken monatlich in der Bibliothèque Nationale als Hilfsbeamten unterzubringen. Mit einem Jubelschrei begrüßt Marceline seine Ernennung; aber schon ist wieder andere Sorge bereit, ihr die des Geldes und des Erwerbes abzulösen.

Es ist kein einziger heller, unbesorgter Tag in ihrer Existenz, und es wäre entsetzlich, ihr Schicksal nachfühlend zu beschreiben, wäre das Leiden nicht die Kraft ihrer Seele und der rauschende Quell ihres Gedichts.

Menschlichkeit

»Peut on être juste et ne pas plaindre tout ce qui respire? De là souvent ces élans d'imprudente piété qui m'ont fait croire à des fausses larmes. J'aime mieux en avoir été victime que sentir mon cœur se briser.«

Die Leidenden allein wissen um das Leiden: überall erkennt darum Marceline Desbordes-Valmore mit schwesterlichem Blick jedes irdische Unglück. Über sie, die von Sorgen fast Erdrückte, schütten noch alle andern ihre Sorge hin. Kaum weiß sie selbst, wie für den nächsten Tag das Brot für sich und ihre Kinder zu schaffen, und noch drängen der Bruder, der entlassene Soldat, der arbeitslose Oheim, der greise Schwiegervater um Geld an sie heran. Und sie gibt, ehe sie sich selber nimmt. In allen Vorzimmern der Ministerien kennt man sie, die ewige Petentin. Bald bettelt sie für eine arme Witwe, eine entlassene Schauspielerin, bald fordert sie Befreiung eines armen Sträflings, bald rennt sie die Sohlen durch um 500 Franken für die Heimreise eines jungen Italieners – nie aber bittet sie für sich. Man lese ihre Briefe: ununterbrochen ist sie, die selber Notleidende, Fürsprecherin alles irdischen Elends; alle ihre literarischen Verbindungen nutzt sie einzig, fremde Not zu erleichtern.

Denn fremde Not ist ihr härter als die eigene. Als in Lyon der Aufstand ausbricht, schreibt sie die wunderbaren Worte: »Man errötet, daß man zu essen, daß man warm und zwei Kinder zu haben wagt, während die andern nichts besitzen.« Alle Härte des Gerichts, jedes Urteil ist für sie, die nur Milde kennt, ein nie zu beschwichtigendes Entsetzen. »Wenn ich ein Schafott sehe, verkrieche ich mich unter die Erde und kann nicht essen, nicht schlafen.« Und als der Zufall will, daß sie bei ihren hundert Quartieren einmal einem Gefängnis gegenüber wohnt, wagt sie keinen Blick mehr aus dem Fenster. Nie kann sie begreifen, daß man bestraft, statt zu verzeihen. »Um sechs Franken willen, um zehn Franken willen, wegen eines Zornausbruches, für eine fieberhaft geäußerte Meinung schickt man Menschen in die Galeeren!« Ihr Herz kann das nicht verstehen: ihr sind im russischen Sinn alle Übeltäter nur »Unglückliche«, und allem Unglück fühlt sie sich verwandt. Darum verwendet sie, die Gehetzte, die Gejagte, noch ihre ganze Willenskraft, um zu helfen. Sie dringt einmal in einem Gefängnis bis zum Direktor vor, um Entlassung für einen Sträfling zu verlangen; und als sie das Haus mit den Riegeln und vergitterten Gelassen mit guter Botschaft verläßt, atmet sie auf: »Ich fühlte mich wie im Himmel, als ich das Haus verließ.« Sie bettelt bei Theatern um Rollen für Zurückgesetzte, bei dem König für eine Witwe; und als Martin, ein Landsmann von ihr, Minister wird, schreibt sie ihm im Patois seiner Heimat, um ihn milde zu stimmen. Sie steht müde und krank von ihrem Bette auf, um einem Freunde einen verfallenen Pfandbrief zu retten: jeder Appell an das Mitleid reißt eine Kraft aus der Hinfälligen unverweigerlich empor, denn hier fühlt sie sich angerufen im wahren Namen und Kern ihres Wesens. Trösten ist ihr ein vitales Bedürfnis: im Wohltun strömt sie die ganze überschwengliche Gefühlsmacht, die einmal der unselig Geliebte verachtet, nun auf alle Verachteten aus.

Dieser Blick für das Leiden ist unvergleichlich bei Marceline Desbordes. Man lese ihre Schilderungen Italiens: zum erstenmal betritt sie Mailand, aber sie sieht nicht die marmorn gepflasterten Straßen mit den Karossen wie Stendhal, nicht die amoureuse wollüstige Luft des Südens: ihr erster Blick sieht die vielen Bettler an den Kirchentüren, die zerlumpten Kinder, die Elendsquartiere, sie durchschaut den Jammer, der unter diesem Luxus sich scheu verbirgt. Und in den Kirchen ergreift sie nur die Darstellung des leidenden Christus und die heilige Demut der Märtyrer. Irgendeine urtümliche Einstellung wendet ihren Blick immer den Geprüften zu: sie hat keine Wahl, denn sie sieht nur durch Ergriffenheit. Bei den Aufständen steht ihr Herz zu dem ewig besiegten Volke, bei dem »herrlichen, dem sublimen Volke«. »Armes Volk«, schreit sie einmal auf, »so voll Zuversicht und Frömmigkeit, es hat auch diesmal nichts erhalten als das Recht, für seine Kinder zu sterben... Wir gehören zum Volk durch unser Elend und unsere Überzeugung.« Nur die Zurückgestoßenen liebt sie wahrhaft, die selbst Zurückgestoßene. Und vielleicht, weil sie so zärtlich, so wissend das Leiden fühlt, kommt gleichsam angelockt immer wieder von allen Seiten alles Unglück zutraulich zu ihr. Sie ist die Beichtigerin ihrer Freundinnen, die Trösterin ihres Mannes, dem sie über seine theatralischen Niederlagen mit rührender Lüge hinweghilft; immer ist ihre Wohnung überschwemmt von Menschen, die von ihr, der Ärmsten, noch etwas begehren, zumindest die Wohltat ihres Mitgefühls. »Jede Kleinigkeit von dem, was Dich quält, ist mir wichtig«, schreibt sie einmal einer

Freundin – wahrhaftig, sie hat geradezu Durst nach tröstender Tat und saugt mit unendlicher Liebeskraft alles Leiden an sich. Trotz der eigenen Fülle und Überfülle hat sie noch immer Raum für andere Not und immer Tränen bereit; fast scheint es, daß sie sich von ihren Sorgen nur rettet durch das Mitgefühl. Vermöchte sie nicht immer in fremde Not zu entfliehen, sie erstickte an der eigenen.

Niemals aber kann der oft erlittene Undank oder ein Unrecht ihre milde und duldende Seele zu Zorn auftreiben. Sie ist unfähig jeder Erbitterung. Man weiß, wie sie »Olivier« verziehen, der sie ins Elend stieß; und selbst gegen jene, die ihr wahrer Widerpart sind, gegen die Reichen, gegen die Hartherzigen, gegen die Selbstsüchtigen ballt sie niemals die Faust. »Ah, die Reichen, die Mächtigen, die Richter«, so schreit sie einmal auf, »sie gehen ins Theater, nachdem sie ein Todesurteil ausgesprochen haben.« Nur diesen Schreckensruf hat sie, aber keine wirkliche rachgierige Empörung, weil sie nicht hassen kann und weil sie diese Art Menschen einfach nicht versteht. Sie sind ihr fremd, alle, die nicht Mitleid kennen, die nicht geben – »nein, die Reichen fühlen nicht mit uns, Pauline«, schreibt sie an ihre Freundin, »die Reichen von heute kommen und erzählen einem mit so viel Rückhaltlosigkeit ihren eigenen Jammer, daß man gezwungen ist, mit ihnen mehr Mitleid zu haben als mit sich selbst.«

Nein, die Reichen fühlen nicht mit ihr, der ewig Entbehrungsvollen, und sie versteht die Reichen nicht. Sie versteht nie und nie einen Menschen, der sich verwehrt und verhält, der sich nicht ausströmt in der weichen Lust des Helfens und Gebens. Und aus ihrem ewigen Elend staunt sie nur fremd, ohne Haß, ohne Bitterkeit zu diesen Kalten und Versperrten empor wie zu Wesen, die nicht ganz ihresgleichen sind, weil ihnen gerade das fehlt, was sie als ihren einzigen Reichtum empfindet: die strömende Barmherzigkeit, das ewig sich verschenkende

Gefühl. Und zutiefst in ihrem innerlichsten immer verzeihenden Herzen bemitleidet sie vielleicht sogar die Mitleidlosen als die Ärmsten unter den Armen.

Die Dichterin

> »Moi seule en mon chemin et pleurante au milieu,
> J'ai dit ce que jamais femme ne dit qu' à Dieu.«

Entrechtete des Schicksals, Enterbte des Glücks, »Paria der Liebe«, war Marceline Desbordes-Valmore auch als Dichterin nicht begütert. Die fürstliche Schatzkammer der Sprache blieb ihr ein Leben lang verschlossen. Nie kann sie den heißen Leib ihres Gedichts mit den funkelnden, glitzernden, schillernden Edelsteinen seltener Worte, den kunstvollen Spangen ziselierter Fügungen, dem uralten Kronschatz ererbter und erworbener Kultur schmükken. Sie hat nichts, um ihrem Gefühl Befreiung zu kaufen, als die kleine Münze der täglichen Sprache, das Diktionär eines Bürgers, beinahe eines Kindes. Marceline Desbordes-Valmore ist Autodidaktin und ihre Bildung eher unter dem Mittelmaß der Zeit. In ihrer kurzen Jugend hat sie wenig gelernt, spät ist sie zur Schule gekommen: »À dix ans je ne savais rien que d'être heureuse«, und früh schon von der Kindheit ins Leben gerissen, haben ihr Not und Sorge die Bücher aus der Hand geschlagen. Niemals ließ ihr das Schicksal genügend Ruhe, ihre Bildung zu bessern. Nicht einmal das Geringste, die Rechtschreibung, bemeistert diese große Dichterin. Ein guter Teil ihrer Verse mußte erst für den Druck nachgefeilt werden, und in ihren Briefen wimmeln sprachliche Fehler wie Fische im Bach. Jedes Fremdwort wird ihr zur Klippe. In einem Briefe schreibt sie einmal von den Äquinoktien, die die große Hitze verschuldeten, und fügt in ihrer Demut dem raren Wort voll Besorgnis die Entschuldigung bei: »Ich habe das von andren gehört, denn Du weißt ja, ich bin nicht gebildeter als die Bäume, die sich heben und neigen, ohne zu wissen warum.« Marceline Desbordes-Valmores Kunst ist kunstlos. Ihre Reime sind kärglich, die Bilder kaum andere als diejenigen, die man bei Blaustrümpfen und Dilettanten findet, die süßlich romantischen Vergleiche von der Blume, die sich im Winde wiegt, der Rose, die sich entblättert, der Schwalbe, die sich ihr Nest sucht, dem Blitz, der aus heiterm Himmel zuckt. Sie ist wenig vielfältig in den Versformen, und schon das Sonett ist ihr, der Armen im Reime, zu schwer. Sie ist mittellos in ihrer Kunst, sie hat nichts als die abgegriffenen Kupfermünzen der täglichen Sprache, um sie gegen ihr Gefühl zu tauschen, das kostbare; sie hat nichts als die schlichten Worte, wie Rilke sagt: »die im Alltag darben«, die kleinen, die einfachen, die wundervollen Worte, »les mots, les pauvres mots, les mots divins, qui font pleurer«. Auch ihren dichterischen Besitz schafft sie sich ganz allein; nicht die Sprache ist es, die sie zur Dichterin macht, die von Fremden übernommene, sondern nur das, was sie der eigenen Brust entäußert, ein unendliches Gefühl, und dann jene höchste Macht ihres Wesens: die Musik.

Marceline Desbordes-Valmore ist ganz Musik, weil sie ganz Seele ist. Jene höchste Gewalt ist ihr geschenkt, jene irdisch-unirdische Gewalt, die aus den acht Tönen, aus der Oktave, das Weltall des Empfindens aufbaut. Die kältesten, die nüchternsten Worte werden transparent und durchleuchtend von dem feurigen Rhythmus des Gefühls. Nichts ist Bau, Umriß, Bildung, Nachahmung, Problem, Konstruktion in ihren Gedichten, alles fließend, schwebend, aufklingend, schwingend, alles ist Musik, Verklärung. Sie durchseelt den ärmsten Reim, das schlichteste Wort, sie bindet das mit Mühe Gefügte in ein seliges Band.

Musik ist der Sinn, Musik auch der Anlaß ihrer Dichtung. Denn nicht Ambition, nicht Nachahmung hat sie wie die meisten der Poesie zugeführt. Marceline liebt als junges Mädchen die Gitarre. Ihr feines Gehör behält die Melodien, die sie im Theater, die sie auf der Straße gehört, und zu arm, die Texte, die Bücher zu kaufen, dichtet sie sich selbst zu Hause in den vielen einsamen Stunden melancholische Romanzen und kleine Lieder zu der innen nachklingenden Melodie. Unmerklich, ganz unbewußt, wie die Blumen auf den Feldern empor zu Gott blühen, wächst aus diesem arglosen Spiele die ernste Neigung, die Leidenschaft zum poetischen Bekenntnis. Und wie dann ihre Stimme matter wird und sie dem Gesang entsagen muß, flüchtet sie ganz hinüber von dem gesungenen in das geschriebene, in das gesprochene Wort. »Die Musik begann, in ihr«, schreibt Sainte-Beuve, »sich von selbst in Dichtung zu verwandeln, die Tränen sanken nieder in ihre Stimme, und so entblühten die Verse eines Tages von selbst ihren Lippen.« Sie dichtet jahrelang nicht für die Welt, sie singt bloß ihr eigenes Leid in Schlaf, »pour endormir son pauvre cœur«. Die Mutterlose und Kinderlose, die Fremde in der Liebe ersinnt sich selbst die Tröstung im Lied.

Sie weiß es selbst kaum, daß sie dichtet, und hat es ein Leben lang nie verstanden, daß sie »Dichterin« war. Es drängt in ihrer Brust, Schmerzen quellen auf und drohen die Brust zu sprengen. Sie steigen empor und würgen die Kehle, aber ihren Lippen sind sie schon Melodie. Sie seufzt, sie weint, sie betet, sie klagt in ihren Gedichten, und was andere Frauen in den Kirchen ihrem Beichtiger vertrauen, was in Küssen erlöst wird oder in Klagen und Tränen einsam untergeht, alles das wird hier durch Musik der Seele Schwingung und befreite Melodie. Sie erzählt sich immer nur selbst, sie spricht Monologe aus der tiefen Traumhaftigkeit ihres Wesens und vergißt ganz, daß auch andere diese Stimme je hören könnten. Darum sind ihre Gedichte auch so unerhört aufrichtig, so ganz ohne Scham. Sie sind nur Durchbruch des Gefühls, Zerreißen der von Schmerz gespannten Hülle des Lebens durch innere Gärung. Diese Verse, oft sind sie nur Schreie, manchmal Klage, manchmal Gebet, immer aber beseelte Stimme. Sie sind nicht das Gefundene und Gefügte, sie sind das bloß Ausgeströmte, das Zufällige, denn Marceline Desbordes-Valmores Genie ist das der Unmittelbarkeit. Am Nähtisch hingesummt, zwischen der Arbeit und den Sorgen, oder abgestreift von den farbigen Flügeln des Traums, kommen ihr diese Verse zugeflogen, schmetterlingshaft und leicht. Niemals sind sie durch die Magie des Willens hergezwungen, nirgends ist Schwere von Absicht in ihnen, kaum sind sie anders als melodisch bewegte Luft. Das Gedicht ›Ma demeure‹, ist es nicht ein reiner Seufzer, verhauchend in Musik? Man höre es klingen, dies Trostgebet einer armen Seele:

»Ma demeure est haute
Donnant sur les cieux,
La lune en est l'hôte
Pâle et sérieux.

En bas que l'on sonne,
Qu'importe, aujourd'hui?
Ce n'est plus personne
Quand ce n'est pas lui!

Vis à vis la mienne
Une chaise attend,
Elle fut la sienne,
La nôtre, un instant.

D'un ruban signé
Cette chaise est là,
Toute résignée
Comme me voilà!«

Diese Aufrichtigkeit gibt ihren Gedichten höchsten und einzigen Wert. Eben weil diese Dichtungen nichts der Phantasie danken und alles dem Erlebnis, sind sie so frauenhaft. Es sind die Jahreszeiten der Seele, und nie seit Sappho hat man so tief und schön durch den Schleier der Dichtung in ein Frauenherz, nie so nackt eine Seele im Bade des Gefühls gesehen. Erröten, Zögern, Angst, Scham und Bedacht (sie spricht ja im Traum), all das ist ihr fremd. Wir lauschen wie in ein fremdes Zimmer diebisch hinein in ihr Leben. Aber sie, die Entschleierte, ist so rein, so edel und keusch, daß sie uns alle Beschämung des Lauschers erspart. Wir wissen von ihr tiefstes Erlebnis und wissen damit von allen Frauen durch diese eine, die aufrichtig war, und dem dichterischen Wert fügt sich derart ein unabschätzbarer dokumentarischer bei. Denn beispiellos in der Weltliteratur ist dies selige Wunder restloser Aufrichtigkeit, dem zu Dank man hier aus kleinen Liedern, Zeile um Zeile, ein Frauenschicksal, eine ganze Biographie aus Gedichten aufbauen kann, ohne daß sich irgendwo eine Lüge darin fände, eine Verschönerung oder Heuchelei. In tiefer Unbesorgtheit vermag man hier jenes Wunder der Kristallisierung des Gefühls zu betrachten, das sich sonst dem Tag und der Erkenntnis verschließt, die Mysterien der Schwangerschaft, die Schauer des ersten Liebesempfindens, das Grauen des Alterns, Schauer von Glück vor dem neuen Erlebnis der doppelten Liebesfähigkeit, die Qual der Entfremdung der Kinder durch das Leben, das Verströmen der sinnlichen Liebe in die Gottesliebe, in Religion. Nirgends in einem Dichter ist das Gefühl transparenter und so selbst Dichter gewesen wie in den Versen der Desbordes-Valmore und die Leugnung Sainte-Beuves ist ihr höchstes Lob: »Elle n'est plus poète, elle est la poésie même.« Sie ist selbst nicht die Dichterin, sondern das Gefühl dichtet gleichsam durch sie hindurch.

Musik hat die Dichtung ihr zugebracht, Musik trägt sie von ihr fort in die Welt. Freundinnen und Fremde vertonen ihre kleinen Lieder; sie staunt, sie will es nicht glauben, daß sie mit einmal beflügelt in die Welt wegstreben. Wie einst in der Liebe, so geht es der Glückentwöhnten auch im Ruhm, sie kann ihn nicht fassen, kann's nicht denken, daß diesen kleinen Versen, die sie zwischen der Arbeit, halb im Spiel, halb im Traum ersonnen, irgendein Wert, eine Bedeutung innewohnen könne. Die Dichtung, das war ihr doch nur ein Opiat, ein kleines Glück gegen die großen Schmerzen, eine Selbsttäuschung, der Liebe in Lust und Qual verwandt:

»Comme une douleur plus tendre il a sa volupté«, und nun kommen Menschen, große berühmte Dichter, und feiern dies als Literatur. Sainte-Beuve begrüßt die Verse mit einem Hymnus; Balzac, der freundliche Koloß, schleppt sich keuchend und dampfend die hundertdreißig Stufen zu ihrer Wohnung hinauf, um ihr seine Bewunderung zu sagen; Victor Hugo jubelt schon als Knabe ihr zu. Mit Tränen und Schauer wehrt sie alle Lobpreisungen als unverdient ab, fast fürchtet sie Hohn in dieser Werbung der Welt wie einst in jener Valmores. Kein Ruhm läßt sie diese tiefinnerliche Bescheidenheit je verlieren. Sie ist »stupide de joie«, wenn man ihr ein paar freundliche Worte sagt; und als Lamartine, der Berühmteste seiner Zeit, mit einem prachtvollen Gedicht sich grüßend an sie wendet, schauert sie zusammen wie unter Engelsruf. In dem Gedichte der Antwort, das die schönen Zeilen mit noch schöneren erwidert, lehnt sie allen Ruhm erschreckt ab.

»Oh n'as tu pas dit le mot gloire
Et ce mot je ne l'entends pas.«

Immer und immer wieder weist sie auf die Nichtigkeit ihrer kleinen Person hin:

»Je suis trop buissonnière, et ce n'est pas aux champs
Qu'il faut apprendre à moduler ses chants,
Il faut, ce qui me manque, une sévère école
Pour livrer sa pensée au vent de la parole.«

Vor dem kleinsten Dichter, dem letzten Dilettanten beugt sie sich und reicht gleichsam kniend Madame Tastu, irgendeiner Goldschnittlyrikerin, schülerhafte Huldigung. Ein ganzes Leben lang begreift sie nicht, was Literatur ist. In den dreihundert Briefen, die man von ihr kennt, mag man vergebens eine Zeile suchen, die diesem Jahrmarkt der Eitelkeiten gilt, in wundervoll unzerstörbarer Naivität unterschätzt sie ihren eigenen Wert, wie sie den fremden erhöht. Latouche, den Autor der Fragoletta, diesen zweifelhaften Freund, nennt sie einen »homme d'immense génie« und fühlt sich ihm ein Leben lang verpflichtet, weil er die Silben in ihren Versen nachzählte und ihr einen Verleger fand. Auch hier ist sie immer die Gebeugte, die Hingegebene – »née à genoux«, wie sie einmal sagt. Selbst die Literatur vermag nichts gegen die beseelte Schüchternheit ihres Wesens.

Niemals, niemals kann sie das Wunder erfassen, daß ihr kleines enges armseliges Leben, ihre geknechteten scheuen Gefühle irgendeines andern Menschen Interesse und Neigung finden könnten. Es sind doch nur ihre Tränen, die hier im Verse überfließen, flüchtige Kristalle vom Widerstreit des äußeren Lebensfrostes und innerer Glut, wie Eisblumen auf die Spiegelfläche ihres Schicksals hingezaubert. Und wirklich, »larmes et pleurs« sind die beiden Worte, die wieder und wiederkehren durch ihr ganzes Werk, der ewige Kehrreim aller ihrer Gedichte, Schmerz und Mißgeschick, die wirklichen Sterne ihres Lebens, sind auch die einzigen Inspiratoren ihrer Dichtungen gewesen. Aber allmählich weitet sich das Gefühl, zweigt vom persönlichen Erlebnis ab und strömt über in das große Mitleiden. Ihr eigenes Leben löst sich in ein Weltgefühl. Der romantische selbstgefällige Schmerz, den sie unwillkürlich von schlechten Byronschen Nachbildern ihrer Zeit übernommen, erhebt sich durch eine innere Güte allmählich zum tragischen Glücksgefühl, und gleichzeitig schwindet aus der Sprache aller romantische Bombast. Ihre Stimme, die leise klingende, wird stark im Anruf der andern; Schwesternschaft mit aller irdischen Qual läßt sie in ihren späteren Versen ein erhebendes Pathos finden. In Versen ruft sie alle Erniedrigten an:

»Vous surtout qui souffrez, je vous prends pour mes sœurs,
Pleureuses de ce monde où je passe inconnue.«

Alle Mütter fühlt sie klagen in ihrer eigenen Stimme, alle Tränen der Welt strömen den ihren zu, tausend Seufzer beschwingen ihr Gedicht. Und in Lyon, der Stadt im Aufstand, wird die Klage zur Anklage, der Ruf zum Schrei. Aus dem schüchternen Kinde, der Leichtverführten, ist durch Liebe die Frau geworden, und durch Mutterschaft und Schmerz wird sie Mensch und Mitmensch. Sie klagt an, sie deutet mit zitternden Fingern auf die Kanonen, die lebende Menschen, Väter, Frauen und Mütter niederkartätschen, und unbewußt ruft eine bewegte Zeit sie zur großen sozialen Dichterin empor. Sie schildert das Elend der Arbeiter, den Hohn der Reichen und die Komödie der Gerichte, sie wendet sich an die ganze Menschheit und hebt ihre Stimme auf zu Gott. Alles Unglück hat in ihr Bruderschaft:

»Je me laisse entraîner où l'on entend des chaînes,
Je juge avec mes pleurs, j'absous avec mes peines,
J'élève mon cœur veuf au Dieu des malheureux,
C'est mon seul droit au ciel et j'y frappe pour eux.«

Ihre Liebe hat sich in Weltliebe verwandelt, alle Sentimentalität ist im Sturm des Schicksals weggeweht, und wenn sie die Stimme jetzt zur Klage erhebt, so gilt es längst nicht eigenem Schicksale mehr, sondern sie, die Demütige für sich selbst, spricht herrisch und kühn für die Menschheit. Laut, voll und drohend orgeln ihre Verse empor zu dem Schöpfer aller Qualen, zu dem Herrn des Schmerzes. Nicht die Frau spricht mehr von Sehnsucht und Enttäuschung privaten Gefühls, sondern das Namenlose zum Namenlosen, und die letzten, die schönsten Verse der Desbordes-Valmore sind nur mehr Zwiesprache der leidenden Kreatur mit ihrem Schöpfer, mit Gott.

Die Frau

»Tant qu'on peut donner on ne peut pas mourir.«

Sie ist die wahre Frau, weil die Liebe der Sinn und die Tat ihres ganzen Lebens ist. Ihre Leidenschaft nährt sich nicht an der Gegenliebe, der zufälligen und begrenzten, sondern vom Liebesbedürfnis, dem in ihr unendlichen und unvergänglichen. Nicht von außen wird das Erlebnis, das einmalige, in sie geschüttet, sondern von innen quillt es empor, aus den unergründlichen Schächten ihres Herzens. Es ist da kein Anfang und kein Ende, alles strömt ineinander, gepreßt von den Zuflüssen der Seele, Kindesliebe, Leidenschaft, Gattentreue, Mutterschaft, um schließlich im Grenzenlosen der Gottesliebe zu münden, der sie unbewußt vom Anbeginn zugestrebt: »Seigneur qui ne cherchait l'amour dans votre amour.« Von einem Ende ihres Lebens bis zum andern flutet dieser Strom mit unablässiger Welle. Ihr Gefühl wird nie müde, sie läßt nicht ab, sich hinzugeben an ihren Gatten, an die Kinder, an die Freunde, an die Welt und an Gott. Immer bleibt sie die unendlich Ergriffene, die Schenkende, die Duldende, und wenn ihre Liebe wandert vom ersten Mann zum zweiten, von den Kindern zur Kirche, so ist diese Wanderschaft nur höchste Treue an ihrem innern Lebenswillen, der sich entäußern muß. Nie ist es das Geschehen, der Anlaß, immer nur das Gefühl, das ihr Erleben zur Größe spannt. Jener Verführer ist auf den Brettern ihres Lebens nichts als der Bote, der das Stichwort bringt und die Tragödie des Herzens anklingen läßt, dann tritt er ab und verschattet im Dunkel; aber das große Spiel, das die Liebe mit ihr begonnen hat, endet nicht mit ihm, sondern mit ihrem eigenen Leben. Sie, die Erweckte, singt Jubel und Schmerz unablässig aus erregter Brust, die Arie ihrer Seele hat kein Ende bis zum letzten Tag.

Ich weiß keine Dichterin, die so wenig Schauspielerin ihres Gefühls war wie Desbordes-Valmore, die Komödiantin des Berufs. Sie ist nicht die Heroine (wie George Sand, wie Charlotte Corday, Jeanne d'Arc und Theroine de Méricourt), sondern nur die Heroische des Alltags, sie ist nicht die große Liebhaberin, die grande amoureuse (wie die Pompadour, wie die Lespinasse, wie Ninon de Lenclos), sondern bloß die Liebende und darum die Entsagende. Ein ganzes Leben opfert sie im Tempel ihres Herzens dem Gotte des Gefühls. Sie gibt klaglos alles, was sie ihrem Leben abringen kann: dem Geliebten ihre Reinheit, dem Gatten ihre tägliche Mühe und Kraft, den Kindern ihre Sorge, dem Gefühle die Verse und dem Himmel ihr Gebet. Sich-Versagen wäre für sie Sterben: »Tant qu'on peut donner on ne peut pas mourir.« Nichts behält sie darum für sich, und was ihr etwa zufällt, der Ruhm der Bühne und später jener der Dichtung, diese Geschenke des Schicksals weist sie wie eine Unwürdige ab. Die Ungeschmückte will sie bleiben, die Dienerin, die Magd fremden Lebens, sie will schenken und nicht beschenkt sein, ihr Geben nicht durch Gegengabe geschmälert sehen. Aus allen ihren Stunden, den dunklen und trüben, flicht sie Kränze für andere Stirnen und streut die Blüten ihrer Dichtung verschwenderisch auf den geliebten Namen. Das Glück der Beschenkten war ihr versagt; so sucht sie, wahre Frau, die sie ist von jener verwölkten Kindheit an bis zur Todesstunde, Kraft und Erhebung in einer beispiellosen Hingabe, in einer Hingabe ohne Frage, ohne Verpflichtung, ohne Bedingung, so wie sie einst nur aus Gebenslust sich dem fremden Manne hingab. Sie selbst hat das Glück verlernt und findet es nur in der Verwandlung, andere beglückt zu sehen. Immer tritt sie zurück, und wenn sie bittet, wenn sie zu Gott aufschreit, so ist es für den Gatten und für die Kinder, selbst klaglos bereit, zu verschwinden, zu vergehen, und ihr süßester Wunsch:

»D'être abeille et mourir dans les fleurs.«

Das Schicksal hebt sie nicht auf in seine seligen Arme, so bleibt sie zu seinen Füßen und demütigt sich, und allmählich wird ihr das Leiden nicht mehr der Feind, der sie überfällt, sondern der Freund, der getreue. Und will Freundliches ihr nahen, so fürchtet sie ein Fremdes, ihr nicht Zugeteiltes darin. Sie weicht scheu vor ihm zurück. Immer wenn es naht, wenn Valmore um sie wirbt, wenn ihren Versen ein freundliches Wort gesagt wird, so schauert sie zusammen, sein Nahen bringt ihr Angst:

»Je tremble d'être heureuse.«

Ihr Glück, das weiß sie bald, sind die Tränen, und sie liebt sie wie ein Glück, dem entfremdet zu werden sie sich fürchtet. Allmählich mischt sich Süße in ihr Erleiden, und ohne Zwang, aus innerster Lebensnot, wird sie Meister ihres Schmerzes und selig im Leiden. Ähnlich, wie es in Gottfried Kellers Versen heißt, darf sie von sich sagen:

»Ein Meister bin ich worden,
Zu tragen Schmerz und Leid,
Und meine Lust zu leiden
Ward meine Seligkeit.«

Dulden ist ihre wahre Welt, und ihre Klage verwandelt sie in Gebet: »Prier ce sont nos armes«, sagt sie von sich und allen Frauen, weil sie erkennt, daß die Frau nur durch Leiden und nicht durch Lust in die große Gemeinsamkeit eingefügt ist, daß Empfangen ihr Erleiden sein muß und in alle Süße des Körpers und der Seele ihr Schmerz unverweigerlich gemengt ist.

Kein neues Unglück kann sie darum irremachen: ihre Liebe ist nicht abzutöten, ihr Gefühl nicht zu zerstören. Bei der ersten Enttäuschung schrie das gequälte Herz noch auf, zu neu war ihr der Schmerz. Aber schon damals war es nur erschreckte Klage, nicht Zorn und nicht Anklage, schon damals suchte sie alle Schuld in Bestimmung, in Selbstschuld zu verwandeln:

»Il me faisait mourir et je disais, j'ai tort.«

Schon damals verzeiht sie ihm, sie verzeiht der Freundin, die ihn verlockt hat, denn sie muß sich's bekennen: »Je ne sais pas haïr.« Immer ist sie das Opfer, die Ausgenützte, aber darum nicht die Enttäuschte. Ihre Familie klebt parasitisch an ihrem Leben, aber nie hat sie es beklagt mit einem Wort. Latouche, der falsche Freund, sucht ihre Tochter zu verführen; und doch, als dann Sainte-Beuve an seinem Todestage jenen Brief an sie richtet, schreibt sie in ihrem Briefe eine brennende Apologie. Ihrem Verführer findet sie das wundervollste Wort der Vergebung, das je eine Frau gesprochen:

»J'en parle à Dieu sans son injure
Pour que Dieu l'aime autant que moi.«

Für jeden findet sie eine Entschuldigung und für alle jene, die sie gequält und erniedrigt haben:

»Ceux qui m'ont affligée en leur dédain jaloux,
Ceux qui m'ont fait descendre et marcher dans l'orage,

Ceux qui m'ont pris ma part de soleil et d'ombrage,
Ceux qui sous mes pieds ont jeté des cailloux«,

für sie alle erhebt sie ihre Stimme zu Gott:

»Oh, qui se peut venger? Oh par votre abandon
Seigneur! par votre croix dont j'ai suivie la trace,
Par ceux qui m'ont laissé la voix pour crier grâce,
Pardon pour eux! pour moi! pour tous! pardon!
pardon!«

Und auch ihm selbst, Gott, verzeiht sie, daß er ihr von fünf Kindern vier genommen, daß er seinen dunklen Engel gegen alle entboten, die ihr teuer waren. Nicht Klage richtet sie an ihn um diesen herbsten Verlust, sondern nur Bitte für andere Mütter, und es ist eine heroische Güte des Verzichts in diesem Gebet:

»Oh Sauveur! soyez tendre au moins aux autres mères
Par amour pour la vôtre et par pitié pour nous,
Baptisez leurs enfants de nos larmes amères
Et relevez les miens tombés à vos genoux.«

Er hat seinen ganzen Zorn gegen sie gesandt; aber sie, die Liebesreiche, vermag ihm nicht zu zürnen, und je mehr er sie züchtigt, desto glühender liebt sie ihn.

In dieser scheinbaren Schwäche, dieser grenzenlosen Selbstdemütigung ruht die Kraft, der wunderbare Heroismus der Marceline Desbordes-Valmore. Ihr Leben ist das einer Heldin, einer Heiligen, und Descaves findet ihr den schönsten Namen »Notre Dame des Pleurs«. Glut ist ihr Widerstand. So wie ihr magerer gebrechlicher Körper mehr als fünfzig Jahre sich, allen Krankheiten trotzend, weiterträgt, so überwindet ihr Charakter alles Unglück. Die Kraft anderer wird zu Taten und Worten, ihr Bestes an Kraft aber verzehrt sich im Schweigen, und alle Verse verraten zu wenig, was für Qualen sie litt in den täglichen

Kämpfen und Tagwerken, in den Entbehrungen und Erniedrigungen, wie verzweifelt sie das Lächeln erkämpfte, das sie abends dem müden Manne entgegenbringt, und den Heroismus, viermal vom Totenbett ihrer Kinder noch einmal aufzustehen und nochmals in ein so furchtbares Leben hinein. Diese in tausend Stunden gestählte Kraft, gegen die Verzweiflung zu ringen und unentwegt sich der Liebe zu bewahren, ist das Mirakel, das sie glühend erhält bis zum letzten Tag, das sie Dichterin sein läßt bis zum letzten Vers. Andern Frauen erlischt meist das Gefühl mit der Liebe, andern Dichterinnen kühlt die Leidenschaft aus mit dem Erlebnis, sie aber verwandelt und steigert grenzenlos ihr Gefühl. Vom Geliebten zum Gatten, vom Manne zu den Kindern und von den Kindern zu Gott trägt sie ihre Hingebung, aber niemals lischt die heilige Flamme aus. Alles, was das Leben in ihre Glut wirft, Ekel, Qual, Bitterkeit, es nährt nur ihr Lodern, und die Sechzigjährige dient ihr noch hingebungsfroher als die Halbwüchsige. Die Flamme, die einst nur reichte bis zu den Lippen des Geliebten, ihre Kinder wärmte und den Gatten umschlang – in den letzten Jahren schlägt sie empor bis zu Gott und wird eins mit seiner ewigen Glut.

Marceline Desbordes-Valmores Leben führt über den Kalvarienberg aller Leiden; und damit sie auch das Höchste an Lust und Tiefste an Qualen kenne, drückt das Leben auf ihr blutendes Haupt die dunkle Dornenkrone der Mutterschaft.

Mater Dolorosa

»Enfants, priez pour moi, j' ai tant prié pour vous.«

Hingabe war ihres Lebens Sinn und die Mutterschaft darum ihre höchste Berufung. Hier war ihrer Opferfreude, der so oft verschwendeten, Beständigkeit geboten und ihres Empfindens fast religiöser Reinheit unschuldige Antwort. Hier durfte sie dienen ohne Ende und ohne Dank, ihr Blut mühen für eigenes Blut. Einzig in diesem weiblichsten der Gefühle lischt ihres demütigen Lebens Angst, die Unwürdige zu sein und ein Glück nicht zu verdienen. Die Verschüchterung ihrer Seele wird im Anblick ihrer Kinder von einem neuen Gefühl gescheucht: zum erstenmal begreift sie, daß Gott auch ihr, der Enterbten, gütig sein kann:

»Dieu dans ma pauvreté me laissait être mère.«

In dem Sturm ihres Lebens ist hier eine kleine Insel Seligkeit, und man kennt die Stimme, die sonst so sorgenvolle, nicht mehr, wenn Marceline von ihren Kindern spricht. Der Flor von Melancholie ist gesunken, und die Träne, die aufquellende, trübt nicht mehr ihre selige Melodie. Ein Jubel, den Liebe sie niemals lehrte, springt hoch:

»Un enfant! un enfant! ô seule âme de l'âme!
Palme pure attachée au malheur d'être femme!
Eloquent défenseur de notre humilité,
Fruit chaste et glorieux de la maternité,
Qui d'une langue impie assainit la morsure
Et de l'amour trahi ferme enfin la blessure!
Image de Jésus qui se penche vers nous
Pour relever sa mère humble et née à genoux.«

Diese brennende Mütterlichkeit umspannt die kleinen Leben von ihrer frühesten Stunde bis in die Mannheit, sie beginnt schon im Vorgefühl der Erwartung, sie flügelt ihrem Nahen schon voraus, und niemals hat eine Mutter für mein Empfinden ein schöneres Gedicht geschrieben als sie zur Geburt ihres Sohnes Hippolyte.

Das Mysterium der Schwangerschaft verwandelt ein tiefes Blutempfinden in eigenstes seligstes Erlebnis, sie mahnt – noch matt von Schmerzen, die längst verrauscht sind im Glück – das Kind an all die süßen Sorgen der Erwartung, wie sie aus Gebeten Glied um Glied seines Körpers schuf, wie seine Sinne durchwebt sind von ihren Träumen und sein ganzes Leben glühend vorgeahnt aus ihren Wünschen. Die selige Stunde der Geburt beneidet noch die des dunklen Verbundenseins, und im schönsten Worte ergießt sich die ganze Glut ihrer Erwartung:

»J'aurais voulu voir Dieu pour te créer plus beau.«

Körper von Körper gelöst, senkt sie noch ihre Seele in die halbbewußte zurück und durchglüht sie mit Sorgen der Liebe. Und als die Kinder dann aufwachsen, ist sie ihre einzige Dienerin. Sie wacht über ihren Schlaf und ihre Angst. Sie macht sich kindlich mit ihnen, ihre Verse lernen die Sprache lallender Lippen sprechen, sie erfindet, die Kindliche, ihrem Mädchen ein Gedicht zum Einschlafen, das unsterblich geworden ist in der französischen Literatur und das jedes Kind in der Schule heute mit seiner kleinen Stimme lernen und sprechen muß. Es ist das Gebet ›L'oreiller‹, das schönste Abendgebet der Welt:

»Cher petit oreiller, doux et chaud sous ma tête,
Plein de plume choisie, et blanc, et fait pour moi!
Quand on a peur du vent, des loups, de la tempête,
Cher petit oreiller, que je dors bien sur toi!

Beaucoup, beaucoup d'enfants pauvres et nus, sans mère,
Sans maison, n'ont jamais d'oreiller pour dormir;
Ils ont toujours sommeil. O destinée amère!
Maman! douce maman! cela me fait gémir.

Et quand j'ai prié Dieu pour tous ces petits anges
Qui n'ont point d'oreiller, moi j'embrasse le mien.
Seule, dans mon doux nid qu'à tes pieds tu m'arranges,
Je te bénis, ma mère, et je touche le tien!

Je ne m'éveillerai qu'à la lueur première
De l'aube; au rideau bleu c'est si gai de la voir!
Je vais dire tout bas ma plus tendre prière:
Donne encore un baiser, douce maman! Bonsoir!«

Noch ehe sie sprechen können, beseelt sie so ihre stummen Lippen in Musik. Und für den Sohn, als er zum erstenmal zur Schule geht, schreibt sie jene entzückende kleine Erzählung vom ›L'écolier‹, um ihn zum Fleiße anzufeuern; und die haben seitdem tausend Mütter tausend Kindern vorgesprochen, wenn sie zum erstenmal mit ihrem Ränzel zur Schule trotten. Sie muß sich nicht zwingen zu diesen Versen, sich nicht kindlich machen um der Kinder willen, denn sie selbst wird selig an diesen kleinen Strophen. In diesen Kinderliedern erwacht plötzlich etwas in ihr, das ganz vergessen und verschüttet lag: ihre eigene Kindheit. Von dem Lächeln der Kinder reflektiert eine Heiterkeit in ihr Leben zurück, sie findet in entzückenden melodischen Versen kleine schalkische Wendungen, ihr Herz, das verschattete, blüht wieder auf in Heiterkeit. Zum erstenmal atmet sie unbesorgt. Die Armut um ihr Leben trifft sie stark und gepanzert, denn Mutterschaft, das neue Glück, umgürtet ihren Leib, der Tod kann ihr nichts mehr anhaben, das Schicksal hat keine Macht über sie. Jubelnd ruft sie aus:

»J'ai des enfants! leurs voix, leurs haleines, leurs jeux
Soufflent sur moi l'amour qui m'alimente encore;
J'ai, pour les regarder, tant d'âme dans lex yeux!
Mon étoile est si bien nouée à leur aurore!
On m'a blessée en vain, je ne peux pas mourir:
J'ai semé leurs printemps, je dois les voir fleurir.«

Aber dieser großen Dulderin ist aller irdische Besitz nur als Pfand flüchtig gegeben, und sie muß ihn auslösen mit allen ihren Tränen. Der Tod steht zwischen ihr und dem

Glück. Das erste Kind, das Kind des Unbekannten, hat ihr der Tod genommen, und auch das erste, das sie Valmore schenken darf, stirbt nach wenigen Wochen. Dann scheint das Unheil beschwichtigt mit diesen ersten beiden Opfern ihrer Liebe, drei werden den Verlorenen nachgeboren und überwachsen die Kindheit: Hippolyte, ihr Sohn, und die beiden Töchter Ondine und Ines. Zwanzig Jahre lang darf sie sich ihrer freuen. Sie zieht sie heran, und schon bringen sie Gefahr in ihr Leben. Ondine, die ältere, ein kokettes, kluges und ambitiöses Mädchen, wird von der Literatur lebhaft verlockt; Sainte-Beuve wünscht sie zur Frau, sie weist ihn zurück; aber mit einemmal muß Marceline entdecken, daß Latouche, der freundschaftlich in ihrem Hause verkehrt (in dem manche Biographen den Verführer, den »Olivier« Marcelines und den Vater ihres unehelichen Kindes sehen), sich mit allen Künsten bemüht, und nicht ganz vergeblich, die Nähe und Vertrautheit des Umgangs zu mißbrauchen. Aufgescheucht in ihrer Angst schreibt Marceline innige Briefe an ihre ferne Tochter, die erhalten sind und in rührender Fürsorge sie vor dem eigenen Schicksal warnen. An der Angst wacht noch einmal das Grauen der früh erlebten Leiden auf. Tage der Aufregung und Monate des Entsetzens stürzen jetzt in ihr Leben. Wie sie ihr Kindheitsglück im Betrachten verdoppeln durfte, will nun auch die Tragödie des grausamen Verführtseins im Kinde sich erneuern. Sie muß das Kind schützen, sie, die keine Mutter damals hatte, die sie zurückriß von ihrem Elend, schützen (der Gedanke ist kaum zu fassen): vor vielleicht ebendemselben »Olivier«, dem gleichen Verführer oder zumindest der gleichen Verführung. Aber es gelingt, Ondine zu warnen und sie bald darauf mit einem einfachen und nüchternen, achtbaren Mann zu vermählen.

Zu retten, um sie zwiefach zu verlieren. Denn jetzt, da sie gesichert scheint, führt das Schicksal seinen ersten

Schlag. Ines, die jüngere Tochter, stirbt mählich hin an Schwindsucht, dann folgt ihr im Tode das einzige Enkelkind, das Ondine geboren, und wenige Jahre darauf an der gleichen Krankheit, zur Verzweiflung der Mutter, Ondine selbst. Alle die Lichter, die ihr Leben erhellten, löschen aus mit ihren Augensternen, und ebenso, wie einst in der Liebe, sieht sie nun im Schicksal einen finsteren Hohn, eine Ironie des Glückes, die ihr Herz zerschneidet. Ihre Krone rollt in den Staub, mit einmal ist sie »la mère découronnée«; ihr Stolz, ihr Vertrauen sind gebrochen, die sieben Schwerter der Madonna durchbohren jetzt ihre Brust. Und als wären diese neuen Existenzen gleichsam unterirdisch miteinander verwurzelt gewesen, so stürzt jetzt plötzlich der ganze Wall ein, mit dem sie ihr Leben gefestigt glaubte. Ihr Onkel, ihr Bruder, ihre Freundin sterben, fast alle zu gleicher Zeit, in diesen entsetzlichen Jahren: wie Niobe sieht sie, versteinert vor Gram, einen nach dem andern unter den Pfeilen des Schicksals sinken.

Vor der Liebe konnte sie flüchten, doch nicht vor dem Tod. Gegen ihn ist sie machtlos. Nun ist, sie fühlt es, alles endgültig verloren. Die Liebe ihres alternden Gatten vermag ihr, der weißhaarigen Frau, keine neuen Kinder mehr zu erwecken. Ihre Familie ist zersprengt, die Freunde entschwunden, nichts kann sie mehr begnaden auf dieser Welt. Aus dem Trümmerfeld ihres Lebens glüht ihre Sehnsucht jetzt nur den Himmel mehr an. Sie hat nur Gott mehr, um ihn zu lieben, und sie bietet ihm das einzige, das Letzte, was sie besitzt, ihren Schmerz:

»Je vous donnerai tant de larmes
Que vous me rendrez mes enfants.«

Zu ihm sprechen jetzt alle ihre Verse, zu ihm allein heben sich ihre Blicke. Die Erde hat für sie keine Heimstatt übrig, nur zurück will sie in die andere Welt, wo ihre Kinder sind und alles, was sie in diesen dumpfen Jahren geliebt. Verzweifelt pocht sie an die Himmelstür, sie weist ihre Wunden und ihre Armut:

»Ouvrez, je ne suis plus suivie
Que par moi-même et par la vie.«

Sie weist ihre Wunden, sie bietet ihre Tränen, all ihren Schmerz breitet sie ihm hin.

Ihr Leiden ist höchstes Anrecht geworden, und was einst ihre Seligkeit war, das nennt sie jetzt Gott als Sinnbild des äußersten Schmerzes, da sie empor will in sein Herz:

»Laissez moi passer – je suis mère.«

Hingang und Unsterblichkeit

»Moi je pars, moi je passe
Comme à travers les champs un filet d'eau s'en va;
Comme un oiseau s'enfuit, je m'en vais dans l'espace
Chercher l'immense amour, où mon cœur s'abreuva.«

Sie ist nun eine alte Frau, allein in der Welt. Armut und Trauer umschnüren ihr enges Schicksal mit schwarzem Rand. Das Feld ihres Lebens ist nach sechzig Jahren Mühe brach geblieben. Umsonst hat die Pflugschar des Leidens ihr Leben durchpflügt, Sturm hat alle Saaten verweht. Eine letzte Freundin hat sie noch, und der schreibt sie in diesem Jahr das Geheimnis ihrer Entrücktheit. »Höre mich an, ich bin heute in die Kirche gegangen und habe dort acht Kerzen angezündet, acht Kerzen, arm wie ich selbst. Sie waren für acht Seelen, für meine Seele, für Vater, Mutter, Bruder, Schwestern und Kinder. Ich habe sie brennen gesehen und verbrennen und glaubte, sterben zu müssen. Ich sage es nur Dir allein: es war ein Besuch bei Gott.« Aber bald hat sie niemand mehr für vertrautes

Wort, auch diese, die Letzte, Pauline Duchambge, geht ihr voraus. Nur zu Ihm, der nicht antwortet und doch alles hört, geht jetzt ihre Klage. Alle Verse, die Marceline Desbordes-Valmore noch schreibt, die letzten begnadetsten Gedichte sind Zwiesprache mit Gott. Sie hebt ihr tränenüberströmtes Antlitz zum Himmel empor, um die Erde nicht mehr zu sehn, die alles Leben von ihr getrunken hat. Sie hat längst Abschied genommen:

»Tous mes étonnements sont finis sur la terre,
Tous mes adieux sont faits, l'âme est prête à jaillir.«

Jeder Tag ist ihr zur Last, und die sechzig Jahre stillen Leidens drängen sie nun ungestüm weg aus dieser vereinsamten Welt. Niemandem ist nun ihre Liebe, die unendliche, zu Dienst, und so fühlt sie sich ohne Sinn. Aus der Resignation wird Ungeduld, jede Stunde zwischen Menschen und Häusern Qual:

»De chaque jour tombé mon épaule est plus légère.«

Abgekehrt ist ihr Blick von dieser Welt und nur einzig in die Ferne gerichtet, in Zukunft und Vergangenheit.

So sieht sie Michelet »ivre d'amour et de mort«, trunken von Liebe und von Tod. Und aus dieser Trunkenheit entstehen ihre letzten Gedichte, die schon ganz entirdischt und von Gottesgefühl magisch durchleuchtet sind wie das Dunkel einer Kirche von farbig gebrochenem Sonnenlicht. Alles hat ihr das Leben entwenden können, nur nicht die Glut des Gefühls. Aber nicht wie eine Fackel flackert sie mehr in Leidenschaft, sondern brennt fromm und windstill wie ein ewiges Licht. »Mon âme n'est pas éteinte, elle est montée plus haut.« Durch die immer dünnere Hülle ihrer Körperlichkeit glüht heißer die Seele durch, kaum ist sie selbst es noch, die spricht. Immer ist sie in diesen Versen die schon Aufsteigende, die schon Befreite, immer schon nahe bei Gott und nahe seinem Herzen. Schauernd reicht sie ihm die »Couronne effeuillée« ihres Geschicks zurück:

»J'irai, j'irai porter ma couronne effeuillée
Au jardin de mon père où revit toute fleur;
J'y répandrai longtemps mon âme agenouillée:
Mon père a des secrets pour vaincre la douleur.

J'irai, j'irai lui dire, au moins avec mes larmes:
›Regardez, j'ai souffert . . .‹ Il me regardera,
Et sous mes jours changés, sous mes pâleurs sans charmes,
Parce qu'il est mon père il me reconnaîtra.

Il dira: ›C'est donc vous, chère âme désolée!
La terre manque-t-elle a vos pas égarés?
Chère âme, je suis Dieu: ne soyez plus troublée;
Voici votre maison, voici mon cœur, entrez!‹

O clémence! ô douceur! ô saint refuge! ô Père!
Votre enfant qui pleurait vous l'avez entendu!
Je vous obtiens déjà puisque je vous espère
Et que vous possédez tout ce que j'ai perdu.

Vous ne rejetez pas la fleur qui n'est plus belle;
Ce crime de la terre au ciel est pardonné.
Vous ne maudirez pas votre enfant infidèle,
Non d'avoir rien vendu, mais d'avoir tout donné.«

Ein Jahr noch weilt sie, nur mit den Sinnen, auf der Welt, der sich ihr Gefühl längst entwand. Und endlich, am 23. Juli 1859, nimmt sie der Tod zu sich. Auf dem hohen Friedhof von Montmartre wird sie begraben, nahe bei Heinrich Heines Ruhestatt, und in Douai, dort in dem kleinen grauen Kirchlein, in dem sie die Taufe empfangen und als Mädchen gespielt, spricht der Priester für ihre Seele das letzte Gebet. Aber in der dunklen und erhabenen Kathedrale des Ruhms lesen alle großen Dichter Frankreichs ihr die Totenmesse. Baudelaire, Samain, Victor

Hugo, Anatole France, jeder sagt seine Litanei der Liebe als Dank für die ihre, jeder spricht ihrer großen Seele dichterisches Gebet, und das schönste vielleicht Verlaine:

»Telle autre gloire est, j'ose dire, plus fameuse,
Dont l'éclat éblouit mieux encore qu'il ne luit:
La sienne fait plus de musique que de bruit,
Bien que de pleurs brûlants écumeuse et fumeuse.

Mais la bonté du cœur, mais l'âme haute et pure
Tempèrent ce torrent de douleur et d'amour
Et, se mêlant à la douceur de la nature,
A sa souffrance aussi, de nuit comme de jour

Promènent sous le ciel tout pluie et tout soleil
A chaque instant, avec à peine des nuances,
Un large fleuve harmonieux de confiances
Vives et de désespoirs lents, et, non pareil.

Il chante, l'ample fleuve au capricieux cours,
L'hymne infini de toute la tendresse humaine
Où la fille et l'amante et la mère ont leurs tours,
Où le poète aussi, dans l'horreur qui nous mène,

Vient mêler son sanglot qui finit en prière
Universelle, et la beauté même d'un art
Issu du sang lui-même et de la vie entière,
Rires, larmes, désirs et tout, comme au hasard.«

Jeder hat seine Flamme des Gedichts entzündet an der ihren, und so reicht eine leuchtende Kette von Versen von ihrer Welt herüber bis zu unserer Zeit. Allmählich erst blinkt Ruhm auf ihrem vergessenen Namen. Ihre Briefe entdecken die heroische Tragödie, die ihr unscheinbares, geknechtetes Leben selbst den Nächsten verschwieg, und weisen eine beispiellose Harmonie der Dichtung und des Lebens, einen Zwieklang voll Schmerzenssüße, wie ihn kaum eine Dichterin schöner aus ihrem Schicksal löste.

Und wir erst, die Späteren, erkennen ehrfurchtsvoll das höchste Geheimnis ihres Lebens und ihrer Kunst, die edelste Formel des Dichters: das Leiden müde zu machen durch unendliche Liebe und die Klage tönend durch ewige Musik.

Sainte-Beuve

Der große Kritiker ist selten, weil die Vielfalt der Aufgabe, an die er berufen ist, von innen her Vielfalt der Fähigkeiten fordert und deren oft gegensätzliche Elemente überdies noch in einer so besonders abgewogenen Dosierung, daß die widerstrebenden in ihrer Wirkung sich verstärkend binden. Von allem, was in jedem Kunstwerk, in jedem Künstler enthalten ist, muß Spur, Anlage und Keim in dem idealen Kritiker gleichfalls bereit sein; nichts wiederum darf er wie der Künstler ganz und restlos verkörpern – immer muß er gleichzeitig diesseits und jenseits sein, in sich zugleich und in dem andern. Verschiedenstes muß er vereinigen, den Blick für das Zeitlose und den Nerv für die Zeit, das Relative der Stunde ebenso zu empfinden befähigt sein wie das Absolute der Werte, Vergangenes muß er gewärtig haben im Sinne der Bildung, das Werdende aber mit dem magischen Auge der Ahnung vorausfühlen. Er muß Künstler sein und doch wieder nicht zuviel: gerade genug, um das Geheimnis der Werkstatt zu kennen, die Krisis der Schöpfung, die Ehrfurcht vor der Gestaltung, damit er dann umschaffend seine eigene Sphäre, die der wissenden Nachgestaltung, in vollendeten Formen zu durchbilden vermöge. Aber ebenso muß ihm die erhabene Einseitigkeit, die Eigenwilligkeit, die ganz der Phantasie verschworene Einstellung des reinen Künstlers versagt sein um der höheren Freiheit des Urteils willen. Hingeben muß er sich wie jener und doch beharren in ewiger Verwandlung, hierin dem Schauspieler ähnlich, der durch fremde Gestaltung nachgestaltend durchwandelt, immer ein anderer in jeder Form und doch eine Persönlichkeit kraft des ihm eigentümlichen Wesens mit dem er wandernd und sich wandelnd die vorgeformten Formen erfüllt. Nicht minder aber als dem Künstler muß er in anderer Sphäre seinem Bruder im Geiste, dem Gelehrten, gleichen, dem stillen Sammler der Tatsachen, dem gewissenhaften Vergleicher; mit beiden Urinstinkten des Erkennens ist es ihm auferlegt, gleichzeitig zu wirken: er muß fühlen können, aus Instinkt fühlen, und doch wieder dies Magische erklären können, wie eben der Gelehrte die gleich dunklen Phänomene der beseelten Natur erklärt. Immer ist von ihm in jeder Hinsicht ein Doppeltes verlangt: Enthusiasmus und ruhige Erkenntnis. Liebe und Gerechtigkeit, Künstlertum und Wissenschaft, Demut vor dem Werk und gleichzeitig Richterwort über das Geschaffene. Und diese Unstimmigkeit in eine stete, unablässig neu erkämpfte Harmonie zu lösen, ist des Kritikers eigentliche Kunst: sie ist, vollendet geübt, so selten in allen Epochen wie die große Kunst selbst.

Von solchen dominierenden Kritikern, deren Werk Kunstwerk geworden ist, erscheint die Figur Sainte-Beuves in neuerer Zeit uns noch immer die intensivste, so wenig er auch menschlich und moralisch eine sympathische Persönlichkeit gewesen sein mag. Nach beiden Seiten ist er, gleichsam versuchend, über die Polarpunkte seiner Welt hinausgedrungen: er hat sich als reiner Dichter versucht in Versen und einem Roman, er hat als Gelehrter, als Kulturpsychologe das große historische Werk über Port-Royal geschaffen. Aber sein Zentrum blieb stabil die Kritik: durch mehr als dreißig Jahre hat er sie, fast möchte man sagen tagtäglich, geübt, sie zur Meisterschaft erhoben und sich selbst zur Autorität. Gerade das Professionelle war seine Größe, und die Ausdauer – die

Gewissenhaftigkeit jener Arbeitsjahre eigentlich mehr sein Genie, als was die Natur ihm bestimmend mitgab: aus allen Elementen, in beständigem Kampf, in steter Steigerung und Klärung ward hier eine Gattung entwikkelt, die für uns noch in den Grundlinien absolut gültig und vorbildlich ist: der künstlerische Essay, der aus dem Gelegentlichen, dem Tagesbedürfnis die gewonnenen Überblicke zu dauerhafter Form, zum dichterischen Bildnis steigert: Wertung als eigenen Wert, Kritik als Kunst. Den zufälligen Anlaß zu überwinden und mit umfassendem Ausblick zu erhöhen, war vordem nur Privilegium des Produktiven gewesen: zu dem gestalteten Werk tritt nun verwandte Gattung, die nachgestaltende, die Kritik, und wird selbst ihrem Gegenstand, dem Kunstwerk, ähnlich durch Rundung und Ebenmaß. Und wie die Antike ihre ästhetische Betrachtung im Dialog, das achtzehnte Jahrhundert mit Grimm, Voltaire und Lessing im meisterlichen Briefe, so formt sich nun die neue Zeit ihr charakteristisches Ausdruckmittel ästhetischer Wertung: im künstlerischen Zeitungsaufsatz, in der umrissenen architektonischen Studie, im Essay.

Sainte-Beuves äußeres Lebensbild ist wenig problematisch: eine Karriere eher als ein wahrhaftes Schicksal. Im Jahre 1804 in kleinbürgerlichem Provinzmilieu in Boulogne-sur-Mer geboren, wird er halbwüchsig zum Studium nach Paris geschickt, exzelliert im Gymnasium in den alten Sprachen und besucht die Universität. Er beginnt, wie immer die Jugend beginnt, mit großen Träumen: sein Schreibheft ist voll von Gedichten und sein Herz von ehrgeizigen Plänen, aber ihm fehlen die Freunde, die ihn aufmuntern, fehlt das angenehme, empfehlende Äußere, das ihm den Schwung in die Geselligkeit gäbe: unsicher tastet er herum, studiert Philosophie, Naturwissenschaften und entscheidet sich schließlich für den Geist der Medizin, so sehr er gegensätzlich zu den träumerischen, melancholisch-sanften Gedichten seiner geheimgeborgenen Versmappe zu sein scheint.

Aber da kommt der Ruck von außen und stößt ihn hinein in eine ganz andere, ganz unerwartete, wahrscheinlich sogar unbegehrte Karriere. Junge Freunde gründen ein literarisch-politisches Blatt, den ›Globe‹, der rasch große Verbreitung erlangt: sein früherer Lehrer Dubois schafft dem literarischen Medizinstudenten dort Eingang. Zuerst darf er gelegentlich Notizen verfassen und Berichte kollationieren, dann werden ihm Aufsätze erlaubt und bald von ihm erbeten; noch inskribiert auf der Sorbonne, wird Sainte-Beuve im engeren Kreise zur kritischen Autorität, und als er, der junge Student, zum erstenmal für Victor Hugo eintritt, macht das nicht nur Aufsehen in der literarischen Pariser Hühnersteige, sondern ein illustrer Leser (den er nicht ahnt, und der wiederum seinen Namen damals gar nicht kennt) bemerkt von seiner Höhe wohlwollend die Tatsache und äußert – denn kein Geringerer ist es als Goethe – zu Eckermann (am 4. Januar 1827) bei seinem Lobe Victor Hugos: »Jetzt hat er den ›Globe‹ auf seiner Seite und so hat er gewonnenes Spiel.« Ein Dreiundzwanzigjähriger, ein Flaumbärtiger ist Sainte-Beuve schon »der Globe« für die literarische Welt, ja für Goethe, er ist eine Macht, eine werdende Autorität, und darum beeilen sich auch die verschiedenen Gruppen, ihn zu sich herüberzuziehen. Er wird Gast im Kreise der Romantiker, Intimus Victor Hugos, Dichter unter Dichtern, und es dauert einige Jahre, bis er bemerkt, die Kameradschaft gelte nicht seinen Versen, sondern seiner kritischen Stellung. Durch eine Hintertür ist der junge Student, der heimliche Dichter, in die Moderne eingedrungen: aber er installiert sich sorglich darin, bleibt von jenem Tage in der Literatur seßhaft und bekräftigt durch ruhelose Arbeit, künstlerische Leidenschaft und eminente Fähigkeit die frühe Berufung. Sainte-Beuve bleibt, so sehr auch der

Dichter in ihm sich enttäuscht fühlt, so sehr er als Gelehrter der Einschränkung zu entkommen trachtet, für Paris, für die Welt der große Kritiker, und schließlich resigniert er sich zur Hoheit dieser Stelle. Sein äußeres Leben ist eigentlich früh zu Ende: er wechselt drei- oder viermal die Stelle, von der aus er autokratisch das französische Schrifttum beherrscht, er tauscht den ›Globe‹ mit dem ›Constitutionel‹ und dem ›Moniteur‹, er wird Professor in Liège und dann an der Sorbonne, er kommt in die Akademie; Auszeichnungen regnen auf ihn herab, Prinzessinnen besuchen, Dichter umschmeicheln ihn. Aber im Grunde bleibt sein Leben immer das gleiche: immer der eine meisterliche Aufsatz jede Woche, an dem er sechs Tage hämmert und feilt, um am siebenten Tage zu rasten. Er hat dann noch das Glück, 1869, ein Jahr vor 1870, zu sterben, so daß ihm ein neuer Frontwechsel vom überzeugten Bonapartisten zum Republikaner (schon dreimal hatte er sich mit dem Winde gedreht) erspart blieb.

So bürgerlich banal ist Sainte-Beuves äußere Lebensgeschichte: die innere ist geheimnisvoller.

Er wäre gern ein großer Dichter gewesen, und in den eitelsten Sekunden seines Lebens, in denen sein Selbstbewußtsein den sonst spiegelklaren Intellekt blendete, hat er sich vielleicht selbst einen vermeint (gesagt hat er es nie). Aber er war kein großer Dichter und kaum ein mittelmäßiger. Seine Verse, sein Roman sind – um von verwandter Kunst ein Wort zu borgen – Kapellmeistermusik, gerade die notwendigen drei Zoll über dem Dilettantismus, sehr sauber, geschmackvoll, empfindsam im Gefühl, sie sind klassisch (oder besser klassizistisch) in den Formen, gut poliert, gut gedichtet, oft zu gut, aber irgendwie tot wie Glasperlen, die ja auch jene glatte Rundung, jenes vorschriftsmäßige Funkeln haben, alles ähnlich den echten, und doch nicht jenen geheimnisvollen Glanz von innen, das von irgendeiner Tiefe in sie verschlagene magische Feuer. Man kann sie durchaus nicht unerlebte Werke nennen, im Gegenteil, sie sind – wie so oft bei Dilettanten und Dichtern zweiten Ranges – bekenntnishaft, sein Roman ›Volupté‹ eigentlich eine sentimentale Selbstbiographie im Stil Werthers, Renés und Obermanns, sein ›Livre d'amour‹ die poetische Chronologie einer Leidenschaft, aber was ihnen fehlt, ist, was Goethe das »Incommensurable« nannte, die dämonische Dunkelheit, das dreimal glühende Licht. Immer lodert Feuer auf, immer erstarrt es in der durchsichtigen Helle dieser allzu bewußten, kristallenen Intellektualität: sie strahlen keine Wärme diese Verse, diese Bekenntnisse, und heute, nach fünfzig Jahren sind sie zwar noch nicht vergangen, aber doch schon vergilbt, knisternde Dokumente, Literaturgeschichte, gemaltes Feuer.

Irgendwie hat Sainte-Beuve, der selbst in seiner Eitelkeit noch Klarsichtige, trotz allen Scheinerfolgen allmählich doch die Nichtwirksamkeit, die innere Ohnmacht seiner poetischen Leistung verspürt, und die Kritik wurde ihm ein erwünschtes Refugium. Wie so viel abgedrängte Dichter sucht er aus dem Manko einen Vorzug zu formen und deutet den notgedrungenen Verzicht in eine ästhetische Absicht um, wenn er sagt: »Die Kritik ist das zweite Antlitz und die notwendige zweite Phase für die meisten geistigen Erscheinungen. In der Jugend verbirgt sie sich unter der Kunst, unter der Dichtung ... Erst wenn die Dichtung sich ein wenig verflüchtigt und aufgehellt hat, wird dieser Hintergrund wahrhaft sichtbar und die Kritik drängt sich von allen Seiten und unter allen Formen in die Begabung ein. Schließlich bereichert sie sich dann an allen andern hervorragenden oder unbewußten Qualitäten, an unseren geliebtesten Erfolgen und unseren nun besser verstandenen Mißerfolgen.« Aber diese milde Resignation war nie ganz echt bei Sainte-Beuve: sein persönlicher

Mißerfolg als Dichter war der Tropfen Galle, der ihm immer wieder in die Feder glitt, wenn er über einen zeitgenössischen großen Dichter schrieb. Irgendein Ressentiment, ein schlecht verhehlter Neid verzieh es den andern nie, daß sie aus dem Freien schufen, indes er nachbildend an geschaffenes Werk gebunden war, und dies erklärt (wie bei so vielen nach ihm) die aggressive Art des verhinderten Dichters gegen den freien und großen, gegen Victor Hugo vor allem, an dem er aus privaten Motiven gemein und erbärmlich gehandelt, gegen Balzac, vor dem er erst in der Stunde, da er tot, da er ungefährlich war, den spitzen kritischen Degen senkte, gegen alle, die stark und schöpferisch in seiner Nähe wirkten. Nietzsche hat diesen mesquinen Haß gegen das Produktive stark an Sainte-Beuve gefühlt und mit hartem Hammerschlag an die Wand genagelt. »Nichts von Mann, voll eines kleinen Ingrimms gegen alle Mannesgeister. Schweift umher, fein neugierig, gelangweilt, aushorcherisch – eine Weibsperson im Grunde, mit eines Weibes Rachsucht und Weibes Sinnlichkeit.« Und wirklich: Sainte-Beuve weicht in seinen Aufsätzen den genialen Männern möglichst aus: den Frauen seiner Zeit, sei es die Desbordes-Valmore, die Madame de Staël, die George Sand, verweigert er die Zustimmung nicht, die er einem Stendhal, einem Balzac nur sparsam gab. Und ebenso zärtlich, fast eindringlich schildert er die großen Enttäuschten, die kontemplativen Philosophen, die resignierten Naturen, die skeptischen, die kulturellen Feingeister wie Chamfort, Diderot, Vauvenargues, und selbst Pascal bewundert er ohne Rückhalt. Sie haben eben nicht an jenen tiefsten Nerv seines Lebens gerührt, an die geheimste Kränkung, an die Wunde, die erst langsam in einer linden Resignation vernarbte: sie waren nicht seine glücklicheren Rivalen. Im Grunde hat Sainte-Beuve die großen Dichter mit dem Instinkt des Unproduktiven immer gehaßt, eben weil er sie mit seinem Intellekt lieben mußte und im geheimsten gewünscht hätte, selbst einer von ihnen zu sein.

Gerade dies aber, was seinem Charakter fehlte: Männlichkeit, Freimut, ethische Bestimmtheit, sittliche Festigkeit, gerade dies war umgewandt die Prädestination seiner Größe als Darsteller. Sainte-Beuve war absolut feminin als literarische Erscheinung, darum aber so unendlich, so unvergleichlich befähigt zur Hingabe, zur Anpassung, zur Einfühlung. Allen Strömungen gab er sich leidenschaftlich hin, jedem starken Willen fiel er anheim, von allen Begegnungen und Erscheinungen färbte er ab, ja sie durchdrangen ihn restlos, daß man sein eigenes Wesen während der Darstellung gar nicht mehr spürte. Er hat einmal von sich geschrieben: »Ich bin der den Wandlungen am meisten und bis zur Selbstvernichtung hingegebene Geist. Ich begann offen und ehrlich mit dem vorgeschrittensten achtzehnten Jahrhundert, mit Tracy, Daunou, Lamarck und der Physiologie: hier ist mein wirklicher Kern. Ich bin dann durch die doktrinäre und psychologische Schule des ›Globe‹ gegangen, allerdings mit Reserven, dann zur romantischen Welt und in den Kreis Victor Hugos übergegangen, wo ich scheinbar fest verankert schien. Dann durchlief oder streifte ich vielmehr den Saint-Simonismus und die noch ganz katholische Gruppe Lamnenais, um mich 1837 in Lausanne wiederum dem Calvinismus und Methodismus zu nähern. – In allen diesen Verwandlungen und Übergängen habe ich aber nie auf meinen Willen und mein Urteil Verzicht geleistet (mit Ausnahme eines Augenblicks im Kreise Victor Hugos und da unter dem Eindruck einer Magie), ich habe nie meinen Glauben engagiert, sondern ich verstand und durchdrang so sehr die Menschen und die Dinge, daß ich immer jenen, die mich überzeugen wollten und mich schon für den Ihren hielten, die größten Hoffnungen gab. Meine Neugier, mein Verlangen, alles zu sehen, alles von der Nähe aus zu betrachten, meine besondere Genugtuung, das relativ Wahre in jedem Ding und jeder Organisation zu sehen, haben mich in jene lange Serie von Experimenten hineingetrieben, die dann für mich gewissermaßen ein einziger langer Kurs von Moralphysiologie wurden.« Diese Biegsamkeit der Neigungen, diese zeitweise passionierte Hingabe an das Objekt der Betrachtung ging aber bei Sainte-Beuve noch weiter über die Literatur hinaus: auch politisch hat er unablässig Farbe gewechselt, er war Royalist, Jakobiner, Bonapartist, Republikaner, immer aus der Verliebtheit der Stunde. Seine Passioniertheit für den Gegenstand der Darstellung zieht ihm immer für einen Augenblick den Boden unter den Füßen fort: wie Hermann Bahr bei uns, kann er nichts von außen betrachten. Er spürt nach innen in jede Bewegung, jede Strömung so tiefgründig hinein, daß er von ihr mitgerissen wird. Während er im Kreise Victor Hugos lebt, ist er Romantiker, statt bloß die romantische Schule zu schildern, während er ›Port-Royal‹ schreibt, wird er Jansenist. Nur durch diese Widerstandlosigkeit, durch diese Passioniertheit der Anteilnahme gelangt ja der Kritiker an den wesenhaften, an den schöpferischen Punkt, an die Urquelle jeder Bewegung. Und die gewaltsame Geste, mit der sich sein Intellekt dann der Bezauberung entreißt, die Rückkehr ans Ufer aus der Strömung wird ihm, der nur die Aufgabe hat, sich selbst treu zu sein, leichthin als Untreue angerechnet. Aber eben durch diese Untreue wird Sainte-Beuve nie zum Doktrinär, dieser Mangel an Stabilität schützt ihn vor Erstarrung: seine Hingebungsfähigkeit hat das wunderbar weiblich Biegsame, das spielend allen Fluktuationen der Bewegung sich anpaßt, seine Anschmiegsamkeit lockt allen Formen ihr Geheimnis heraus.

Und das Geheimnis ist seine Welt. Seine weibische Neugier, der stärkste Nerv seines kritischen Organismus, tastet sich überall heran, wo ein Rätsel im Charakter, eine

Dunkelheit in einem Schicksal dämmert: von seinen medizinischen Studienjahren her hat er noch die Meisterschaft, mit dem Skalpell säuberlich Nerv und Muskel in einem Organismus bloßzulegen, und eine fast divinatorische Gabe der Kombination hilft ihm, Zusammenhänge aufzuspüren, über ganze Epochen hinweg in raschen Synthesen Verwandtes zu binden. Freilich hat er von dieser weiblichen Fähigkeit der psychologischen Neugier auch alle Untugend: er ist indiskret bis zum Exzeß, tratschsüchtig bis zur Geschwätzigkeit, schnüfflerisch bis zur Taktlosigkeit. Sein erbärmlichster Streich hat ihn in Paris für alle Anständigen verächtlich gemacht: es war ihm, wie man weiß, gelungen, die Frau seines großen Freundes Victor Hugo zu verführen, und er hatte diese Liebesepisode in allen kompromittierenden Details in seinem ›Livre d'amour‹ versifiziert, das er freilich gedruckt in seinem Schranke verwahrte. Aber schließlich hielt es seine Eitelkeit doch nicht aus, er zeigte vertraulich in Salons diese Verse, und so wurde allmählich diese Vertraulichkeit das »secret de Polichinelle«. Den billigen Triumph, seinen berühmten Rivalen Victor Hugo zum Hahnrei gemacht zu haben, konnte er sich nicht versagen, und indiskret mit dem eigenen Geheimnis, war er es nicht minder mit dem der andern. Jahrelang umschnoberte er Marceline Desbordes-Valmore, um zu entlocken, wer jener geheimnisvolle Verführer, jener »Olivier« gewesen sei, fast nie kann er bei einer Biographie darauf verzichten, in einem versteckten Notizchen oder einer Andeutung irgendeine Indiskretion aus dem Liebesleben auszuplaudern: der psychologische Ehrgeiz wird bei ihm leicht zum Voyeurtum, zur Astlochguckerei, und ähnlich wie seinen Nachfahren, den Psychoanalytikern, ist ihm allzusehr das erotische Erlebnis Kern und motorische Kraft aller künstlerischen Produktion. Er hat einen ganz unerhörten, einen Frauenblick für die Defekte in einem Charakter, für die

Unebenheit in der literarischen Toilette eines Künstlers, ein nervös geschärftes Feingefühl für jede Unwahrhaftigkeit. Und von diesen kleinen, funkelnd klugen und raffinierten Beobachtungen baut er dann allmählich eine Darstellung auf. Seine Charakteristik beginnt immer beim Detail. Nicht wie die großen Vorfahren, wie Montaigne, La Bruyère zeichnet er gleich in langen umfassenden Linien: er ist eher Schüler der großen französischen Miniaturisten, eines Clouet etwa, des Meisters im Rundstück. Oft sind seine Porträts nur Medaillons, runder Ausschnitt, aber dann meist besonders kostbar durch die Zartheit der Linie, die Feinheit der Beobachtung und das Geschmackvolle der äußeren Fassung: durch seinen Stil.

Die Stilkunst Sainte-Beuves ist seine eigentlichste, seine unumstrittene Kunst. Wie bei den meisten der großen französischen Prosaisten (im Gegensatz zu den deutschen) kam seine sprachliche Kultur aus einer profunden humanistischen Bildung; für ihn war es selbstverständlich, wie für uns französisch oder englisch, an den Abenden die lateinischen und griechischen Prosaisten zu lesen und unwillkürlich hat (ebenso wie bei Renan) seine Sprache die kristallene, an eine große Ruhe gebundene, die zugleich gemächliche und doch konzise Form der lateinischen Klassiker nachgeahmt. Sein Gefühl für die Sprache war aber nicht nur ein rezeptives, sondern auch ein produktives: er spürte nicht nur in jedem Text die verzitterndste Nuance, die feinste Biegung, sondern er polierte an seinen eigenen, scheinbar nur für das Eintagsdatum des »Lundi«, des »Montag«, bestimmten Zeitungsaufsätzen jede Periode, wog und überprüfte das einzelne Attribut des Lobes oder Tadels auf sein spezifisches Gewicht und bog in unablässigen Versuchen die Form zu immer neuer Rundung. In seiner Arbeit war dieser feinschmeckerische, weibliche, weibische Epikureer ein Spartaner, ein Helot unbarmherzigen Pflichtgefühls. Sein ganzes Leben war zugeschnitten auf diesen einen Artikel an jedem Montag: und ebendieser Montag auch der siebente Schöpfungstag, der Ruhetag, der einzige, den sich der hartnäckige Arbeiter gönnte. Am Dienstag wurde (ähnlich, wie ja auch Harden durch dreißig Jahre an seiner ›Zukunft‹ gerobotet hat) schon wieder das Fundament zum nächsten Aufsatz gelegt, die eigene Bibliothek durchstöbert nach Material, der Sekretär mit einem Desideratenzettel nach der Nationalbibliothek geschickt, von der er dann mit Stößen Büchern beladen zurückkam. Die nächsten Tage blieb Sainte-Beuve in seine Klause verschlossen, unnahbar selbst für die besten Freunde, ein einstündiger Spaziergang abends mit seinem Sekretär diente einzig dazu, die Gedanken des Aufsatzes in freier Rede zu entwickeln. Endlich war der Aufsatz geschrieben, dann kam die Korrektur, sie wurde von ihm zuerst allein gelesen, dann drei- oder viermal laut dem Sekretär vorgelesen, damit im gesprochenen Wort deutlicher jede Brechung oder zu scharfe Bindung der Satzperioden zutage trete und noch verbessert werden könne. Sonntag vormittag ging schließlich das minutiös revidierte Korrekturenblatt in die Druckerei, Sonntag nachmittag empfing Sainte-Beuve seine Freunde. Montag morgens erschien dann der Aufsatz und gab wie eine Stimmgabel das klare Urteil an die ganze literarische Welt.

In so hingebungsvoller und künstlerischer Form wurde durch dreißig Jahre allwöchentlich ein Zeitungsartikel geschaffen. Darum beginnt die kritische Journalistik wahrhaft erst mit diesen »Lundis« Sainte-Beuves. Vordem gab es nur Polemiken und anläßliche Rezensionen: bei Voltaire und Grimm war die literarische Kritik meist ein natürliches Nebenbei, bei Lessing nur eine kurzfristige Epoche, bei Heine eine gut geübte Geldfron. Allen diesen bedeutete der literarische Essay bloß einen Ausflug in ein leicht erreichbares Nachbargebiet, meist einen Kriegszug, eine polemische Kampagne – als Metier, als Lebensarbeit erscheint in der ihm persönlichen Form des einmal wöchentlich geschaffenen Charakterbildes der Essay erst bei Sainte-Beuve. Er ist der Vorfahre Taines und unseres Altmeisters Georg Brandes, die ihn beide an Europäertum des Wissens (Sainte-Beuve kannte eigentlich nur Französisch und die Klassiker, alle anderen Sprachen unzugänglich), an Universalität des Blicks, an Reinheit des Charakters vor unserem neuen Blick übertreffen, im einzelnen aber, in der Feinheit der Beobachtung, in der nervösen Subtilität der Witterung ihm nur ganz selten nahe kommen. Am ähnlichsten war ihm noch Ludwig Speidel in Wien, der sich auch sparsam und zäh auf das eine meisterliche Feuilleton in der Woche beschränkte, der mit gleicher Feinkunst (und gleichem kritischen Fehlurteil gerade den zeitgenössischen Genies wie Wagner gegenüber) gelegentlichen Anlaß zum Ereignis ummünzte, der aus Konzentration ins Kleine sich eine Größe schuf. So ist Sainte-Beuve Ahnherr eines ganzen Geschlechts, Gründer einer eigenen Kunstform, deren Meister er geblieben ist: selbst die seiner Nachfahren wie Suarez, die ihn verleugnen, sind noch Wesen von seinem Wesen. Er hat die Ehrfurcht vor der Form, die vordem nur dem produktiven Künstler, dem Buchwerk angehörte, in die Kritik, in die Zeitung gebracht, und die immer makellose Reinheit der Form, die er selbst der unruhigsten Stunde einer ganzen Existenz abzwang, ist dieses Amoralischen moralische Größe. In seinem oft beeinflußten Urteil, in seinem privaten Verhalten waren die Defekte seines Charakters immer offenbar: in das eigentlich Künstlerische seines Werkes sind sie nie eingedrungen, hier war er rein, Sainte-Beuve, makellos und ehrlich, hier wirkte sich die innere Verantwortlichkeit, die seinem Verhalten oft fehlte, schöpferisch aus. Seine Überzeugung mag locker, mag schwankend gewesen sein, aber irgendwo hatte der Künstler in ihm sein Gewissen. Und dieses Gewissen war die Form.

Auch im Kritiker, nicht minder als im Künstler, vermag man die Urformen des Temperaments, die philosophische Einstellung zum Leben deutlich zu erkennen. Sainte-Beuve war der Epikureer unter den Kritikern. Er wollte nicht pädagogisch wirken als Theoretiker, nicht moralisierend als Dogmatiker: in keinem Sinn, in keiner Richtung war er diktatorisch. Er wollte nur durch Darstellung, durch psychologische Vertiefung den andern und sich selbst – oder eigentlich: sich selbst, und dann erst den andern – den Genuß verstärken. Seine Hand hat die voluptuöse und wissende Kunst des erlesenen Feinschmeckers, der mit bewußter Langsamkeit das Herz der Artischocke unter den Blättern auslöst: Lesen, Exzerpieren, Notieren und Schreiben war ihm irgendwie ein kulinarischer Genuß. Eine ganze Welt steht zwischen seiner weiblichen, genießerischen Art und etwa der protestantischen Lessings, der die ganze Nationalliteratur reformieren will, als ein anderer Luther das Drama vom Papismus der Franzosen befreien – Sainte-Beuve kennt keine bestimmte Ästhetik, keine bestimmte Problematik, ja er hat kaum eine besondere Vorliebe. Seine psychologische Neugier wird von einer jeden Persönlichkeit und jedem Problem zur Betrachtung angereizt, heute von Napoleon und morgen von Firdusi, von dem katholischen Bossuet ebenso wie von dem Freigeist Byron. Am liebsten aber macht sich der Gourmand in ihm an die seltenen Bissen heran, an das Abseitige, das Vergessene und Kuriose; seine besondere Aufmerksamkeit gehört den kleinen Dichtern der Vergangenheit, den poetae minores, den temperierten Talenten, den sonderlichen Charakteren, den amourösen Frauen, all den Figuren, die im Halbdunkel der Geschichte, verschattet von den großen Persönlichkeiten stehen, die noch nicht abgetastet sind von den Historikern und abgeleiert von den Philologen. Für diese Menschen hat er eine rührende Liebe, eine besondere psychologische Zärtlichkeit, und ihnen ist seine spürende, abwägende, tastende und ein wenig ironische Kunst am meisten gewachsen. Bei den ganz großen Gestalten gerät er leicht ins Vage: von Goethe redet er unsicher in Worten allgemeiner Verehrung herum, bei Dante interessiert ihn die Übertragung Rivarols mehr als das Problem der Sprache. Hier wird ihm der Rahmen zu weit, der innere Enthusiasmus schwingt nicht stark genug aus der weichlichen Seele, und die weibische Verliebtheit in das Problem reicht nicht aus, wo Liebe und hymnische Kraft, wo Überschwang und Weite des Blicks erforderlich wären. Seine Meisterschaft ist bei dem mittleren Dichter, bei dem philosophischen Skeptiker. Der Genießer versteht am besten die Genießer, nicht aber die Fanatiker und Ekstatiker des Lebens: am allerbesten sind darum seine Frauenporträts. Da kann seine leichte wollüstige Hand mit Schleiern um Bekenntnis und Enthüllung spielen, Licht und Schatten schwankt wie zwischen gehobenen Gardinen, hier gelingt es ihm, Menschen ganz im Menschlichen zu sehen, und hier kann sich auch das Liebenswürdige, das Graziös-Andeutende, das Bezaubernd-Diskrete seines Stiles ganz auswirken. Und durch diese kleinen Genrebilder hat er das Pantheon der französischen Literatur, in dem bislang nur die nackten, kalten Statuen der großen Meister standen, entzückend ausgeschmückt, unvergeßliche Veduten ins siebzehnte, ins achtzehnte Jahrhundert hinein gegeben, die dann die Goncourts mit ihrem impressionistischen Farben nur nachzuzeichnen brauchten. Eben durch die scheinbare Vereinzelung, durch das Detail hat er mehr als alle Literarhistoriker den Zusammenhang der französischen Vergangenheit wiederhergestellt.

Geburtstagsbrief an Hermann Bahr

Zum sechzigsten Geburtstag 19. Juli 1923

Der heutige Tag wird Ihnen, lieber verehrter Hermann Bahr, so viel an dankbarer und erinnernder Botschaft ins Haus bringen, daß es unbescheiden wäre, Ihnen mehr als einen einzigen Wunsch inmitten dieses Schwalls von Glückwünschen zu senden. Und da ich nun alle Herzlichkeit in einen Wunsch zusammenfassen muß, so sei es der, daß Ihnen gerade jenes erhalten bleiben möge, was ich als Ihr Wesentlichstes, Ihr Persönlichstes, Ihr Eigentümlichstes, als das wahrhaft Hermann Bahrische empfinde. Ich meine damit jene wunderbare Eigenschaft, die ich nie bei einem andern Menschen ähnlich stark und schöpferisch tätig gekannt habe und für die es eigentlich keinen rechten Namen gibt, ich meine dies ewige Allen-Dingen-Offen-Sein, diese unbändige Neugier auf alles Neue, diese helle, freudige Bereitschaft der ganzen Welt und jeder ihrer einzelnen Formen gegenüber. Leben ist für Sie von je absolut identisch mit Erleben gewesen, und der Gedanke, etwas könnte in die Welt getreten sein, ohne daß Sie davon gewußt, ohne daß Sie es verstanden und gewertet hätten, der Gedanke, es könnte noch irgendwo ein Buch, eine Stadt, einen Menschen, ein Bild, eine Musik, eine neue Form des Geistigen und Seelischen geben, von der Sie nichts wissen, der macht Sie noch heute ebenso schön unruhig und ungeduldig wie anno Griensteidl, und genau wie vor vierzig Jahren werden Sie nicht warten, bis irgendein Zufall Ihnen die Begegnung herbeischwemmt, sondern werden mit Ihrer ganzen restlosen Energie des Geistes diesem Neuen entgegengehen. Und dieses Entgegengehen zu allen neuen Dingen, dieses Entgegenlaufen selbst, um sie ja nur noch am Wege zu treffen, solange sie noch frisch und lebendig und noch nicht ausgekühlt sind, solange sie noch die Schwungkraft des Anfangs haben, diese ewige Vitalität Ihrer Ungeduld scheint mir Ihr Wesentliches, scheint mir das, was Sie so wohltätig von den meisten Menschen unterscheidet, die doch immer nur behaglich-faulenzerisch abwarten, bis die Dinge (müde schon und hergezerrt von fremden Worten) ihnen handlich zugebracht werden. Schopenhauer erzählt einmal von jenem Reisenden, der, gefragt, was er bei den verschiedenen Völkern am meisten Gemeinsames gefunden habe darauf antwortet: die Faulheit. Und wirklich, wie wenige sind es eigentlich, die sich nicht alles Neue schon als Begriff verarbeitet vorlegen, alles Geistige vorkäuen lassen, sondern die aus sich heraus, aus ihrer eigenen Ungeduld im Lebendigen suchen, wie wenige selbst unter den sogenannten Intellektuellen, den Schriftstellern und Kritikern! Auch die Besten unter ihnen sind noch Stillsitzer, die am Tische warten, was ihnen die Stunde gefällig zu Mahlzeit und geistiger Verdauung servieren wird: Sie aber, Hermann Bahr, waren immer auch selbst Jäger, semper novarum rerum cupidus, immer spürend, horchend, immer nervös erregt von der Witterung des Neuen, immer von dem fast sportlichen Ehrgeiz beseelt, als der erste zum Abschuß zu kommen. Doch dieses Neue muß ja bei Ihnen nicht immer gerade die jüngste Laune des Büchermarktes sein, sondern es ist ebenso das »alte Wahre«, das sich ewig dem Lebendigen als neu erweist: nur wer Sie näher kennt, weiß, wie unablässig Sie Ihren Goethe, Ihren Euripides und Plato und Homer und Balzac und Calderón, wie Sie das ganze unterirdische Schatzreich der Kunst immer wieder aufgraben, um das einst Erlebte noch einmal neu oder in einem neuen Sinne zu erleben. Ich kenne eigentlich nichts, demgegenüber Sie sich passiv oder gleichgültig verhalten könnten. Politik (oder eher Antipolitik) kann Sie ebenso passionieren wie Verse oder Soziologie oder Philosophie oder Sport, alles Geistige vermag Sie in gleicher Stärke für eine gewisse Zeit zu irritieren und Ihre Gedanken in Umlauf zu bringen, weil ja alles ein Teil jenes unendlichen Lebens ist, das Sie so unaufhörlich anreizt und das Sie (trotz allen skeptischen und eremitischen Anwandlungen) so ganz unbändig lieben. Ich habe Sie schon verärgert, »wütend« (Ihr Lieblingswort) und mißgelaunt gesehen, nie aber, nicht ein einziges Mal bei allen Begegnungen jemals müde oder indifferent angetroffen, und das finde ich so prachtvoll an Ihnen, daß Ihnen dieser laue Mittelzustand der Gleichgültigkeit so absolut von der Natur versagt ist. Nichts, glaube ich, wird, solange Sie atmen können, Sie je dazu bringen, sich in irgendeiner Sache des Daseins unparteiisch zu verhalten, als bloß phlegmatischer Zuschauer. Leben ist für Sie vollkommen identisch mit Anteilnehmen. Also nehmen Sie teil, noch lange teil, und daß Ihnen diese Passioniertheit, diese Leidenschaftlichkeit, dieses Interesse an jeder Szene des großen Welttheaters in unverminderter Kraft erhalten bleibe, dies ist darum mein einziger, mein zusammengedängter Geburtstagswunsch.

Freilich: die Feen im Märchen und die Götter in den Sagen geben ihre Geschenke immer nur im Casus conditionalis, sie heften immer eine Bedingung an ihre Gabe. So ward auch Ihnen diese Passioniertheit des Miterlebens, diese unzerbrochene und unzerbrechliche Freude an allem Neuen mit einer Einschränkung verliehen, über die Sie vielleicht oft geklagt, wir aber nicht zu klagen haben. Jenes starke Erleben der Dinge, das Ihnen so einzig zugeteilt ist, wird Ihnen immer erst möglich, wenn Sie dies Erleben in Wort oder Schrift mitteilen können: Ihr Genuß beginnt eigentlich erst, wenn Sie ihn übertragen, Ihr Verstehen, wenn Sie verständlich machen können, die

Erschütterung, die Entzückung erst, wenn Sie sie von sich weiterleiten können. Sie sind, wie Goethe einmal sagt, eine durchaus kommunikative Natur: wenn Sie irgendeine neue Luft in sich aufgenommen haben, müssen Sie sie im Wort gleich ausatmen, um nicht vom Eindruck erdrückt zu sein, ja Sie werden sich Ihres Gefühles erst deutlich dadurch gewiß, daß Sie es sofort mitteilen, und diesem fast zwanghaften Mitteilungsbedürfnis verdanken wir die Rastlosigkeit Ihrer Tätigkeit. Ihr Goethe sagt einmal:

»Im Atemholen sind zwei Gnaden,
Die Luft einziehen, sich ihrer entladen.«

Und so ist auch bei Ihnen jeder Kunstgenuß erst in der Wechselwirkung vollendet, der Selbstgenuß nur sein halber Teil, die eine Gnade, und die ganze erst in der Überleitung, im Weitersagen, im Reproduzieren. Sie können nur durch Arbeit, durch Tätigkeit, durch Wirksamkeit genießen, und dieser zwanghaften Freiwilligkeit entspringt die mir so wohltuende Freudigkeit in Ihrem Wesen, das prachtvoll Vitale in Ihrem Tun. Neun Zehntel aller kritischen Schriftsteller hört man immer über ihre Arbeit als über eine Nötigung klagen. Die meisten fassen es als Beruf, als äußeren materiellen Zwang auf, daß sie sich für Geld unablässig öffentlich mit Problemen auseinandersetzen müssen. Bei Ihnen kommt der Zwang nur von innen, das Müssen von einem persönlichen Diktat, darum hat Ihre Schreiblust eine solche Unverbrauchtheit, darum sind Sie nach vierzig Jahren Literatur so gar nicht degoutiert davon. Ihnen ist es Freude, ja sogar Lebensbedürfnis, über alle Dinge Rechenschaft zu geben, und Sie möchten es gar nicht privatim tun, weil Sie sich damit ein gut Teil von Ihrem eigenen Wesen, von Ihrer eigenen Freudigkeit abtöten würden. Sie brauchen den Zuhörer, den Zuschauer, aber nicht in dem gewöhnlichen Sinn, daß er Sie bestätige und Ihnen akklamiere, im Gegenteil, Ihre geheimste Lust ist es ja, ihn gleichzeitig ein wenig zu frotzeln, zu düpieren, zu ärgern, ihn herauszufordern, denn Sie lieben den Widerspruch als den Vater des Gespräches, und da es Ihnen ein Lustgefühl ist (wie Sie in Ihrem Selbstbekenntnis erklären), sich zu exaltieren, so wäre Ihnen ein Publikum unerträglich, das nur immer still und freudig Ja sagte zu einer Ekstase; denn das wäre gemächliches Genügen, und Sie wollen den Menschen immer nur angereizt von den Dingen, so wie Sie selbst, Sie wollen ihn lebendig und mit der ganzen Aufgeregtheit seiner inneren Kräfte. Ihnen ist es unerträglich, würdig und unumstößlich, also apodiktisch genommen zu werden: weil Sie ganz persönlich fühlen, wollen Sie, daß der andere auch persönlich und nicht Hermann-Bahrisch fühle, und ich glaube, man könnte Ihnen nichts Unlieberes tun, als Sie zu Ihrem sechzigsten Geburtstag mit seriöser Umständlichkeit zu betrachten und einzig auf Ihre Vergangenheit und nicht auf Ihre ewige Lebendigkeit hinzuweisen. So müssen gerade diejenigen, die Ihnen eine rechte Freude machen wollen, darauf verzichten, feierliche Worte zu machen: nur das wollen Sie mir erlauben, zu gestehen, daß Sie einer der ganz seltenen Sechzigjährigen sind, denen man ehrlich und aus innerster Wahrheit sagen darf, daß seine letzten Bücher die wertvollsten sind. Nie haben Sie für mein Empfinden Bedeutenderes geschrieben als die Essays der ›Summula‹ und der ›Sendung des Künstlers‹, nie war Ihre künstlerische Kraft mit ihrer glücklichen Mischung von jugendlichem Elan und Weltweite des Wissens schöner gebunden als in diesen prachtvollen Aufsätzen der letzten drei Jahre. Damit habe ich Ihnen noch für ein Besonderes zu danken, zu tausend guten Stunden, Anregungen und Eindrücken, die ich Ihnen schulde, nämlich, daß Sie das Glückwünschen so leicht machten, indem Sie es uns erspart haben, festlich unaufrichtig zu werden und den Hermann Bahr von heute mit den Leistungen einer verschollenen Jugend zu rühmen; der von heute ist mir der liebste. So brauche ich Ihnen nur zu wünschen, daß Sie der bleiben, der Sie sind: das ist leicht für Sie und wertvoll für uns alle, wenn Sie es erfüllen und uns noch Jahr um Jahr mit Ihrer lebendigen und verlebendigenden Gegenwart bereichern.

Die Stimme

In memoriam Josef Kainz

Nach Mitternacht im Zimmer allein. Ein Buch hält mich wach, verwebt mich in seine Welt. Es ist Rhythmus darin und Strömung, immer tiefer gerate ich hinein, meine Gedanken treiben mit ihm durch fremde Landschaften in unbekannte Geschicke.

Plötzlich schrecke ich auf. Was ist? Wer hat mich gerufen? Wer mich angerührt?

Ich sehe um mich ... Nichts! Niemand! Das Dunkel ist unbewegt rings um den runden goldenen Schacht, den die Lampe in die Nacht gräbt. Nichts! Ein Bild glitzert von der Wand, die Zigarette dreht eine graue Schraube Rauch in die Stille. Nichts!

Ich will wieder weiterlesen. Es geht nicht. Die Worte sind auf einmal so sinnlos geworden, schwarze, bleierne Lettern. Sie bleiben stehen, die früher mit den Gedanken um die Wette von Seite zu Seite liefen. Etwas muß zwischen sie und mich getreten sein. Irgend etwas muß sich eingedrängt haben in das Zimmer.

Ich horche ... Nichts. Kein Ton! Selbst die Uhr verschluckt ihr Ticken. Kein Laut. Nichts, nichts, nichts. Und da erkenne ich erschreckt den ungebetenen Gast. Das Schweigen ist hereingetreten, und ich habe es nicht gemerkt, nicht rechtzeitig hinausgejagt mit ein paar harten Schritten durchs Zimmer. Das Schweigen ist da, aber nicht das sanfte, das atmende des sinkenden Abends, das Schweigen, das man sucht, das man beglückt einsaugt wie den Duft der ruhenden Felder. Nein, das böse Schweigen der einsamen Nächte, der freche, ungebetene Gast mit dem kalten Atem, den feuchten Händen. Ungerufen schlüpft es herein, kriecht am Boden zuerst wie die Kälte, umwindet einem die Glieder, und plötzlich schlägt es einem die Faust auf das Herz. Jetzt ist es schon überall, hockt auf den Sesseln, steht hinter den Fenstern, atmet in den Büchern, es schwillt an, ich spüre, wie es an meine Brust sich anpreßt, wie ich's trinke mit jedem Atemzug, wie ich ertrinke, ersticke in dieser fürchterlichen Stille...

Ich wehre mich noch. Aber wenn man nur ringen könnte mit dem Schweigen der Mitternacht, es greifen, mit der Hand fassen und dann zerbrechen! Doch es gibt nach wie Gallert. Ich mache mit Absicht Geräusch, blättre im Buch: es raschelt, als fielen herbstliche Blätter. Dann wieder Stille. Wie Schnee auf eine frische Fußspur fällt das Schweigen über jeden Laut und löscht ihn aus. Es ist stärker als der Einsame, das Schweigen der Mitternacht...

Was tun? Schlafen? Ich fühle, daß ich's nicht könnte. Das Schweigen ist stärker als der Schlaf, sein Frost scheucht die Müdigkeit. Beängstigend ist diese geisterhafte Stille, sie quält mehr als das wildeste Geräusch. Ich bin ganz aufgewühlt davon, ich horche, ich hungere nach einem Laut, ich ertrinke, ersticke in dieser Stille die an der Kehle würgt wie zu dünne Luft.

Jetzt eine Stimme hören, eine menschliche Stimme! Ein Wort nur, einen Atemzug! Dieser unsichtbaren Glasglokke zwischen mir und der Welt entrinnen, die einem die Lungen zupreßt, mich absperrt von allem Irdischen. Nur nicht so angespannt horchen auf einen Laut, der nicht kommt, nicht sich verbrauchen in qualvoller Erwartung. Immer drohender wird die Stille, ich fühle, sie zersprengt mir die Brust...

Ich kann nicht mehr kämpfen dagegen. Das Schweigen ist zu stark, es hat alle vier Wände in seiner Gewalt und drängt damit auf mich ein. Da gibt es nur Flucht. Ins Freie hinaus, unter Menschen, sich müde gehen in den Straßen, den Schlaf in sich füttern, bis er das Schweigen niederringt und die Angst! Hinaus, nur hinaus, es nützt kein Widerstreben, weg aus diesen zu Stille erfrorenen Zimmern. Eine Stimme hören, eine menschliche Stimme, fühlen, daß man nicht einzig wach ist unter Millionen Schlafenden, nicht ein Vergessener in einer ausgestorbenen, vereinsamten Welt. Eine lebendige Stimme hören, nicht Worte aus Büchern graben: all ihre Weisheit gibt mir heute nicht so das Gefühl des Lebens wie ein einziges atmend gesprochenes Wort.

Hinab auf die Straße! Schon ist mir freier, wie ich jetzt Raum um mich habe, nicht mehr die vier drohend herangedrängten Wände. Auch hier haust das endlose Schweigen, doch fühle ich Regung rings um mich, außerhalb des eigenen Körpers: ein paar Wolken umjagen neugierig den nebligen Mond. Die unsichtbare Glasglokke des Schweigens ist größer geworden, aber noch immer läßt sie keinen Laut des Lebens herein. Die Welt scheint tot, das Schweigen hat sie ermordert. Eine Stimme jetzt, eine einzige Stimme, daß sie die unsichtbare Hülle zerschmettre, Luft gebe, den Atem des Lebens!

Weiter die Gassen, bis ich Menschen begegne. Da sind schon die ersten! Im Nebel streifen Gestalten vorbei, Menschenschatten mehr als Menschen; gehetzt, verfließend, stumm hasten sie über das verweinte Pflaster. Mit Absicht überhole ich zwei, die zusammen vorwärts eilen, in der Hoffnung, ein Wort aus ihrem Gespräch wegzustehlen. Nichts! Sie schweigen. Verdrossen hasten sie nebeneinander, Schatten mit Schatten.

Eine Stimme jetzt, eine Stimme hören! Ich trete in ein Café. Vielleicht treffe ich einen Freund, einen Bekannten, irgendeinen, der mit seinem Wort die drohende Stille in mir zerbricht. Denn wie ein Hunger ist das jetzt in mir: das Schweigen, das böse, das mitternächtige, hat sich eingefressen, ich spüre es schon im Blut rieseln wie ein Gift. Hier im Café ist Wärme, Licht, Bewegung, eine Wohnstatt immerhin. In den Ecken da und dort sitzen ein paar Menschen wie vergessen. Warum sitzen sie da? Sie lesen nicht, sie sprechen nicht. Vielleicht sind sie auch Aufgejagte, auch in Angst vor der Stille zwischen ihren vier Wänden. Sie wären wahrscheinlich beglückt, träte man zu ihnen hin, ein Gespräch zu beginnen: sie würden warm sein und herzlich, mir, dem Fremden, in dieser einsamen Stunde mehr von sich selbst erzählen als dem besten ihrer Freunde. Aber wer überschreitet zuerst mit einem Wort die Kluft in einem Unbekannten? Und ich will jetzt eine Stimme, die zu mir spricht, zu mir allein...

Wieder hinaus auf die Straße. Wie eine Angst ist es schon, weiter durch leere graue Gassen, wo der Schritt tot abspringt, vorbei an verschlossenen Fenstern. Wie kleine viereckige Teiche spiegeln sie feucht im Nebel: in ihrem Grund liegt irgendwo das Leben von Menschen, die dahinter wohnen. Ein paarmal streife ich vorbei am Schatten von Frauen, die rasch ein Lächeln über das Gesicht werfen oder einen leise anrufen. Seltsam! Für ein paar Geldstücke könnte man sich da Wärme kaufen, einen lebendigen atmenden Körper, Worte, zärtliche Worte! Worte, die sogar Gefühl wären, spräche man herzlich zu ihnen und ohne Hochmut. Beinahe ist es verlockend für einen, der nach Worten friert in einer einsamen Nacht. Aber ihre Stimmen sind rauh im Nebel, sie tun irgendwie weh.

Aber wo soll ich in dieser verlorenen Nacht, in fremden Straßen irrend, eine reine Stimme finden, eine, die alle Kälte in mir schmelzen könnte, meine rätselhafte Unrast erlösen? Wie soll ich dich finden, Stimme, um deretwillen ich den Nebel durchjage? Wie reich müßtest du sein, um soviel Unruhe in sanfte Mattigkeit zu verwandeln, all dies Schwere abzutun! Ich weiß es zuinnerst ja längst, ich finde dich nicht mehr. Ich gehe nur, um müde zu werden, Blei in den Gliedern zu haben und schlafen zu können, den schwarzen Schlaf der Übermüdeten, den Schlaf ohne Träume...

Ich gehe und gehe. Schon weiß ich nicht mehr, wohin. Da plötzlich klingt's leise von irgendwo. Ich bleibe stehen. Tappe näher hin gegen den Klang, horche: Musik! Ein Klavier. Ein Csardas. Ist hier irgendwo ein Lokal mit Menschen und Musik, Betäubung und Rausch? Undeutlich glänzt etwas mit tränendem gelben Licht durch den Nebel. Ich trete dicht heran. Nein, es ist kein Tanzlokal, nur ein Automatenbuffet. Aber Musik klingt von innen. Vielleicht weiß sie das richtige Wort.

Ich trete ein. Wie widerlich ist diese lackierte Pracht, diese grellen Plakate, diese schrillen Schreie von Farbe und glitzerndem Glas! Ein paar Einspännerkutscher sitzen in nebelnassen Mänteln herum und reiben die erfrorenen Hände, im Winkel steht eine ärmliche Frau und würgt etwas Heißes eilig hinab. Aber von rückwärts quillt Musik. Ein elektrisches Klavier rast die Ungarische Rhapsodie von Liszt. Gespenstisch sieht sich's an, wie eine unsichtbare Hand flink über die Tasten zu laufen scheint, wie die Töne in raschen Skalen hinaufperlen, die Tasten erschreckt schwarz oder weiß aufspringen, ohne daß sie jemand zu rufen scheint. An den »invisible man« von Wells muß ich denken, daß der, in seiner unsichtbaren Nacktheit, frierend davor säße, mit seinen unsichtbaren Händen die Töne niederprasselnd. Aber schon spüre ich das Wohltuende des gesteigerten Rhythmus: etwas Angst zerbricht in mir, die Eisdecke des Schweigens birst. Bald wird es fluten. Da verlischt die Glühkerze, das Schweigen bannt die zitternden Tasten...

Stimme der Musik, bist du es, die mich still machen will in dieser trostlosen Nacht? Willst du, die keine Worte hat und doch die tiefere Gewalt des Unausprechlichen, mir

Freund sein, mich umhüllen mit deinem flutenden Gewand? Ich will dich beschwören, dich, singende Seele der Welt. Schon trete ich hin, das Klavier mit einem Geldstück zu wecken. Aber da steht ein Grammophon, ein großer, blinkender Mund, rund aufgerissen, als wollte er schreien. Ich mag sie sonst nicht, diese Mumiensärge der lebendigen Worte: aber ist nicht Menschenstimme in ihnen, reine, klare, im Gesang befreite, und sehne ich mich nicht nach einer irdischen Stimme? Ich will's versuchen. Die Tafeln deuten das Repertoire an, Namen an Namen.

Und plötzlich reißt's mich auf! Da steht: Josef Kainz. ›Der Gott und die Bajadere‹. Josef Kainz, ›Monolog aus Hamlet‹. Ein Schauer süßer Angst faßt mich innen; sollte es wirklich möglich sein, dieses unaussprechliche Wunder? Soll ich wirklich diese Stimme, die reinste, die je an mein Ohr geklungen, diese edle, nie vergessene Stimme, soll ich sie wirklich jetzt hören können inmitten dieser einsamen Nacht? Diese Stimme, die schon den Knaben in mir entzückte, von der wir heute noch träumen, wenn wir Verse schreiben, sie, die tiefer hinabreicht in mein Gefühl der Sprache, als mir Erinnerungen je enträtseln können? Ich wage vor Ungeduld und Bangen kaum zu fragen, ob es möglich ist. Aber der Kellner nickt gleichgültig und verschlafen, nimmt die Platte mit ruhiger Hand – als wäre sie toter Stoff und nicht beseelt von dem Kostbarsten des Lebens – aus dem Schrank, spannt sie ein und dreht die Kurbel.

Es schnarrt ein. Es rasselt. Und da – unwillkürlich schrecke ich zusammen – die ersten Worte »Mahadöh, der Herr der Erde« ... Furchtbares Gefühl, ihn zu erkennen, aus dessen zerstörter Brust eine irdische Kunst zuvor noch die beseelte Stimme entrissen! Ja, das ist sie, die mit tausend bunten Pfeilen traf, süß verwundend, wild aufreizend, schwermütig das Blut vergiftend, Kainzens Stimme, die ich vernichtet geglaubt mit seinem Leben! Aber wie trübe klingt sie hier, wie gedämpft, wie fern, welcher Rost hat sich an ihren blanken Stahl gelegt! Doch wie ferne ist auch er! Wie weiten Weg hat sie noch bis zu uns her, diese Stimme: einen Sarg muß sie zersprengen, durch dunkle lastende Erde sich ringen, den weitesten Weg muß sie wandern, den wir kennen, die ganze unendliche Breite zwischen Leben und Tod überfliegen! Wie sollte sie, die einst so reine, nicht trübe sein, da sein Atem sie nicht mehr nährt, nicht mehr die knabenhaft kühne Lippe die Worte schleudert, nur ein hohles Gefäß sie zitternd ausgießt in die schauernde Luft? Ist's nicht schon Wunder genug, sie zu erkennen, jetzt, da sie in reinem Bogen wie ein Springbrunnen ansteigt, in jene Klarheit empor, wo sonst nur Musik ihre Schwinge entspannt! Ja, du Wundervolle, immer deutlicher erkenne ich dich wieder. Und jetzt, bei dieser Stelle sehe ich auf einmal sein Antlitz, entsinne mich, wie damals seine nervige Hand dem Wort nachsprang in einer wundervollen Geste des Wegschleuderns. Und jetzt, jetzt sehe ich ihn ganz, wie er's damals vor den Tausenden las, umbrandet vom Tumult des Lebens. Immer heller wird sein Bild an den Worten, immer näher fühl' ich ihn kommen, jede Linie sehe ich an seinem Gesicht, das feine Zucken um die Lippen ... Da – ein heiserer erwürgter Ton, das Wort bricht zusammen, jählings, unvermutet, entsetzlich wie sein eigenes Leben ...

Ich schrecke auf und starre einen Augenblick das blanke Grammophon an, das jetzt nichts mehr ist als ein runder Trichter Blech. Ringsum wieder triste Welt! Ein paar Menschen waren nähergetreten, als die Stimme einsetzte. Aber sie sind gelangweilt weggegangen: ich hatte ja keine Operette walzen lassen. Recht so: einsame Zwiesprache will ich mit ihm!

Wunderbare Tröstung des Schlaflosen, die Worte des größten Deutschen von der reinsten Stimme zu hören, die unsere Sprache gemeistert! Mystisches Gefühl, in tiefster Einsamkeit Zwiesprache zu halten mit einem geliebten Toten, ihn nah zu fühlen, seine Stimme zu hören! Unvergleichliches Geheimnis unserer von Schwätzern klein gescholtenen Zeit, die den Toten die Stimme entreißt und sie, die vergängliche, dauerhaft heimisch macht in den Jahren, klingend von Geschlecht zu Geschlecht, nie mehr versiegbar, stets zu erneuern! Gewaltige Zeit, die in der unübersteigbaren Mauer zwischen Leben und Tod einen Spalt aufgerissen, die den Atem von Vergangenen bewahrt, ihre Sprache versteinert zu handlicher Scheibe und sie wieder beseelt mit einem leichten Griff! Wie dank' ich dir diese Stunde, die mich wieder Ehrfurcht vor dir gelehrt an einem Geheimnis des Lebens!

Noch einmal will ich sie nahe fühlen, die teure Stimme des Toten! Nun den Monolog aus ›Hamlet‹. Oft hab' ich sie gehört, die geheimnisvolle Frage, aber immer nur von diesem Ufer hinüber in die unbekannte Ferne; zum erstenmal soll ich sie von drüben vernehmen, »vom unentdeckten Land, von des' Bezirk kein Wandrer wiederkehrt«. Ja, kling mir auf, Stimme von drüben, du geliebte! Furchtbare Resonanz, die das Schicksal jedem Worte gibt! Oh, es zu hören:

»Sterben – schlafen,
Schlafen – vielleicht auch träumen. Ja, da liegt's!
Was in dem Schlaf für Träume kommen mögen,
Wenn wir den Drang des Ird'schen abgeschüttelt?«

Furchtbar, es von ihm noch als Frage zu hören, von ihm, der schon die Antwort weiß. Ich höre, höre hin, und wirklich, es klingt mir wie aus anderer Welt: nie hat mich seine Stimme so erschüttert wie in dieser Stunde, nie mich sein Wesen so aufgewühlt, auf der Bühne nicht und nicht im Gespräch mit ihm, nein, selbst damals nicht, als er, der unrettbar Verlorene, vom weißen Krankenkissen noch eine Zukunft sich baute, indes er schon Vergangenheit, ein Abgelebter wurde. Warum nun auf einmal spür' ich diese Worte in ihrer ganzen mystischen Gewalt? Ich kann's nicht erklären. Ist's nur das Geheimnis dieser Nacht, daß ich nun vor diesem hohlen Trichter hier in diesem verräucherten Lokal reineren Schauer vor dieser Frage fühle als je in meinem Leben?

Wieder zerbricht die Stimme, wieder das Erlöschen, so entsetzlich erinnernd an das andere, das nicht wieder zu erneuernde seines Lebens. Genug! Nein, nicht noch einmal dich aufrühren, geliebte Stimme, aus deinem tiefen Schlummer! Hier selbst, im verstümmelten Abbild, fühle ich deine alte Gewalt über mich, wunderbar erregt zu sein im Blut, aufgewühlt im tiefsten Empfinden, gereizt in allen Nerven, rhythmisch klingend von dir, du Lebensstrahlende, du Zauberische, die du jetzt noch den Ruhelosen freundlich erlöst vom Frost seines Herzens. Beruhigung ist's mir, ein Glück, dich noch nicht ganz vergangen zu wissen, dich, die wir schon mit ihm betrauert; zu wissen, daß du heute noch Gewalt hast über die Menschen, Triumph trägst über den Tod hinaus.

Verwandelt wandere ich heimwärts. Das Schweigen fühl' ich nicht mehr, Musik ist in mir und in der Welt. Bilder durchfluten mich, beinahe schon Träume, hergetragen von deiner Stimme. Dank, Dank dafür! Der du so oft mir im Leben wilde Erregung gabst, schenkst mir heute den Schlummer. Mein Gang ist gestrafft in Erinnerung deines Schrittes, sanfte Müdigkeit beginnt von deinem Wein in mir zu gären, sanfte süße Müdigkeit, ich fühle mich leicht und schwer zugleich. Und leise hebt jetzt in meinem Blut jenes zitternde Klingen an, das dem Schlaf als Verkünder so seltsam feierlich voranwandelt wie auf den Bildern der Alten der junge Flötenbläser vor dem Schlummer und dem Tode...

Hugo von Hofmannsthal

Gedächtnisrede zur Trauerfeier im Wiener Burgtheater

Den unermeßlichen Verlust, den wir mit dem Hingang Hugo von Hofmannsthals erlitten haben – ihn hat bereits beredter und leidenschaftlicher als jedes Wort es vermöchte, in jener ersten tragischen Sekunde unser Schmerz ausgesprochen, unser furchtbares Aufschrecken, unser restloses Verstörtsein. Immer ist ja Schmerz der wissendste Wahrsager jeden Verlustes – mit einem einzigen durchschlagenden Ruck reißt er Tiefen des Gefühls auf, die nie mehr der nachfolgende Gedanke, und noch weniger das allmählich erst sich besinnende Wort erhellt. In dieser einhelligen Getroffenheit wußen wir alle, intuitiv das ganze Österreich, das ganze Deutschland, wußte die Welt, daß mit ihm ein Unwiederbringliches genommen war – nun aber erst erkennen wir, warum seine vorbildlich führende Gestalt uns niemals notwendiger gewesen ist als in der gegenwärtigen Stunde. Denn ein sonderbarer Geist oder Ungeist waltet jetzt in der Zeit, daß sie von der Kunst immer nur das Zeitliche will, immer nur das fließende Bildnis ihrer eigenen Unrast und Bewegtheit. Gleichgültig und feindlich geht sie vorüber an den großen symbolischen Formen, die das Dauernde ausdeuten wollen und das Obere der Welt. Das Gedicht hat sie aus ihrer Neigung verstoßen und die gebundene Rede von der Bühne; dem Vergangenen, dem heilig Überkommenen weigert sie sich, nur Gegenwart, brennendes Heute will sie, und bestenfalls Blick in den nächsten Tag. Er aber, dieser eine, Hugo von Hofmannsthal, stand allein wider diese Strömung der Stunde. Angereiht an erlauchte Ahnen, beharrend in Formen, die er unvergänglich wußte, gläubig an jene geheimnisvoll deutenden dichterischen Zeichen, die wir Symbole nennen, stand er einsam und groß auf der deutschen Erde klassischer Überlieferung. Und einzig diese seine hohe Haltung hielt das unruhig Drängende der andern noch in Schwebe. Allein stand er, seit jener andere Hüter des erhobenen Wortes, seit jener andere geliebte Meister des Gedichtes, der andere große Österreicher, seit Rainer Maria Rilke von uns gegangen. Und dieses fast gleichzeitige, sternhafte Entschwinden traf uns wie eine Mahnung, als wolle tatsächlich der Glaube an das Übergeordnet-Gesetzmäßige in der Kunst unsere Zeit jetzt verlassen, als sei es für immer zu Ende mit der Suprematie der reinen, zeitentwandten Dichtung im deutschen Schrifttum.

Aber besinnen wir uns auf dessen eigenen hohen Sinn und lassen wir uns nicht vom Augenschein verwirren. Immer wird und muß wieder eine Zeit erstehen, die nichts hören und sehen will als ihre eigenen Wirklichkeiten, eine Epoche, die voreilig meint, verzichten zu können auf Überlieferung ererbter Gesetze, die glaubt, sich entringen zu können den ewigen Gebundenheiten der Normen und Formen. Eine solche Zeit war schon oftmals in Deutschland, und sie war auch gerade damals, als Hugo von Hofmannsthal dichterisch vor die Welt trat. Vor fast vierzig Jahren war diese Zeit. Das prophetische Haupt Friedrich Nietzsches hatte sich mit Dunkel verhüllt, die letzte deutsche Stimme war verstummt, die große Dichtung schuf und die Sprache dithyrambisch emporriß zu neuen Herrlichkeiten. Dafür kam ein neues Geschlecht, das meinte, die Sprache bedürfe gar nicht der gebundenen und ehernen Zucht, um Dichtung zu werden. Nur wegzuhorchen brauche man sie von der Straße und aus zufälligem Gespräch, und schon sei Wertvolles geschaffen, glaubte der Naturalismus. Er verwarf die reine und durchbildete Form des Gedichtes als müßiges Weiberspiel; brüsk stieß er das klassisch geformte Drama von der Bühne. Auch damals schon meinte eine Zeit die überzeitlichen, die klassischen Werke versargt und begraben.

Da geschah nun dies – etwas scheinbar sehr Unbeachtliches. Es erschienen in einigen winzigen Zeitschriften in Brünn und Wien einige Gedichte und dann Vorspiele, unterzeichnet zuerst mit den merkwürdigen Pseudonymen »Theophil Morren«, dann »Loris« und schließlich, den wahren Namen enthüllend, Hugo von Hofmannsthal. Einige wenige Gedichte, fünf oder zehn im ganzen, und in verschollenen, gleichsam unterirdischen Zeitschriften. Aber so wie eine wirklich elementare Explosivkraft nur ein Quentchen ihrer zusammengeballten Energie benötigt zu weithinreichender Erschütterung, so brachten diese wenigen Gedichte in allerkürzester Zeit eine kaum übersehbare Erregung in den weitesten literarischen Kreisen hervor. Immer geheimnisvoll bleibt ja Wesen und Wirkung des Gedichts. Millionen Worte durchschwirren unsere tägliche Welt und fallen ins Leere zurück, ein loser, aufgewirbelter Staub. Aber manchmal geschieht es, selten zu allen Zeiten, da fügen ein paar solche Worte, solcher Zeilen sich zusammen in ein atmendes Gebilde, das selig die Lippe überlebt, die sie schuf, und ganze Geschlechter, die sich an ihnen entzückten. Solche vollendete Gedichte, hier traten sie mit einem Mal vor eine überraschte Zeit. Eine neue Stimme war aufgeklungen in der oberen Welt der deutschen Dichtung, und bezaubert, beglückt horchte man auf diese neu aufgebrochene Melodie. Knaben noch auf der Schule kannten, liebten, vergötterten wir sie schon, jene morgenhellen, jene betörend süßen Strophen des ›Frühlingswinds‹, jene dunkel in ihre eigene klingende Tiefe hinabschauenden ›Terzinen über die Vergänglichkeit‹; auswendig wußten wir die orphischen Strophen des ›Lebensliedes‹ und jene

Landschaftsarien im ›Tod des Tizian‹, in denen die deutsche Sprache den kostbarsten Prunk ihres Reichtums mit einer wahrhaft antikischen Leichtigkeit trägt. Hier war, jeder fühlte es sofort, Vollkommenes getan, für alle Zeiten Unvergeßbares im Raum des deutschen Schrifttums und unverlierbar der Nation, die dank dieser Sprache lebt. Und ehrfürchtig staunte eine ganze Nation dieser plötzlich enthüllten Meisterschaft entgegen. Ein Dichter war gekommen, gerade im Augenblick, da man Dichtung klassischer Art für unmöglich hielt und veraltet, ein Dichter, der im zerbrechlichsten und allerzartesten Stoffe ein Weltall des Gefühls zu verschließen vermochte. Denn immer erregt das Vollendete Ehrfurcht, allezeit füllt es die Herzen mit einem besonderen, einem frommen, fürchtigen Schauer. Denn wo immer es sich offenbart, in der makellosen Schönheit eines Antlitzes, im Rhythmus eines vollendeten Körpers, in der Schwingung eines Verses, in der Melodik eines Liedes – immer und überall fühlt die Menschheit das Vollkommene so, als blickte mitten im Irdischen mit einmal das Auge des Göttlichen sie an.

Aber doch, selbst dieses fromme Staunen vor dem Vollendeten hat noch seine Stufen, die Beglücktheit vor dem Vollkommenen noch ihre Steigerung. Denn dies kann allenfalls der nüchterne klare Sinn als verständlich empfinden, daß ab und zu Vollendetes einem Manne, einem geprüften, reifen Künstler gelingt, als Summe und Entgelt unzähliger schaffender Jahre. Aber immer wird es als wahres Wunder, als göttlich unbegreifliches, erscheinen, wenn Vollkommenes einem Jüngling geschenkt wird, einem ahnungslosen, einem nur von seinem Genius belehrten. Zu allen Zeiten und bei allen Völkern hat man solche Jünglinge als den einzigen gültigen Beweis empfunden, daß das Dichterische von den Göttern stammte, daß die wahre, die höchste Leistung in den Künsten niemals eine erraffte und erarbeitete sein kann, sondern

Gnade von oben ist. Und selbst unsere, allem Mythischen doch längst entwanderte Zeit, auch sie kann das magische Erscheinen des jungen Hofmannsthal noch heute nicht anders als ein Wunder benennen. Denn wie jetzt noch nach beinahe vierzig Jahren, wie heute es mit dem wachen Sinn fassen oder gar erklären, daß ein Knabe, ein sechzehnjähriger, ein siebzehnjähriger, auf der Gymnasialbank in ein blaues Schulheft lateinische, mathematische und deutsche Schularbeiten schrieb, streng korrigiert noch von der roten Tinte des Lehrers, und gleichzeitig mit derselben Hand auf ein anderes solches Blatt Gedichte einzeichnete, unvergängliche der deutschen Sprache? Wie dies erklären, daß eine Knabenlippe, die noch nie die einer Frau berührt, »hohe Rede tauschte mit dem Kern und Wesen aller Dinge«, daß gleichzeitig mit seiner Maturaarbeit der Halbwüchsige den unvergänglichen ›Tod des Tizian‹ schrieb und, gerade von der Schule weg, den ›Tor und Tod‹, dieses tiefsinnige Spiel, das noch heute seine unverminderte Schönheit erweist?

Und wunderbar wie der erste Anfang die Jahre der stürmisch nachdrängenden herrlichen Selbstüberbietungen der eigenen Meisterschaft. In diesem einen Jahrzehnt vom siebzehnten bis etwa siebenundzwanzigsten Jahre hat hier im Lyrischen ein einziger so viel geleistet wie ein ganzes Geschlecht, denn diesen ersten Versuchen – nein, nicht Versuchen, denn sie waren schon Vollendungen –, diesen ersten Werken also reihten sich in brennender Folge die tiefen Spiele des ›Kleinen Welttheaters‹ und des ›Weißen Fächers‹ an, die hohen und hallenden Prologe, die farbigen und fülligen Vorspiele, die erste Novelle, so klassisch-kleistisch in ihrer Prosa, wie jene Gedichte Goethes würdig gewesen. Und schon begann jene unterirdische Strömung zum Drama hin, zu weiter gespannten Visionen wie der ›Hochzeit der Sobeide‹, dem ›Abenteuer und der Sängerin‹ – diesen Werken des Reichtums und der Verschwendung. Nein, nie hat ein neuerer Dichter und keiner seit Goethe vielleicht aus einer solchen Überdrängtheit der Visionen, aus so rauschhafter und geistig trunkener Fülle geschaffen wie Hugo von Hofmannsthal in seinem lyrischen Jahrzehnt, nie seit Novalis und Hölderlin ist einer so lyrischer Dichter gewesen im Sinn des von den Göttern Beschenkten, des von der Musik Gesegneten und mit dem heiligen Öl der Sprache königlich Gesalbten wie dieser junge Mensch, der hier in unserer Stadt, in unserem Land mit seinem Namen hinaustrat in das ganze Reich der deutschen Sprache und in ihre überzeitliche Unendlichkeit.

Diese Jugend Hugo von Hofmannsthals, sie war – weigern wir uns nicht dem Worte! – ein Wunder, ein unvergleichliches, ein überirdisches Ereignis. Aber der Sinn jeden wahren Wunders ist seine Einmaligkeit. Nur selten darf es niedersteigen und nie darf es lange verweilen auf unserer Erde, damit es sich nicht abnütze und erniedrige, damit es nicht seine Schauer und seine Göttlichkeit verliere durch Wiederholung.

So war es von vornherein unmöglich, daß dieser magische Zustand, diese Trunkenheit von Werk zu Werk ein ganzes Leben fortdauern könne; ein solcher seliger Rausch ist bluthaft gebunden an sein Urelement, die Jugend. Unvermeidlich mußte ein Augenblick kommen, da diese Fülle der Visionen der eigenen schöpferischen Seele nicht mehr ertragbar war, da die lyrische Trunkenheit weichen mußte einer ordnenden und bewußten Klarheit. Nicht sei aber damit gemeint – mit der Faust muß man das Mißverständnis zurückstoßen –, als sei der Genius, der in dem jungen Hofmannsthal Heim und Hausung genommen und von seiner Lippe geredet, als sei er von ihm weggegangen –, so wie es bei vielen anderen Dichtern geschah, bei Rimbaud, bei Lamartine, bei Uhland, die nur Dichter waren einer kurzen Spanne und sich dann selbst in einem fremd gewordenen Leibe überlebten. Nein, all die in ihn eingesenkte dichterische Kraft ist bis zum letzten Augenblick in Hugo von Hofmannsthal ungemindert stark geblieben, ja sie hat sich sogar noch erhellt und geklärt von seiner immer mächtigeren Geistigkeit. Nur jene Trunkenheit, jenes schwelgerische Übermaß der ersten Jahre ist mit der Jünglingszeit von ihm gewichen, nur jenes selbstabwesende Tun und jenes Dichten und Gestalten gleichsam nur nach dem Diktat übersinnlicher Mächte. Und nichts ehrt Hofmannsthals Ehrfurcht vor den immanenten und unumstößlichen Gesetzen der Lebensalter in der Kunst mehr, als daß er späterhin niemals versucht hat, diesen magischen Zustand seines Anfangs noch einmal künstlich und kunsthandwerklich zu reproduzieren, sich nochmals jene ahnungshafte Knabenhaftigkeit anzuschminken, eine Trunkenheit zu mimen, die nicht mehr in seiner Seele, die nicht mehr in seinem Blute war. Und wer die innere Entschlossenheit dieser Abkehr und ihre tiefgründigste Deutung verstehen will, der lese jenes unvergängliche Prosastück, den imaginären ›Brief des Lord Chandos‹, wo Hofmannsthal ein ähnliches Phänomen seelischer Umschaltung mit wunderbarer psychologischer Wachheit erklärt. Nie hat ein Dichter ehrlicher Abschied genommen als der gereifte und höheren Gesetzen gehorchende Hugo von Hofmannsthal von dem Wunder des jungen Hugo von Hofmannsthal, das er selber gewesen.

Eine ungeheure, fast tragische Verpflichtung stand nun vor dem Dreißigjährigen. In einem Alter, da andere schüchtern anhoben, hatte er schon Vollkommenes geschaffen im Gedicht, Unerreichtes in der Prosa, Unübertreffliches in jenen traumhaften Sinnspielen. Jetzt aber forderte das Drama, die gewaltigste und anspruchsvollste der Kunstformen, zum Kampfe; nun galt es für den Mann, daß er auch ihr das heilige Zeichen der Meisterschaft aufpräge. Ein wahrhaft übermenschlicher Anspruch trat ihn damit an, denn gerade einem Hofmannsthal und ihm allein war es nicht verstattet, sich zu begnügen mit mittleren Leistungen. Wie streng Hugo von Hofmannsthal diesen ehernen Anspruch an sich selbst gerichtet, er, der wie kein anderer um die Gesetze und Werte des Kunstwerks wußte, diese moralische Leistung wird gerade bei uns in seiner Heimat durch die beklagenswerte Tatsache verstellt, daß wir hier in dieser spielfreudigen und nur dem Leichteren zugewandten Stadt fast nur jene Werke auf der Bühne sehen durften, in denen das Zentrale seines schöpferischen Willens nicht so erkenntlich ist – ›Cristinas Heimreise‹ und den ›Schwierigen‹. Meisterwerke ihres Genres, sind sie doch bloß Werke, darin sein Sinn, der herrlich ungenügsame, einmal gleichsam spielend und spielhaft die überlegene Kraft entspannt und auf Heiterem ruht, südliche halkyonische Inseln seiner mehr nordischen, tragischen, seiner alle Zeiten und Zonen überspannenden schaffenden Welt. Aber seinen wahrhaften Werkwillen an ihnen zu messen wäre ebenso ungerecht, wie wenn man aus einer vierstufig gebauten Symphonie einzig den Satz des Scherzos auslöste. Denn Hofmannsthals eigentlicher, sein leidenschaftlich und bis zum Schmerz gespannter Wille ging von Anfang an einem Faustischen entgegen, einem dramatischen Welt-Symbol, in dem alle Kräfte und Widerkräfte des Daseins sich versammelten. Dieser Traum von einem wahrhaft großen, weltumspannenden Drama, einem Welttheater, hat Hofmannsthal von seiner ersten Jugend her begleitet, denn schon jener ›Tod des Tizian‹, den wir nur als romantisches Spiel sehen und den die meisten irrig als Ganzes betrachten, schon er war nur als das schwermütig süße Vorspiel einer gewaltigen Lebenssymphonie gedacht. Der Knabe-Held, der dort in einer wohlumhüteten Sphäre adelig erlesener Schönheit, in dem oberirdischen

Reich der Kunst mit noch unbeflecktem Herzen den Hymnus der Schönheit anstimmt – er sollte dann im weiteren Verlauf des Stückes hinabsteigen in die Stadt, sich beimischen der anderen Welt, das Gemeine kennenlernen der Täglichkeiten, die dunkeln und unreinen Leidenschaften; dann sollte die Pest ausbrechen in dieser Stadt und wie mit einer ungeheuren Fackel alle irdischen Leidenschaften entflammen – riesenhaft als gigantisches Fresko, so träumt der Knabe, der achtzehnjährige schon das Drama. Es ist Fragment geblieben und ein zweites gewaltiges Drama ebenso, jene fünfaktige Tragödie ›Das Bergwerk von Falun‹, wo gleichfalls faustisches Verlangen in einem Menschen die zu dünne Membran zwischen eigenem Leib und dem All zerreißen will. Erst im Sommer seines Lebens, spät vollendend, aber dann wahrhaft vollendet, hat Hofmannsthal in siebenjährigem, unablässigem, immer höher aufstufendem Bau sein großes Drama geschaffen – ich meine das weit über die Unzulänglichkeit der Bühne emporgehöhte dramatische Mysterium des ›Turms‹, in dem, unzugänglich den Vielen, eine ganze Gedankenwelt eingebaut ist, dieses sein Werk, mit dem er gerungen wie Jakob mit dem Engel, und das ihn – gleich jenem – verwundet entließ.

Ein Herbst vielleicht noch, ein golden reifender nach diesem strahlenden und immer höher strebenden Beginnen, nach diesen mächtig ringenden Mannesjahren – und vielleicht wäre diesem Werk noch ein anderes nachgereift, vielleicht hätte, wie bei Goethe, erst die letzte Altersstufe durch schauende Weisheit die großen dramatischen Pläne der Jugend vollendet. Doch zwischen diese letzte Erfüllung und unsere leidenschaftliche Erwartung trat das Verhängnis seines zu frühen Todes.

Während aber so mit unaufhörlicher Bemühung der bildnerische Geist dem Drama sein Geheimnis zu entringen suchte, übte sich gleichzeitig die dramaturgisch geschulte Hand an fremden, vorgestalteten Formen. Und dieser seiner nachformenden Beschäftigung danken wir unermeßliche Bereicherung, dankt die Bühne unvergänglichen Besitz. Denn, die Literatur aller Zeiten überschauend mit seinem weiten humanistischen, seinem wahrhaft magischen, schatzentzaubernden Blick, sah Hofmannsthal gerade dort, wo andere bloß Verschüttetes meinten, das goldene Metall in dem rohen Gestein, und es lockte ihn, seine Kraft dazuzutun und so längst vergessene Werke der Weltliteratur unserer Zeit und unserem Theater neu zu gewinnen. Wie viel, wie unendlich viel hat dieser sein aufopfernder Dienst am Drama uns aus allen Zeiten gerettet! Die ›Elektra‹ des Euripides, sie lag vergraben im philologischen Schutt, Professoren allein lasen sie noch als gelehrten Text, nichts galt sie unserem Theater, unserer Zeit. Er aber brauchte nur dieses in Vergangenheit versunkene Werk anzurühren, und aufstand die atridische Gestalt! Aus ihrem königlichen Tor in Mykene trat sie riesenhaft mitten in unsere Zeit und schüttelte unser Herz um und um mit der Macht ihres Schicksals. »Ödipus«, »Klytämnestra« und »Admet«, gleichsam augenlose Statuen der Antike, die uns vordem anstarrten überlebensgroß, grauenvoll und fremd, sie bekamen neuen, menschlichen Blick durch ihn und ein Leben in ihren steinernen Mund, seit er ihnen Sprache gab von seiner Sprache und Seelenkraft aus seiner Seele. Oder da lag Otway's ›Gerettetes Venedig‹, weggeworfen und schon fast zertreten am Wege Shakespeares, ein zerfetzter, blutübergossener Bastard genialen Empfindens und sprachlicher Unzulänglichkeit – er aber riß es empor, indem er es anfüllte mit dem schwülen Atem, der über den Kanälen Venedigs liegt, und mit den hitzigen hochgespannten Leidenschaften der Renaissance, und es ward ein Drama, so mächtig, daß man manche seiner Szenen gemeinsam nennen darf mit jenen Shakespeares. Oder da moderte ein altes englisches frommes Mysterienspiel, ›Everyman‹ benannt – niemand konnte genau noch sagen, wer es eigentlich geschrieben. Dem Volk, den kleinen Leuten hatte man vor Hunderten von Jahren am Vorplatz der Kirche es vorgespielt, und alle literarischen Auguren fanden sich einig, es sei ein abgelebtes, kindisch einfältiges Spiel. Er aber nahm das vergessene auf in seine kluge, sprachmächtige Hand, härtete es in seiner dramatischen Kraft und tat es in herrlich holzschnitthafte Verse, ähnlich jenen Luthers und Hans Sachsens. Und mit einemmal stand dieser ›Jedermann‹ neu vor der Welt, alljährlich Tausende und Tausende mit tiefsten Erschütterungen überwältigend, eines der reinsten und dauerhaftesten dramatischen Gebilde unserer Zeit. Nur zu rühren brauchte dieser Zauberer, dieser Entzauberer an Erstarrtes, und schon ward es lebendig; die ›Dame Kobold‹ von Calderón, er hauchte sie an mit Sprache, und schon wirbelte sie mit ihren entzückenden Quiproquos neu jugendlich über die Bretter und riß jeden Hörer mit in ihren übermütigen Schelmentanz. Alle Zeiten und Zonen, alle Formen und Sphären waren seinem Sinn gleich magisch offen – aus dem Orient und ›Tausendundeine Nacht‹ holte er die Trunkenheit sternübersäter Nächte in seine ›Hochzeit der Sobeide‹, aus der Zauberwelt Chinas geisterte Geheimnis in die ›Frau ohne Schatten‹ über; all dies war nicht bloßes Maskentragen und Überwurf fremden Kostüms, sondern vollkommene Durchdringung; seine Sprache ging in ihren Rhythmus, seine Seele in ihre Seele über wie Blut in Blut.

Durch diesen Dienst am Weltdrama hat Hofmannsthal der deutschen Bühne einen ungeheuren Gewinn gebracht, nicht nur an Glanz und Farbe und Leidenschaft, sondern – wichtiger noch – er hat unsere ganze Zeit wieder hin- und zurückblicken gelehrt vom Ephemeren der dramatischen Tagesleistung zum Ewig-Meisterlichen und Überdauernden. Aber ebenso wie diesen dichterischen Brüdern, so hat er sich nicht gescheut, als der Größte der Sprache auch dem Größten der Musik zu dienen und damit der fast überlebten Form der Oper noch einmal die königliche Prägung der Dichtung aufzudrücken. Daß die Meisterwerke ›Elektra‹, ›Ariadne auf Naxos‹, die ›Frau ohne Schatten‹ entstanden, dankt ihm die musikalische Welt dieser Zeit und kommender Zeiten, und besonderen Dank schulden *wir* ihm, schulden ihm unsere Nation, unsere eigene Stadt Wien. Denn, scheinbar nur ein Textbuch schreibend, hat Hofmannsthal mit dem ›Rosenkavalier‹ das vollkommenste österreichische Lustspiel geschaffen, das wir besitzen, unsere österreichische ›Minna von Barnhelm‹, das wahrhaft nationale Werk, das Farbe und Fühlart, das Oben und Unten, Adel und Volk, Süßigkeit und Heiterkeit, den ganzen hell gemengten Charakter der Stadt auf das zauberhafteste spiegelt. Vielleicht wird man einschränkend sagen: aber ein Lustspiel bloß für Musik, und nur lebend dank ihr! Doch wie ein wahrhaftes österreichisches Lustspiel denken ohne Musik? Nehmen Sie jenen, die bisher als die Meisterwerke galten, nehmen Sie Raimunds ›Verschwender‹, dem ›Bauer als Millionär‹ das Hobellied, das Aschenlied, das »Brüderlein fein«, nehmen Sie Nestroy die muntern Quodlibets, und Sie haben ihnen die Spitze abgebrochen, ihnen den feinsten, zartesten Schmelz geraubt. Immer ist ein Teil der Seele des Österreichers Musik, und gerade darum ist der ›Rosenkavalier‹ in seiner unvergänglichen Bindung das absolute Symbol unseres Seins und Gewesenseins. So tritt zu Hofmannsthals vielfachem Ruhm auch dieser noch, daß er mitten in seinem weltumfassendem Werke gerade seiner Heimat das bleibendste Bühnenwerk der Zeit gegeben hat.

Wieviel Taten dies, wieviel Werke in einem einzigen Leben, und doch immer noch nicht das ganze Werk, die ganze Tat! Denn welchen überlegenen Geist, welchen weitüberschauenden Denker wir neben dem Dichter noch in Hugo von Hofmannsthal verloren haben – dies offenbaren erst seine prosaischen Schriften. Einen Geist, einen immer beflügelten, der nur im Schwebenden ruhte, dem keine Ferne galt und der alle Abgründe durchmaß, einen Geist, dem das obere Element, zu dem andere nur in kurzen, zuckenden Atemstößen sich aufschwingen, die eigentliche und selbstverständliche Heimat war. Aber dieses Geistwerk, dies großartige, es ist von seiner Dichtung nicht zu trennen; denn sie sind geschrieben, diese unvergleichlichen Schriften, in jener azurenen Prosa, die nur eine einzige vermöchte wahrhaft zu rühmen – die seine! In einer Prosa, die so leicht, so sieghaft übermächtig, um sein eigenes Wort zu borgen, mit der allgemeinen Sprache schaltet, wie der Wind mit dem Ährenfeld; einer Prosa wie sie – ich sage dies gewogenen Wortes – seit Goethe niemand in Deutschland geschrieben hat. Nirgends im deutschen Schrifttum ist mit mehr Hoheit, aus einer solchen Adlerschau des Geistes, mit einer solchen Schwingenweite des Weltgewissens von künstlerischen Gegenständen gesprochen – oder vielmehr gedichtet – worden wie in diesen prosaischen Schriften. Denn nie anders als von oben vermochte dieser überlegene Geist zu schauen, nie anders als in den höheren Ordnungen sich zu bewegen. Die obere Welt, unnahbar uns allen, sie war die wahre und selbstverständliche Sphäre seiner Seele. Darum hat die Kunst unserer Zeit in Hugo von Hofmannsthal nicht nur ihren sprachmächtigsten Dichter verloren, sondern auch ihren obersten und reinsten Richter. Und niemand ist heute in Deutschland, diesen äußersten Rang wieder einzunehmen. Mit Hugo von Hofmannsthal ist die höchste Instanz der ordnenden Gerechtigkeit aus unserer in ihren Werten verwirrten Welt gefallen, und gleichzeitig der unverbrüchliche Zeuge für die Übermacht des Geistes über den Ungeist, des vollendet Geformten über das Chaotische und Ungeformte. Denn dies war der letzte, der äußerste Sinn seiner Sendung auf Erden: noch einmal das Maß nach oben zu richten – eine Zeit, die, wie er gerne sagte, nur auf Gleitendem ruht, neuerdings auf das Dauernde und Unvergängliche zurückzuverweisen. Hugo von Hofmannsthal hat gefordert und durch sein Werk bewiesen, daß auch heute eine hohe, eine adelige, eine dem Absoluten dienende Kunst möglich ist, und daß wir dies erlebten an seinem Dasein – darin liegt große Verpflichtung. Denn nur wenn wir Hugo von Hofmannsthals heroische Liebe zum Zeitlosen und Makellosen in uns eingehen lassen als lebendige Macht – nur, wenn wir uns gewöhnen, wieder aufzuschauen in jene oberen Sphären, in denen er gestaltet und in die er entschwunden –, dann nur ehren wir wahrhaft diesen hingegangenen und doch unvergänglichen Dichter – dann erst feiern wir würdig das Gedächtnis Hugo von Hofmannsthals.

Sinn und Schönheit der Autographen

Ein Vortrag gehalten in der Buchausstellung der ›Sunday Times‹, London 1935

Wenn ich versuche, zu Ihnen über die Schönheit und den Sinn der Autographen zu sprechen, so ist die Ursache, daß weder der Sinn noch die Schönheit dieser geheimnisvollen Kostbarkeiten klar zutage liegt. Bei anderen künstlerischen Gegenständen ist der Sinn gleichsam offen aufgeschlagen, die Schönheit kommt dem Blick unbeschworen entgegen. Ein Bild, von einem Meister gemalt, wir müssen nur herantreten und seine Formen, seine Farben beglücken das Auge; eine Vase, eine kunstvoll getriebene Bronze, ein in Farben leuchtender Teppich, sie haben ihr tiefstes Wesen schon vollkommen erschöpft, indem sie die Harmonie ihrer Schönheit uns entgegenhalten, bei Gläsern, bei Münzen, bei Gemmen genügt es, sie optisch anzuschauen, um schon entzückt zu sein. Man versteht diese Köstlichkeiten und man liebt sie, beinahe ohne zu denken, denn leicht und bezaubernd umfangen sie unsere Sinne. Eine Sammlung von Autographen dagegen bietet dem Auge zunächst soviel wie nichts. Denn was ist ihr Anblick anderes als ein gehäufter Wust verstaubter, halb zerfallener, beschmutzter Papierblätter, ein raschelndes Durcheinander von Briefen, Akten und Dokumenten? Etwas scheinbar so Wertloses, daß man sich denken könnte, blieben sie zufällig liegen, eine eilige Hand würde sie wegwerfen als etwas Lästiges oder Unnotwendiges. Tatsächlich hat diese äußere Unscheinbarkeit der Autographen im Laufe der Jahrzehnte unzählbare Blätter höchsten Wertes sinnloser Vernichtung anheimgeführt. Die Manuskripte Shakespeares, seine Briefe, seine Aufzeichnungen, höchste und unbekannte Werte der Musik, neun Zehntel der ganzen klassischen Literatur, viele Dramen von Sophokles und Euripides und die Strophen der Sappho, alle sind nur vernichtet worden, weil der Sinn und die Schönheit solcher heiliger Blätter nicht offen vor den Blicken lag. Denn immer ist eine geistige Beziehung nötig, um den tiefverborgenen Wert dieser Kostbarkeiten zu erkennen. Nur von der Seele her, nicht mittels der gröberen äußeren Sinne, kann die Schönheit und der geistige Wert der Autographen verstanden werden.

Nicht jeder also vermag dies geheimnisvolle Reich zu betreten. Ein Schlüssel muß ihm zu Handen sein, der das Verständnis eröffnet, eine seelische Gewalt muß ihn bewegen, und zwar die schönste, die mächtigste, die es auf Erden gibt: Ehrfurcht. Um Handschriften verstehend zu lieben, um sie zu bewundern, um von ihnen angeregt und erschüttert zu sein, müssen wir vorerst gelernt haben, den Menschen zu lieben, dessen Lebenszüge in ihnen verewigt sind. Ein Gedichtblatt Keats' bleibt insolange nichts als ein armes Blatt Papier, sofern in uns nicht schon bei der bloßen Anrufung dieses Namens ehrfürchtige Erinnerung aufklingt an heilig schöne Verse, die wir von ihm gelesen haben und die unserer Seele so wirklich und gegenwärtig sind wie jedes Haus dieser Stadt und der Himmel darüber und die Wolken und das Meer. Um demütigen Schauer zu empfinden vor einem Blatt, wie Sie es in diesen Räumen aufgeschlagen sehen können, vor einer Skizze der Mondscheinsonate, muß einmal in uns diese silberne Melodie geklungen haben. Nur wenn wir Dichter, Musiker und andere Heroen des Geistes und der Tat schon mit einer Art religiösen Gefühls empfinden, nur dann können uns die Schriftspuren von ihrer Hand ihren Sinn und ihre Schönheit offenbaren.

Denn sonderbar zwiespältig ist ja unsere innere Beziehung zu den großen Genies der Menschheit. Wir fühlen einerseits gewiß, daß sie größer, göttlicher gewesen als wir, die kleinen gewöhnlichen Menschen, wir empfinden sie über uns und das macht uns ehrfurchtsvoll. Aber andererseits empfinden wir auch eine geheime Genugtuung in dem Bewußtsein, daß diese göttlichen, diese übermenschlichen Schöpfer ebensolche Erdenmenschen waren wie wir selbst, daß sie, die über uns sind im Geiste, mitten unter uns lebten, irdische Wesen, die in Häusern weilten und in Betten schliefen und Kleider trugen und Briefe schrieben, und um dieser ihrer Diesseitigkeit willen haben wir eine so fromme Lust, pietätvoll alles zu bewahren, was an dies ihr irdisches Dasein erinnert. Aus diesem stolzen Gefühl ihrer Mitmenschlichkeit lieben wir, was an ihre Gegenwart sinnlich erinnert, darum durchforschen wir die Bücher über sie, sammeln wir ihre Bilder und die Berichte der Zeitgenossen; nichts aber gibt uns so herrlich eindringlich den Beweis ihres schöpferischen Daseins wie ihre Handschriften. Denn in ihnen begegnen wir dem Künstler in seiner wahrsten Form, hier belauschen wir ihn im innersten Raum seines Wesens: in der Werkstatt. Schon Goethe, selbst einer dieser Unsterblichen, hat den »unsterblichen Wert«, wie er sagt, solcher Autographen erkannt und diese Neigung in einem Briefe erklärt: »Da mir die sinnliche Anschauung durchaus unentbehrlich ist, so werden mir vorzügliche Menschen durch ihre Handschrift auf eine magische Weise gegenwärtig. Solche Dokumente ihres Daseins sind mir, wo nicht ebenso lieb wie ein Porträt, so doch gewiß ein wünschenswertes Supplement und Surrogat desselben.«

Ich habe einen großen Zeugen aus dem Geisterreich angerufen, der seine Liebe zu den Autographen als Sammler tätig bezeugt hat, aber Goethe war nicht der einzige, dem sich diese magische Welt erschloß. Johann Sebastian Bach hat Blätter Händels, Beethoven wieder Blätter Mozarts und Schumann wieder Blätter Beethovens aufbewahrt und Johannes Brahms musikalische Handschriften von ihnen allen. Wunderbar reicht hier eine Kette durch die Zeiten. Denn immer wird es gerade der Schaffende sein, der die reinste Ehrfurcht für das Schaffen empfindet, nur der Künstler wird jede Liebe auch zu den abseitigsten und wunderbarsten Emanationen der Kunst verstehen. Aber diese Meister haben die Blätter ihrer geistigen Lehrer und Brüder nicht nur als Reliquien bewahrt, sondern vor allem aus der erlebten Erkenntnis, daß in den Autographen und gerade in ihnen eines der tiefsten Geheimnisse der Natur verborgen liegt und vielleicht sogar das tiefste. Denn wenn wir die ganze Welt anblicken mit ihren unzähligen und unlösbaren Rätseln, das tiefste und geheimnisvollste von allen bleibt doch das Geheimnis der Schöpfung. Hier läßt sich die Natur nicht belauschen. Niemals wird sie diesen letzten Kunstgriff sich ablauschen lassen, wie die Erde entstand und wie ein kleine Blume entsteht, wie ein Gedicht und wie ein Mensch. Hier zieht sie unbarmherzig und unnachsichtig ihren Schleier vor. Selbst der Dichter, selbst er, der dichterische Schöpfung vollbringt, selbst der Musiker wird nachträglich den Augenblick seiner Inspiration nicht mehr erläutern können. Ist einmal die Schöpfung vollendet gestaltet, so weiß der Künstler von ihrem Ursprung nicht mehr und von ihrem Wachsen und Werden; nie oder fast nie vermag er zu erklären, wie in seinen erhobenen Sinnen sich die Magie einer Strophe, wie aus einzelnen Tönen eine Melodie sich zusammenfügte, die dann für Jahrhunderte durch die Zeiten klingt. Hier, ich sagte es, läßt sich die Natur nicht belauschen, hier hält sie streng ihren Schleier vor. Und das einzige, was eine leise Ahnung dieses unfaßbaren Schaffensprozesses uns gewähren kann, sind eben solche Blätter, von denen Sie hier kostbare Proben sehen, die Autographen. So wie der Jäger aus flüchtigster Fußspur den Weg des Wildes erkennen kann, so vermögen wir manchmal dank der Autographen, da sie Lebensspuren, Schaffensspuren sind, den Prozeß der Gestaltung zu verfolgen, und darum haben sie neben dem Wert der Pietät eine so ungeheure Bedeutung für unsere Erkenntniswelt. Sie sehen hier zum Beispiel ein Blatt aus einem Taschenbuche Beethovens und erblicken damit einen seiner promethidischen Augenblicke. Die eigentliche Inspiration Beethovens geschah fast niemals am Schreibtisch, sondern immer im Gehen, in der Bewegung. Unzählige Male sahen die verwunderten Bauern in der Umgebung Wiens einen kleinen kurzatmigen Mann ohne Hut durch die Felder stampfen, sie hielten ihn für einen Narren, einen »Trottel«, wie sie sagten, weil er wie geistesabwesend vor sich hin brummte, summte, schrie, sang und mit den Händen wirbelte und taktierte. Plötzlich aber hielt er inne, zog aus der Seitentasche ein kleines, meist schmutziges Buch und schrieb mit raschem Riß und grobem Zimmermannsblei ein paar Noten hinein. Mit diesen hastigen Zeilen war gewissermaßen der Ureinfall kristallisiert, blitzhaft und heiß, wie er war, und wir erleben auf einem solchen Blatt das Wunder, daß, wie durch eine Röntgenphotographie das sonst unsichtbare Skelett des Menschen, hier durch die Magie des Autographs der sonst unsichtbare Augenblick der Inspiration plötzlich sichtbar wird. Dann kommen andere Blätter – auch solche können Sie hier sehen –, auf denen die nur roh notierte ursprüngliche Melodie ausgearbeitet wird, geformt, wieder verworfen und wieder neu gearbeitet. Und den ganzen Seelenzustand des Künstlers während der Arbeit kann man dann von Blatt zu Blatt erregt verfolgen. Hier strömt die Schrift heiß und rasch, kaum vermag sie dem schöpferischen Einfall zu folgen, dort stockt sie plötzlich, bricht ab, setzt noch einmal an, fällt abermals zurück, und man spürt, hier findet der Dichter, der Musiker nicht das rechte Wort, nicht den melodischen

Übergang. In dem magischen Spiegel der Schrift können Sie hier Müdigkeit gleichsam mit eigenen Augen anschauen und dort Erschöpfung, manchmal am zornigen Riß sogar die Verzweiflung und jetzt wieder das Sichemporraffen zum letzten, zum endgültigen Sieg. Und dann glänzt endlich die Sonne des siebenten Tages, die Welt ist vollendet, das Werk ist vollendet, die letzte endgültige Formel, sie ist glorreich geschaffen; und auch ein solches Blatt können Sie hier sehen in diesem Raum, der dadurch geheiligt ist, die erste irdische Erscheinungsform einer unsterblichen Schöpfung der Menschheit: das Scherzo der Neunten Symphonie oder das ›Veilchen‹ von Mozart in ihrer endgültigen Niederschrift von des Meisters eigener Hand. Hier ist ein unvergänglicher Sieg des Geistes über die Materie sichtbarer als in jeder Erzählung, jedem Bild. Und da Goethes Wort ewig wahr bleibt, daß es nicht genügt, Kunstwerke in ihrer Vollendung zu kennen, um sie zu begreifen, sondern nur, wenn man ihr Entstehen verfolgt, so kann man vielleicht manche literarische, manche musikalische Kunstwerke in ihrer ganzen Tiefe erst erfassen, wenn man dank des Mediums der Autographen ihren Weg und ihr Werden miterlebt.

Aber nicht nur künstlerische, sondern auch historische Lebensaugenblicke vermag man mit Phantasie aus geschriebenen Dokumenten bildhaft zu erkennen. Ist der menschliche Sinn einmal der Phantasie aufgetan und gewillt, jede solche Lebensspur selbst als etwas Lebendiges zu betrachten, so wird uns kein einziges dieser Blätter mehr wie totes Papier, wie ein raschelndes welkes Blatt berühren. Auch das historische Autograph kann manchmal erschütternde Gewalt ausüben, weil aus seinen Schriftzügen eine Szene sich plötzlich plastischer aufbaut, als es Biograph und Dichter vermöchten. Blicken Sie hier etwa den Brief Beethovens aus seinen letzten Lebenstagen an. Seit drei Monaten liegt Beethoven im Krankenbette, der einstmals feste und schwere Körper ist leicht und schwach geworden wie der eines Kindes, längst hat die abgemagerte, blutleere Hand nicht mehr die Kraft, Noten zu schreiben oder auch nur mehr einen Brief. Der Sterbende, der selber nicht weiß, daß er sterben muß, ist gequält von den finstersten Sorgen. Wie soll er leben können, wenn er nicht schaffen kann, wie die Miete bezahlen? Aber da ist drüben jenseits des Meeres ein Land, und er weiß, dort liebt, dort achtet man ihn. Die London Philharmonic Society, sie hat ihn eingeladen, sie hat ihm eine Aufführung und Geld versprochen. So ruft der Verzweifelnde hinüber über Meer und Land um Hilfe, aber er kann selbst die Feder nicht mehr führen, sein Famulus Schindler schreibt statt seiner bis zu den erschütternden Worten: »Ich bin zu müde, ich kann nichts mehr sagen.« Dann reicht man ihm den Brief in das Bett. Mit äußerster Anstrengung malt er mit seinen zitternden, kraftlosen Fingern noch das »Beethoven« unter das Blatt; es kostet ihn mehr Mühe als vordem eine Sonate oder eine Symphonie. Und gerade diese bebende, qualvolle Unterschrift muß für jeden fühlenden Menschen Erschütterung sein, denn nicht nur Beethoven hat diese Buchstaben geschrieben, hier schreibt der Tod schon mit. Es ist ein gleichsam in Schrift versteinerter Schrei aus der tiefsten Angst der Kreatur, ein unvergeßlicher Augenblick, der durch dieses eine aufbewahrte Blatt Papier optisch für uns durch die Ewigkeiten währt. Und, wunderbarer Kontrast, daneben liegt ein anderes Blatt, die Heiratsurkunde Mozarts. Alles ist darin Leben und Lustigkeit, Jugend und Glück, die Lettern tanzen gleichsam einen bräutlichen Tanz, und wir wissen ja, Mozart hat an diesem Tage, kaum nach Hause zurückgekehrt von der Hochzeit, mit seiner jungen Frau wie ein Kind um den Tisch getanzt und getollt, weil er endlich trotz dem strengen Vater und all den Hindernissen sich sein »Weibchen« gewonnen. So kann ein einziges Blatt mit ein paar Schriftzügen gleichsam den höchsten Ausdruck menschlichen Glücks in sich zusammenpressen und das andere den Ausdruck tiefster menschlicher Trauer, und wer Augen hat, solche Blätter richtig anzuschauen, Augen nicht nur des Kopfes, sondern auch der Seele, wird nicht minderen Eindruck von diesen unscheinbaren Zeichen empfangen als von der offenkundigen Schönheit der Bilder und Bücher. Auf solche geheimnisvolle Weise haben die Autographen die Macht, uns die Gegenwart längst entschwundener Gestalten zurückzubeschwören, und wie entlang einer Galerie von Bildern, kann man an diesen Blättern vorübergehen, von jedem anders ergriffen und berührt. Denn bezwingend, wenn man die Schriften von Künstlern, die im Leben einander feind waren oder durch Zeit und Raum voneinander getrennt sind, in einer solchen Sammlung betrachtet, spürt man über Raum und Zeit den ganzen Unterschied schöpferischer Formen und Gestalten und damit die heilige Vielfalt, mit der die Kunst unser Herz zu erobern weiß. Da ist Händel, groß, schwungvoll, streng in seiner Schrift. Man spürt den mächtigen, starken Mann und glaubt, die kraftvollen Chöre seiner Oratorien zu hören, in denen ein männlicher Wille den wildesten Aufschwall rhythmisch meistert. Und wie beglückend anders daneben Mozarts zierliche, leichte, verspielte Rokokoschrift mit ihren leichten und lustigen Schnörkeln, diese Schrift, die selber Lebensfreude ist und Musik. Oder hier Beethovens schwere Löwenpranke, man sieht wie in einen verwölkten Himmel und spürt die Ungeduld, den titanischen Zorn des tauben Gottes, und daneben, welcher Kontrast: die feinen, damenhaften sentimentalischen Notenzüge Chopins oder die schwungvollen und doch deutsch-systematischen Richard Wagners. Die geistige Essenz jedes dieser Künstler erscheint in diesen wenigen flüchtigen Strichen deutlicher ausgedrückt als in langen musikologischen Diskusionen, und sinnlicher als aus den meisten ihrer Gemälde wird das Geheimnis, das herrliche, ihres schöpferischen Wesens offenbar. Denn, ärmer an äußerer Schönheit, haben die Autographen dem Buch und dem Bilde doch eine ungemeine Tugend voraus: sie sind wahr. Der Mensch kann lügen, er kann sich verstellen, sich verleugnen, das Bild kann ihn verändern und verschönern, ein Buch kann lügen und ein Brief. Aber in einem ist der Mensch unlösbar an die innerste Wahrheit seines Wesens gebunden – in seiner Schrift. Die Handschrift verrät den Menschen, ob er will oder nicht, sie ist einmalig wie er selbst und spricht manchmal aus, was er verschweigt. Damit will ich nicht den übertreiblichen Graphologen das Wort reden, die Horoskope auf Zukunft und Vergangenheit in jeder flüchtigen Zeile entdecken wollen – nicht alles verrät die Schrift, aber das Wesentlichste eines Menschen, gleichsam die Essenz seiner Persönlichkeit ist uns doch gegeben in einer winzigen Abbreviatur. Verstehen wir sie so zu sehen, so zu lesen, dann wird uns eine Vereinigung von Autographen unwillkürlich zu einer physiognomischen Weltkunde, einer Typologie des schöpferischen Geistes. Aber auch eine moralische Lehre an uns alle geht von solchen Blättern aus, denn großartig erinnern sie uns, daß die Werke, die wir als vollendete bewundern, nicht bloß gütige Geschenke des Genius an den Künstler waren, sondern Frucht mühsamer, strenger, aufopfernder Arbeit. Sie zeigen uns die Schlachtfelder der geistigen Auseinandersetzung des Menschen mit der Materie, den ewigen Kampf Jakobs mit dem Engel, sie führen uns hinab in das innere Reich der Gestaltung, und um seiner heiligen Mühe willen lassen sie uns den Menschen im Künstler doppelt lieben und doppelt verehren. Alles aber, was unseren Blick vom Äußerlichen ins Innerliche führt, vom Vergänglichen ins Unvergängliche, soll gesegnet sein, und darum sollen wir diese äußerlich unscheinbaren Blätter um ihrer inneren Schönheit willen nur noch ehrfürchtiger betrachten, denn keine Liebe ist reiner als die zum geistig Schönen. Alle anderen vergehen, nur sie dauert fort und fort im Sinne des Dichters: »A thing of beauty is a joy for ever.«

Die unterirdischen Bücher Balzacs

»Die Natur- und Kunstwerke lernt man nicht kennen, wenn sie fertig sind. Man muß sie im Entstehen aufhaschen, um sie einigermaßen zu begreifen.«

Goethe an Zelter

Die Bewunderung Balzacs, die in den letzten Jahrzehnten sich nicht nur in seiner Heimat, sondern auch bei uns mächtig gesteigert hat, wendet sich nicht wie bei den meisten Dichtern einzelnen erlesenen Meisterwerken entgegen, sondern in erster Linie der Gesamtheit, der ungeheuren und fast unbegreiflichen Breite seines Werkes. Balzac ist ein Genie der Fülle und der vielleicht größte Heros der dichterischen Arbeit. Solange man ihn bloß qualitativ einschätzt, findet man Analogien; wendet man aber die Einstellung des Blickes und läßt ihn rein numerisch die Anzahl der Menschen umschauen, die jener aus seinem einzig wachen Gehirn in die Welt gestellt – es sind über zweitausend –, die Millionen einzelner tatsächlicher Kenntnisse des praktischen Lebens und der Zeitgeschichte, die unvergleichliche Kenntnis aller städtischen und landschaftlichen Eigenarten Frankreichs, faßt man schließlich bloß äußerlich die sechzig bis siebzig Bände zusammen, die er in einem Vierteljahrhundert aus seinem kolossalischen Körper in die Welt geschleudert, so steht man vor diesem Phänomen in Bewunderung ohnegleichen. Nicht als literarisches Phänomen wertet man dann seine Erscheinung, sondern als elementares wie den Ausbruch eines Vulkans, den unablässigen, stets aus sich selbst gespeisten Niedersturz eines gigantischen Wasserfalls, und begreift an diesem Beispiel zum erstenmal in seinem wörtlichen Sinn das Wort von der »unerschöpflichen« Phantasie. Zu Balzacs Lebzeiten verbreiteten seine Gegner, daß er, ähnlich wie der ältere Dumas, nur den geringsten Teil seiner Romane selbst schreibe und die meisten von mißbrauchten jungen, begabten Schriftstellern stammten, die er dann bloß revidiere und um des besseren Verkaufs willen mit seinem hochbezahlten Namen versehe: so unfaßbar war das Phänomen seiner Produktivität. Glücklicherweise sind Balzac aber Zeugen erstanden in seinen eigenen Manuskripten, die etwas noch viel Ungeheuerlicheres offenbart haben, nämlich daß Balzac sein Riesenwerk nicht einmal, sondern drei-, vier-, fünf- oder sechsmal geschrieben und überarbeitet hat, daß sein dichterisches Werk mit allen seinen Urformen und Zwischenformen auf Hunderttausende beschriebener und von lebendigem Geiste erfüllter Blätter zu veranschlagen ist.

Die Romanmanuskripte Balzacs gehören zu den wertvollsten Offenbarungen des episch dichterischen Prozesses, es sind Phänomene einzigartiger Natur, weil in ihnen der dichterische Reinigungs- und Gestaltungsprozeß, der sich doch sonst meist im Unbewußten, im Unsichtbaren vollzieht, dokumentarisch in allen Stadien des Überganges niedergelegt ist. Schon zu Balzacs Lebzeiten gingen dunkle Gerüchte von diesem seltsamen Zwischenwesen der Korrekturexemplare um, die, halb Manuskript und halb schon Druck, sich proteusartig verwandelten und immer mehr dem definitiven Bild entgegenformten. Aus den Druckereien trugen's die Setzer klagend den anderen Autoren zu, Vertraute sahen im Arbeitszimmer Balzacs von einem einzigen Romane zehn bis zwölf sorgfältig gebundene, voluminöse Bände mit Korrekturen in seiner Bibliothek stehen, und schon damals sagte Théophile

Gautier, daß die Vergleichung der Manuskriptrevisionen Balzacs in all ihren einzelnen Schöpfungszuständen nicht nur eine interessante literarische Studie, sondern auch eine höchst ergiebige Lektion für alle jüngeren Schriftsteller sein würde.

Für diese zukünftige Studie, die einmal ein ganzes Geschlecht von Philologen an die Arbeit rufen wird, ist inzwischen das Material bereitgestellt. Balzac, der Schöpfer zahlloser monomanischer Figuren, hat (sein Schicksal ist reich an solchen Analogien zwischen Leben und Dichtung) noch als Toter eine der merkwürdigsten Monomanenfiguren durch seinen dichterischen Genius in die Welt gesetzt, nämlich den »Balzacomanen«, den Menschen, der seine ganze Lebensarbeit einzig darin suchte, allen Manuskripten, Briefen, Artikeln Balzacs nachzuspüren und sie in seinen Händen zu vereinigen. Dieser fanatische Sammler, der Comte Spoelbergh van Loevenjoul, wohlbekannt allen Antiquaren von Brüssel und Paris, wohlbekannt auch den Philologen durch ausgezeichnete Studien, hat mit einem Eifer ohnegleichen alles, was handschriftlich von Balzac erreichbar war, aufgespürt und in seinem Besitz vereinigt. Er machte Tagereisen, um irgendwo einen Brief, einen verlorenen Korrekturbogen aufzutreiben, er durchforschte die Druckereien, wo je ein Werk Balzacs in Arbeit gewesen war, er schnüffelte allen Redakteuren nach, die je mit ihm Beziehung hatten, und als bei jener berühmten Versteigerung der Möbel von Balzacs Witwe ein paar Kisten mit Handschriften zerbrachen und zahllose Blätter verschleudert wurden, sah man diesen seltsamen Mann durch Wochen bei allen Käsehändlern und kleinen Krämern der Umgegend nach einzelnen Blättern jagen, um sie zu erhaschen, ehe sie zu Tüten gedreht und als Packpapier verwendet würden. So entstand allmählich eine Sammlung, welche in ihrer Einzigkeit sich vielleicht nur mit dem weimarischen

Goethe-Museum vergleichen läßt, und als sie Spoelbergh van Loevenjoul der französischen Akademie hinterließ, wurde ihr in Chantilly, in einem kleinen Schloß, endlich eine würdige Heimstatt bereitet. Dort in der stillen Straße, nahe den schönen Wäldern und den gepflegten Wiesen, inmitten der sanften Stille einer französischen Kleinstadt, ist nun das fiebrige titanische Werk für alle Zeiten bewahrt, zugänglich nur jenen, die ernstes Interesse an Balzac zu dokumentieren vermögen, und unvergeßlich allen, denen staunend davor zu verweilen jemals vergönnt war. Denn hier ist jedes einzelne Werk Balzacs in allen seinen Niederschriften und Entstehungsformen zu sehen, von der ersten flüchtigen Skizze an durch ein Höllenlabyrinth von Korrekturen, Revisionen bis zur endgültigen Fassung, und eben dadurch, daß man hier von Epoche zu Epoche das Werk im eigenen Material werden sah, empfand man wunderbar stark das Gefühl seiner schöpferischen persönlichen Gegenwart.

Nur wer ein solches Korrekturexemplar eines Werkes von Balzac gesehen hat, kann seine Arbeit und die Art seiner Arbeit wirklich ermessen. Sie sind die eigentlich wirklichen Manuskripte, weil die erste Niederschrift nur Skizze war, Brouillon, gleichsam das Sprungbrett für seinen gewaltigen Anlauf. Diese erste Skizze sendete er meistens noch mit feuchter Tinte in die Druckerei, dort mußten dann ganz besondere »placards«, das sind Fahnen, auf denen immer nur ein kleines Stück Text innerhalb eines gewaltigen weißen Raumes stand, für ihn angefertigt werden. Bis dahin war die Arbeit für Balzac und die Setzer verhältnismäßig leicht. Sie hatten nur die leichtfließende, ein wenig weibische Schrift Balzacs, die in ihrer Hast oft das Wort abkürzte, zu entziffern und in Lettern zu setzen. Aber die Hölle begann für sie mit den Korrekturen. Denn nun, wenn der bewußte Künstler in ihm das Gedruckte vor sich sah, die Phantasmagorie, die der wütige Träumer in ihm im Fieber der Nacht hingeschrieben, so überkam ihn eine Art stilistischer Wut. Mit wilden Schlangenlinien stellte er die Worte um, schaufelte ganze Sätze weg, stopfte Absätze zwischen die Zeilen, überschüttete mit sechs oder sieben Seiten neuen Manuskriptes die einzelnen Fahnen, ließ hundert Einschiebungen, die vergebens mit Ziffern und Zeichen versehen wurden, auf einem Blatt wirr durcheinander wirbeln, quer zwischen die einzelnen Fahnen wurde neues Manuskript gestopft, und was schließlich dem erschreckten Auge sich darbot, war ein hieroglyphisches Durcheinander, anscheinend sinnlos, von Zeichen und Zahlen. Kein Wunder, daß diese Korrekturbogen der Schrecken der Pariser Setzer wurden! Und es ist nicht eine freundliche Legende, sondern tatsächlich verbürgt und durch Dokumente belegt, daß die Arbeiter sich weigerten, mehr als eine Stunde Balzac zu setzen, und für diese eine Stunde doppelten Tarif verlangten. Einer schob die grausame Arbeit auf den anderen, und es dauerte Jahre, ehe auch die Besten und Geübtesten von ihnen begannen, sich in diesem Hexensabbat der Worte und Zeichen wirklich zurechtzufinden. Aber wenn sie wirklich unter furchtbarster Mühe den neuen Druck hergestellt hatten (selbstverständlich mußte ein neuer Satz begonnen werden, denn der erste war rettungslos im wilden Durcheinander untergegangen), so begann dasselbe Spiel zum zweitenmal. Noch einmal brach der heilige Zorn Balzacs über die eigene Arbeit herein, noch einmal schüttete er Zusätze, Ergänzungen, Verdeutlichungen in das gegossene Manuskript, noch einmal zerriß die zornige Tatze das lebendige Fleisch der schon gestalteten Arbeit, und so ging es drei- und viermal, bis schließlich in der Zeitschrift die endgültige Fassung erschien. Endgültig aber nur wieder für die Zeitungsveröffentlichung, denn für die Buchausgabe kämmte und krempelte der ewig Ungenügsame von neuem jedes einzelne seiner Werke um, und sogar dann noch, als sie schon in Buchform erschienen waren, erneuerte er seine Arbeit von Neuauflage zu Neuauflage. Zwanzig gedruckte Seiten bedeuten also immer hundert unterirdische bei ihm, jedes Buch eigentlich zehn Bücher. Balzac hat als echter Sammler, der er war, von manchen Romanen alle diese Korrekturbogen vom ursprünglichen Manuskript bis zur Vollendung aufbewahrt und zusammenbinden lassen, und selbst die kleinste seiner Arbeiten gab dann einen oder mehrere voluminöse Bände, die er seinen liebsten Freunden zum Geschenk machte und die auch wirklich einzige Kostbarkeiten bilden, weil sie gleichsam sieben Texte übereinander sind. Diese unterirdischen Bücher Balzacs stellen die merkwürdigsten Amphibien zwischen Buch und Manuskript, zwischen Schrift und Druck dar, die man auszudenken vermag, sie sind das Lebendigste, was man vielleicht je an dichterischer und künstlerischer Arbeit in sinnlicher Form sehen kann. Denn alle die geheimnisvollen Zwischenstadien der werdenden Form, der allmählichen Gestaltung, die sonst im Unsichtbaren sich vollziehen, in Gehirngängen sich spurlos verflüchtigen, hier sind sie schwarz auf weiß chronologisch und psychologisch festgehalten, und jedes dieser Schriftbücher ist nicht nur ein persönliches Dokument zur Arbeitsweise Balzacs, sondern überhaupt zum Kampf um die epische Form von der Genesis bis zur Schöpfung. Wir müssen dankbar sein, daß er sie nicht zerstörte, denn nie hat ein Dichter die Tür seiner Arbeitsstube für die spätere Welt weiter aufgetan als Balzac durch diese einzigartigen Dokumente, die, so lange sie noch unbenutzt und vereinzelt sind, bloß ein liebhaberisches Kuriosum, eine bibliophile Kostbarkeit darstellen, später aber einmal ein wichtiges Kapitel zur Genesis unseres Romans und der epischen Kunst aller Zeiten bilden werden. Hier wie überall sind eben die heroischen Leistungen der Vergangenheit die werdende Wissenschaft der Zukunft, und was wir, erschauernd und bewundernd, in diesen Hieroglyphen der Korrekturen jetzt kaum zu enträtseln vermögen, wird später einmal vielleicht ein klares Gesetz der Kunst und die kristallene Formel für die wundervoll komplexe Substanz seiner Erscheinung sein.

Das Geheimnis des künstlerischen Schaffens

Von allen Geheimnissen der Welt ist seit Anbeginn dasjenige der Schöpfung das geheimnisvollste gewesen; einhellig haben darum alle Nationen und Religionen den Vorgang des Schöpferischen mit der Idee des Göttlichen verbunden. Denn alles Seiende können wir erfassen und als Tatsache begreifen. Aber jedesmal haben wir das Gefühl eines Überirdischen, eines Göttlichen, wenn irgendwo zuerst ein Nichts war und plötzlich ein Etwas ist, das vorher nicht gewesen ist – wenn ein Kind geboren wird, wenn aus der nackten Erde über Nacht eine Blüte bricht. Aber am größten, am ehrfürchtigsten, und ich möchte fast sagen, am heiligsten ist unser Staunen, wenn dies neue und plötzlich Gewordene nicht ein Vergängliches ist, wenn es nicht hinwelkt wie diese Blüte, wenn es nicht hinstirbt wie ein Mensch, sondern wenn in unserer Zeit etwas entsteht, was diese Zeit und alle Zeiten überdauert, etwas, das ebenso ewig bleibt wie Himmel, Erde, Meer, Sonne, Mond und Sterne, diese Taten nicht des Menschen, sondern Gottes.

Dieses Wunder, daß etwas aus dem Nichts entsteht und doch die Zeiten überdauert, ist uns ab und zu in einer Sphäre mitzuerleben gegönnt: in der Kunst. Wir wissen, es erscheinen in jedem Jahre zehntausend, zwanzigtausend, fünfzigtausend Bücher. Es werden Hunderttausende Bilder gemalt und Millionen Takte komponiert. All das erweckt in uns keineswegs ein besonderes Erstaunen. Daß Bücher geschrieben werden von Schriftstellern oder Dichtern, erscheint uns ebenso selbstverständlich, wie daß diese Bücher vom Setzer gesetzt, vom Drucker gedruckt, vom Buchbinder gebunden, vom Buchhändler verkauft werden. Es ist ein bloßes Produktionsphänomen – wie, daß täglich Brot gebacken wird und Schuhe gemacht werden und Strümpfe. Das Wunder beginnt immer erst, wenn eines dieser Bücher, eines dieser Bilder dank der Gnade der Vollendung unsere Zeit und viele andere Zeiten überdauert. In diesem Fall und nur in diesem spüren wir, daß der Genius wieder einmal Gestalt angenommen hat in einem Menschen und sich das Mysterium der Schöpfung unserer Welt noch einmal in einem Werke wiederholt hat. Aufregender Gedanke: da ist ein Mensch, geformt wie alle andern, er schläft in einem Bett, er ißt an einem Tisch, er ist gekleidet wie ich und du und wir alle. Wir gehen an ihm auf der Straße vorbei, wir haben vielleicht in der Schule mit ihm zusammen auf der gleichen Bank gesessen, in nichts ist er äußerlich anders wie wir. Und plötzlich gelingt diesem einen Menschen etwas, was uns allen versagt ist. Er hat das Gesetz, in das wir Menschen gebannt sind, zerbrochen, er hat die Zeit besiegt, denn während wir anderen sterben und spurlos vergehen, bleibt etwas von ihm für immer bestehen. Und warum? Einzig, weil er jenen göttlichen Akt des Schöpferischen vollzogen hat, durch den aus dem Nichts ein Etwas, aus dem Vergänglichen ein Dauerhaftes wird. Weil sich in seiner Erscheinung das tiefste Geheimnis unserer Welt offenbart hat: das Geheimnis der Schöpfung.

Was hat ein solcher Mensch getan? Nehmen wir es rein äußerlich. Er hat, wenn er ein Musiker war, ein paar Töne aus der Skala in einer so besonderen Art zusammengefaßt, daß daraus eine Melodie entstand, die Hunderttausenden und Millionen Menschen auch in den entferntesten Erdteilen immer aufs neue die Seele erregt. Er hat, wenn er ein Maler war, aus den sieben Farben des Spektrums und aus dem Zweiklang von Licht und Schatten ein Bild geschaffen, das, haben wir es einmal erblickt, sich uns nach innen in die Seele projiziert. Er hat, wenn er ein Dichter war, aus den fünfzigtausend oder hunderttausend Worten, aus denen unsere Sprache besteht, ein paar hundert Worte in so besonderer Weise zusammengefügt, daß sie ein unsterbliches Gedicht bilden. Oder er hat als Dramatiker, als Erzähler Gestalten geschaffen, die uns so nah und gegenwärtig sind wie ein Bruder und ein Freund, Menschen, die – wie er – die göttliche Kraft in sich tragen, die Zeiten zu überdauern. Aber er hat mit diesem äußerlichen Akt das Gesetz der Natur umgestoßen: er hat eine Substanz geschaffen, welche der Vergängnis trotzt. Er hat aus einem Schall der Luft etwas geformt, das dauerhafter ist als das Holz, das wir anrühren, dauerhafter als der Stein, der dieses Haus trägt. Durch ihn ist das Unvergängliche und – sagen wir getrost: das Göttliche im Irdischen Erscheinung geworden.

Aber auf welche Weise hat dieser einzelne Mensch dies Wunder vollbracht? Auf welche Weise hat er und gerade er unter Millionen aus demselben Material, das doch uns allen zur Verfügung steht, der Sprache, der Farbe, dem Klang, sein Kunstwerk geschaffen? Was ist die geheime Kraft, die ihn dazu befähigt hat? Auf welche Weise schafft der wahre Künstler? Wie kommt dies Wunder zustande in unserer entgötterten Welt?

Ich glaube, jeder von uns hat sich bewußt oder unbewußt diese Frage schon gestellt, wenn er vor einem der ewigen Bilder der großen Meister in einer Galerie stand, wenn er von einem Gedicht erschüttert war bis in das Innerste seiner Seele oder erregten Sinnes eine Symphonie Mozarts oder Beethovens erlebte. Jeder, glaube ich, hat mit ehrfürchtigem Staunen und gerade dank dieses Staunens sich gefragt: wie konnte ein einzelner Mensch dieses Übermenschliche schaffen? Und ich wage sogar zu sagen, daß wer an großen Kunstwerken vorübergeht und sich *nicht* diese Frage gestellt hat, wen *nicht* dies Geheimnis erregt hat, niemals ein wirkliches Verhältnis zur Kunst besaß und niemals besitzen wird. Es ist das beste Teil unseres menschlichen Herzens, daß es vom Gewaltigen und Geheimnisvollen ehrfürchtig erschüttert wird, und es ist das beste Teil des menschlichen Geistes, daß er überall, wo er ein Geheimnis fühlt, sich gedrängt spürt, es zu enträtseln. Wer zur Kunst ein wahres Verhältnis sucht, muß immer mit einem doppelten Gefühl den großen Kunstwerken entgegentreten. Er muß sie demütig als etwas empfinden, das über seinem eigenen Können, über seinem vergänglichen Leben steht als ein Unbegreifliches. Aber gleichzeitig muß er mit wachem Denken sich bemühen, zu erfassen, wie dies Göttliche innerhalb unserer irdischen Welt entstanden ist. Er muß versuchen, das Unbegreifliche zu begreifen.

Ist dies nun möglich? Können wir den Vorgang, der sich bei der Entstehung eines wahren Kunstwerks auswirkt, belauschen? Können wir Zeugen sein jener Zeugung, Zeugen seiner Geburt? Darauf kann ich präzise antworten: nein. Die Konzeption eines Kunstwerks ist ein innerlicher Vorgang. Sie bleibt in jedem individuellen Fall so vom Dunkel umschattet wie die Entstehung unserer Welt – ein unbelauschbares, ein göttliches Phänomen, ein Mysterium. Das einzige, was wir vermögen, ist, daß wir nachträglich uns diesen Akt rekonstruieren, und auch dies ist uns nur bis zu einem gewissen Grade verstattet. Aber immerhin, wir können uns wenigstens einige Schritte näher herantasten an das unergründliche Labyrinth. Ich unterscheide deutlich: wir können nicht das Geheimnis des Schöpferischen selbst erklären, so wenig wie es uns gelingt, die Begriffe der Elektrizität, der Schwerkraft, des Magnetismus an sich darzustellen. Wir können nur einige Grundgesetze feststellen, in die gebannt sie in Erscheinung treten. Wir müssen also bei unserer Untersuchung äußerste Ehrfurcht wahren und uns immer bewußt sein, daß die eigentliche Tat in einem Raum geschieht, der uns nicht zugänglich ist, und daß wir mit dem äußersten Aufwand von Phantasie und Logik doch nur ein Schattenbild dieses Prozesses uns vergegenwärtigen können, aber immerhin ein Bild. Da es uns nicht erlaubt ist, mit dem Künstler den Augenblick seiner Schöpfung *mit*zuerleben, können wir einzig versuchen, ihn *nach*zuerleben.

Zur Rekonstruktion dieses mysteriösen Vorgangs will ich mich einer Methode bedienen, die auf den ersten Blick vielleicht nicht sehr sympathisch erscheinen mag: der Methode der Kriminologie, welche jahrhundertelange Erfahrung zu einer besonderen Technik herausgebildet hat. Ich weiß selbstverständlich um das Peinliche des Vergleiches. Bei der Kriminologie handelt es sich darum, eine schlimme Tat oder Untat, einen Mord, einen Diebstahl, aufzudecken, in unserem Fall dagegen um die edelsten, beglückendsten Taten, deren die Menschheit fähig ist. Aber die Aufgabe ist doch im Grunde dieselbe: ein Verborgenes aufzuklären, ein Geschehnis, bei dem wir selbst nicht gegenwärtig waren, durch ein genau durchdachtes und erprobtes System zu rekonstruieren.

Was ist nun der *Ideal*fall in der Kriminologie? Der Idealfall ist, wenn der Täter – sagen wir, der Mörder, der Dieb – sich selbst dem Gericht stellt, wenn er erklärt, aus welchen Gründen und in welcher Weise, zu welcher Zeit und an welcher Stelle er sein Verbrechen begangen hat. Durch ein solches spontanes Geständnis ist der Polizei und den Juristen eigentlich jede weitere Mühe abgenommen. Ebenso wäre bei unserer Untersuchung der Idealfall gegeben, wenn der Schöpfer selbst uns das Geheimnis seiner Schöpfung erklärte, wenn er uns den ganzen Vorgang der Entstehung schilderte, uns in seine Technik einweihte und die uns unbegreiflichen Vorgänge begreiflich machte. Wenn also der Dichter uns erzählte, wie er dichtet, der Musiker, wie er komponiert, und bei jedem einzelnen Werke schilderte, wie die Inspiration ihn überkam und wie die schöpferische Idee sich in Form verwandelte. Damit wäre alles weitere Suchen für uns überflüssig.

Nun stehen wir aber vor einem merkwürdigen Phänomen, nämlich daß die schöpferischen Menschen, die Dichter, die Musiker, die Maler genau so, als wären sie hartnäckige Verbrecher, so gut wie nie eine präzise Aussage über diesen innersten Augenblick der Schöpfung machen. Schon dem großen amerikanischen Dichter Allan Edgar Poe war es aufgefallen, daß wir aus den Hunderten Jahren künstlerischen Schaffens so wenig einleuchtende Berichte von den Dichtern, Malern und Musikern selbst besitzen, und er beginnt seinen Aufsatz, in dem er die Entstehung des Gedichtes ›The Raven‹ schildert, mit der Bemerkung: »I have often thought how interesting a magazine paper might be written by any author, who would – that is to say, who could – detail, step by step, the process by which any one of his compositions attained the ultimate point of completion. Why such a paper has never been given to the world, I am much at a loss to say.«

Ich bitte nun, es nicht als unbescheiden zu empfinden, wenn ich auf die Frage dieses großen Dichters, warum wir so wenige Darstellungen der Dichter über ihre produktiven Augenblicke besitzen, die Antwort gebe, die er nicht zu geben wußte. An sich ist die Tatsache, daß wir so wenig Dokumente über ihren schöpferischen Prozeß von den Dichtern haben, wirklich verwunderlich. Denn was ist die Gabe des Dichters, des Schriftstellers anderes, als zu erzählen, zu erklären? Jede Reise, jedes Abenteuer, jede innere Erschütterung überliefern sie uns in ihren Büchern mit wunderbarer Eindringlichkeit. So wäre es doch das Allernatürlichste, daß sie auch über das entscheidende innere Erlebnis uns genaue, verläßliche Nachricht geben,

Nachricht, wie das Schöpferische sie überkommt, daß sie uns etwas über Lust und Qual jener Augenblicke berichten. Indiskretion, Selbstpreisgabe, ja sogar Preisgabe des innersten Inneren ist es ja, was den Dichter als Bekennenden, als Erklärenden uns so ungeheuer wichtig macht. Aber wenn die Künstler so selten über ihre inspirativen Minuten berichten, so ist der Grund ganz einfach – daß sie in diesen Minuten bei dem schöpferischen Prozeß gar nicht mit ihrem Bewußtsein dabei sind. Daß sie sich also während des eigentlichen Schaffens ebensowenig psychologisch belauschen können, wie sie sich selber während des Schreibens über die eigene Schulter zuschauen können. Um bei dem Beispiel aus der Kriminologie zu bleiben, ähnelt der Künstler am meisten jenem Verbrecher, sagen wir einem Mörder, der in einem Affektzustand handelt und völlig ehrlich ist, wenn er dann dem Richter, dem Staatsanwalt sagt: »Ich weiß nicht, warum ich es getan habe, ich weiß nicht mehr, wie ich es getan habe. Es ist über mich gekommen, ich war nicht recht bei Sinnen.«

Ich weiß, dieses *Nicht-Dabeisein* des Künstlers im Augenblick der Produktion scheint im ersten Moment vielleicht unlogisch. Aber überlegen wir. In Wirklichkeit ist dem Künstler Produktion doch nur möglich im Zustand eines gewissen *Von-sich-selbst-Fortseins,* einer Ekstase – heißt dieses griechische Wort Ekstase übersetzt doch nichts anderers als »außerhalb seiner selbst sein«.

Aber wo ist er dann, der Künstler, in den produktiven Minuten, wenn er außerhalb seiner selbst ist? Höchst einfach: er ist in seinem Werke, in seinen Melodien, in seinen Gestalten, in seinen Visionen. Er lebt – und darum kann er nicht Zeuge sein – während er schafft, nicht in *unserer* Welt, sondern in *seiner* Welt. Der Dichter, der in einem inspirierten Moment aus der Erinnerung eine Landschaft darstellt, Wiese, Himmel, Baum, Feld an einem Frühlingstag, ist in diesem Augenblick nicht in seinem Zimmer, nicht in seinen vier Wänden, sondern er sieht das Grün, er atmet die Luft, er hört den Wind, der über die Gräser streicht. Shakespeare ist in dem Augenblick, da er seinen Othello sprechen läßt, aus dem Manne Shakespeare, aus seinem eigenen Leib, aus seiner eigenen Seele in die von Eifersucht gärende Seele Othellos übergegangen. Weil der Künstler in diesem Moment äußerster Konzentration mit allen seinen Sinnen *in dem anderen,* in dem Werke ist, muß er gegen alle anderen Eindrücke der Außenwelt gleichsam abgeriegelt sein. Um diesen Zeitpunkt der Konzentration ganz zu verdeutlichen, will ich nur an das klassische Beispiel erinnern, das wir in der Schule gelernt haben. Bei der Eroberung von Syrakus sind die Wälle schon längst überrannt, die Soldaten plündern die Stadt, einer dringt ein in das Haus des Archimedes und findet ihn dort im Garten, wo er mit seinem Stabe im Sand geometrische Figuren zieht. Wie der Soldat mit gezücktem Schwert auf ihn losgeht, sagt er in seiner Versunkenheit, ohne sich umzuwenden: »Störe mir meine Kreise nicht.« Er sieht in diesem begnadeten Zustand der Konzentration nur, daß ein fremder Fuß in die im Sand gezeichneten Figuren treten will. Er weiß nicht, daß es der Fuß eines Soldaten ist, er weiß nicht, daß die Feinde in der Stadt sind, er hat das Anprallen der Sturmböcke nicht gehört, nicht das Schreien der Flüchtenden und Gemordeten, nicht den Jubelruf der Fanfaren. Er war in dieser schöpferischen Sekunde nicht in Syrakus, sondern in seinen Werken. Oder ein Beispiel aus der neueren Zeit für diesen Zustand der Konzentration während schöpferischer Arbeit. Ein Freund besucht Balzac, und er begrüßt ihn ganz aufgeregt mit Tränen in den Augen: »Denken Sie sich, die Herzogin von Langais ist gestorben.« Der Besuch ist erstaunt. Er kennt keine Herzogin von Langais, und es gibt auch gar keine in Paris;

sie ist eine von Balzac erfundene Gestalt, und er hatte gerade ihren Tod in seinem Buche geschildert und war noch nicht aufgewacht aus seinem visionären Traum, hatte noch nicht zurückgefunden in die reale Welt und erkannte erst an dem Erstaunen seines Besuchers seinen Irrtum.

Vielleicht genügen schon diese beiden Beispiele, um zu vergegenwärtigen, ein wie außerordentlicher Zustand innerer und totaler Konzentration jeden wahren schöpferischen Akt begleiten muß. Der wirkliche Künstler ist während des Schaffens so innerhalb seiner Schöpfung wie der Fromme in seinem Gebet, der Träumende in seinem Traum. Zwangsweise also, weil nur nach innen schauend, nimmt er von der Außenwelt und von sich selber nichts deutlich wahr. Darum wissen die Künstler, die Dichter, die Maler, die Musiker, während sie schaffen, nicht selbst zu beobachten, wie sie schaffen, und noch weniger werden sie es uns nachher erklären können. Sie sind schlechte, unbrauchbare Zeugen für den eigenen Schöpfungsprozeß, und wir wären als Kriminologen unvorsichtig, uns auf ihr Zeugnis blindlings zu verlassen.

Was tut aber die Polizei in solchem Falle, wenn die wichtigsten Zeugen versagen oder sich als unzuverlässig erweisen? Sie sammelt von anderen alle möglichen Berichte – und das tun wir gleichfalls, indem wir die Zeitgenossen befragen –, aber schließlich wird sie sich zur völligen Aufdeckung der Tat immer an den Tatort selbst begeben und versuchen, dort aus zurückgelassenen Spuren die Tat zu rekonstruieren. Versuchen wir das gleiche!

Aber der Tatort des Künstlers, wo ist er? Für den schöpferischen Prozeß gibt es doch keinen Tatort, wird man einwenden. Schaffen ist ein unsichtbarer Akt, der sich hinter der Gehirnwand abspielt, und das ursprüngliche Wort Inspiration – inspiratio – drückt schon deutlich aus, daß es sich nur um einen »Anhauch«, also um einen völlig immateriellen Vorgang handelt, der mit irdischen Augen, mit dem irdischen Ohr oder mit dem Tastsinn nicht belauscht werden kann. Das ist an sich richtig. Das eigentlich Schöpferische, das Visionäre, der inspirative Akt vollzieht sich bei dem Künstler unsichtbar. Aber wir leben in einer irdischen Welt und sind Menschen, die nur dank unserer Sinne begreifen können. Uns ist eine Blüte nicht schon Blüte, wenn sie als Same in der Erde verkapselt liegt, sondern erst, wenn sie in Form und Farbe sich entfaltet, ein Schmetterling erst Schmetterling, wenn er aus Raupe und Puppe sich zum farbig beflügelten Wunder entwickelt. Uns ist eine Melodie erst Melodie, nicht wenn sie einem schöpferischen Menschen innen zum erstenmal aufklingt, sondern wenn sie uns hörbar wird, ein Bild erst Bild, sobald es sichtbar und vollendet ist, ein Gedanke erst Gedanke, sobald er ausgesprochen, eine Plastik erst Plastik, sobald sie zu Ende geformt ist. Um aus der Seele des Künstlers in unser Leben zu treten, muß also die Inspiration jedesmal eine irdische, eine optisch oder akustisch wahrnehmbare Form annehmen. Sie muß durch ein Medium materieller Art hindurchgehen. Selbst das sublimste Gedicht muß, um uns zu erreichen, erst fixiert werden mit einem materiellen Stoff, mit Tinte oder Bleistift auf einen anderen materiellen Stoff, auf Papier geschrieben werden, ein Bild auf Leinwand mit Farbe gemalt, eine Plastik in Stein oder Holz gestaltet werden. Der künstlerische Prozeß – und damit sind wir einen Schritt weiter – ist also nicht reine Inspiration, nicht bloß der Vorgang hinter der Gehirnwand und auf der Netzhaut des Augapfels, sondern ein Akt der *Übertragung* aus der geistigen in die sinnliche Welt, aus der Vision in die Realität. Und da, wie ich eben zeigte, dieser Akt großenteils im sinnlichen Material vor sich geht, so hinterläßt er substantielle Spuren, die den Zwischenzustand zwischen ungewisser Vision und endgültiger Vollendung ausfüllen. Ich meine damit die Vorarbeiten, die Skizzen der Musiker, die Entwürfe der Maler, die verschiedenen Fassungen der Dichter, die Handschriften, die Vorstudien, das ganze erhaltene Material aus der Werkstatt. Gerade weil diese hinterlassenen Vorarbeiten stumme Zeugen sind, sind sie die objektivsten, die einzigen, an die wir uns halten können. So wie die Objekte, die der Mörder in seiner Hast am Tatort hinterläßt, so wie die Fingerabdrücke, die von ihm zurückbleiben, das verläßlichste Beweismaterial in der Kriminologie bilden, so bieten die Vorstudien und Entwürfe, die der Künstler vom Produktionsprozeß hinterläßt, die einzigen Möglichkeiten, den inneren Vorgang zu rekonstruieren. Sie sind der Ariadnefaden, an dem wir uns zurücktasten können in das sonst unergründliche Labyrinth. Wenn wir dem Geheimnis der Schöpfung uns überhaupt manchmal nähern können, so vermögen wir es nur dank dieser zurückgelassenen Spuren.

Ich sagte, daß wir uns dem Geheimnis *manchmal* annähern können. Denn nicht von *allen* großen Künstlern besitzen wir solche selbstverräterische Dokumente. Verhängnisvollerweise sogar gerade von den größten nicht. Wir haben kein Blatt Homers, keine Zeile der Bibel in ihrer ursprünglichen Form, keine Platos oder des Sophokles' oder Buddhas, keinen Pinselstrich des Zeuxis' oder Apelles'. Dies wäre nun schließlich noch verständlich durch die Ferne der Zeit. Aber sonderbarerweise haben wir auch von Chaucer, von Shakespeare, von Dante und Molière, von Cervantes und Konfuzius kein einziges Blatt aus einem schöpferischen Werke, und vielleicht waltet hierin eine Absicht der Natur, die uns sagen will: »Gerade von diesen größten Werken, die ich durch menschlichen Geist erschaffen ließ, sollt ihr kein irdisches Zeugnis haben. Sie sollen euch für alle Zeiten ein unverständliches und irrationales Wunder bleiben.« Aber wir haben immerhin von anderen Genien der Menschheit, von Beethoven und Shelley, von Rousseau und Voltaire, von Bach und Michelangelo, von Walt Whitman und Edgar Allan Poe noch die Häuser, in denen sie lebten, die Gegenstände, die sie benutzten. Wir haben ihre Handschriften und Urschriften, und indem wir alle diese Künstler in ihrer Arbeit betrachten, können wir uns unterfangen, doch einen vielleicht verwegenen Blick in ihre Werkstatt zu tun und von dem Geheimnis des Schöpferischen zumindest eine Ahnung zu gewinnen.

Versuchen wir es. Gehen wir in ein Museum, in eine Bibliothek, an jene einzigen Orte, wo die Objekte zur Hand sind, in denen der Produktionsprozeß einen optischen Niederschlag erfahren hat. Lassen wir uns die Blätter, die Skizzen Mozarts, Beethovens, Schuberts, Bachs, die Vorstudien der großen Maler, die ersten Manuskripte der Dichter vorlegen und versuchen wir, uns von diesen Zeugen etwas darüber erzählen zu lassen, was in dem Künstler geschieht in seinen geheimnisvollen Stunden, die zugleich seine seligsten und seine qualvollsten sind.

Lassen wir uns also in jenem Museum oder jener Sammlung zunächst ein paar eigenhändige Manuskriptblätter Mozarts geben, um rein optisch zu sehen, wie der Komponist komponiert, lassen wir uns ein ganzes Manuskript von seiner Hand geben, eine Sonate, und bitten wir zugleich um die Skizzenblätter dazu, um es vor Augen zu haben, wie sich das fertige Werk allmählich herausgeformt hat. Aber zu unserer Überraschung erfahren wir, es gibt gar keine Skizzen, es gibt von ihm nur fertige, in einem einzigen Zuge hingeworfene Manuskripte in einer leichten, mühelosen, fliegenden Schrift. Und unser erster Eindruck von diesen Blättern ist: dies sind abgeschriebene Manuskripte. Diesem Mann hat jemand diktiert, und er hat nur in aller Hast dieses Diktat aufgezeichnet. Er war bloß der Abschreiber, der Nachschreiber. Das gleiche erfahren wir bei Manuskripten Haydns oder Schuberts. Auch bei ihnen finden wir keine Vorarbeiten und überhaupt keine Anzeichen angestrengter Arbeit. Und tatsächlich wissen wir aus zeitgenössischen Berichten, daß Mozart, während er Billard spielte, gleichzeitig seine musikalischen Themen im Kopf formen konnte, oder Schubert bei Freunden plaudernd ein Gedicht aufschlagen, ins Nebenzimmer gehen, rasch die Komposition auf ein Notenblatt notieren, und ein Lied ist entstanden, ein unsterbliches – ich möchte sagen: so rasch, wie sich jemand geschneuzt hat. Dieselbe Leichtigkeit findet man in Manuskripten zum Beispiel von Walter Scott, auf vierhundert, fünfhundert Seiten keine Korrektur, keine Änderung, absolut der gleiche Eindruck, nicht des Schreibens und Schaffens, sondern des Abschreibens nach einem unsichtbaren Diktat. Und ebenso haben wir von manchen Malern, von Frans Hals, von van Gogh keine Skizzen, keine Entwürfe. Sie blicken ihren Gegenstand mit magischem Auge an, und schon saust der Pinsel mit flinken, raschen Hieben. Sie müssen nicht ordnen, nicht sammeln, nicht disponieren. Schaffen ist für sie Strömen, Schwung, Leichtigkeit.

Ein Blick also auf solche Manuskriptblätter hat genügt, und wir haben einen ersten Einblick in unser Geheimnis gewonnen. Der Künstler – dies lesen wir von solchen Blättern ab – gerät, wenn inspirativ erfüllt, in einen höheren Grad der Beschwingtheit. Eine traumwandlerische Sicherheit überkommt ihn und trägt ihn über alle Schwierigkeiten hinweg, ohne daß sein Intellekt ihn führen und lenken müßte. Das Schöpferische strömt in ihn ein und durch ihn durch, so wie die Luft durch die Flöte fährt und sich dort in Musik verwandelt. Der Künstler ist – erste Form, erster Eindruck – das hypnotisierte Medium eines höheren Willens. Er hat selbst nichts zu tun als getreu wiederzugeben, was dieser höhere Wille von ihm fordert, eine innere Vision unverändert nach außen zu stellen. Der schöpferische Zustand ist also, abgelesen von diesen Blättern, ein rein passiver Zustand, abgesondert von aller menschlichen, persönlichen Mühe.

Aber seien wir nicht zu voreilig mit unserer Formulierung. Der künstlerische Prozeß ist in Wahrheit viel komplizierter, das Geheimnis des Schaffens viel geheimnisvoller. Blättern wir also lieber noch einmal in demselben Museum nach oder in demselben Handzeichnungskabinett. Nehmen wir jetzt nach den Blättern Mozarts noch einige Blätter Beethovens zur Hand.

Sofort hat sich unser Eindruck vollkommen verändert. Das Bild, das sich uns von Beethovens Arbeitsweise bietet, ist so verschieden von dem früheren wie ein norwegischer Fjord von italienischem Meer. Alles scheint falsch, was wir eben bei Mozart festgestellt haben, daß der produktive Zustand ein passiver sei, bei dem der persönliche Wille unbeteiligt ist. Wir entdecken, während wir vordem nur den Genius leicht und beflügelt am Werke sahen, mit einmal den qualvoll ringenden, mühsam gestaltenden Menschen im Künstler.

Da sind zuerst ein paar Blätter aus einem Skizzenbuche, ein paar Takte in rasender Eile mit Bleistift hingeschrieben, nein hingeschlagen in wilder Ungeduld. Daneben findet man Takte, die gar nicht in diesen Zusammenhang gehören. Nichts ist fertig, nichts geordnet. Es ist wie ein Geröll von Felsblöcken, die ein Titan geschleudert hat. Nun wissen wir aus mündlichen Zeugnissen, wie Beethoven komponierte. Er rannte auf den Feldern herum, ohne auf irgend jemanden zu achten, laut brummend und summend und singend und mit den Händen taktierend. Ab und zu riß er aus seinen riesigen Rockschößen ein solches Skizzenbuch, in das er mit Bleistift seinen Einfall notierte. Zu Hause an seinem Schreibtisch nimmt er dann einzelne dieser Themen auf. Wir sehen jetzt eine andere Art Skizzenblätter, größere, meist mit Tinte geschriebene, in denen er architektonisch die Themen entwickelt. Aber keineswegs findet er jetzt sofort die richtige Form. In einem so wilden Riß der Feder, daß sie spritzt und kleckst, streicht er ganze Zeilen, ganze Seiten durch und beginnt noch einmal. Aber nein, es ist noch immer nicht das Rechte. Wieder ändert er, verbessert er. So ingrimmig streicht und fetzt er auf dem Blatte herum, daß manchmal das Papier durchreißt – und man *sieht* den zornigen Menschen förmlich bei seiner Arbeit, wie er stampft und stöhnt und flucht, weil der musikalische Gedanke noch immer, noch immer nicht sich in jener idealen Form ausdrückt, die ihm innerlich vorschwebt. Dann erst, nach zahllosen solchen Skizzen, deren jede ein Schlachtfeld ist, wird das erste Manuskript geschrieben und dann das zweite. Und nochmals und nochmals in jeder Abschrift und sogar in den proofs verändert. Während wir bei Mozart den schöpferischen Akt als eine lustvolle, mühelose Handlung empfinden, erleben wir ihn bei Beethoven als eine Qual, die an die Krämpfe und Nöte einer gebärenden Frau erinnert. Mozart spielt gleichsam mit der Kunst wie der Wind mit den Blättern, Beethoven ringt mit ihr wie Herkules mit der tausendköpfigen Hydra.

Um der Deutlichkeit willen gebe ich noch einmal in einer anderen Sphäre, in jener des Gedichts, ein Beispiel, um zu zeigen, wie kontrastvoll ein Kunstwerk entstehen kann. Wie ich eben Mozart und Beethoven als Gegensatz wählte, nehme ich jetzt zwei der berühmtesten Gedichte der Weltliteratur, die Marseillaise und den ›Raven‹ von Edgar Allan Poe. Vergleichen wir bei beiden den Prozeß der Entstehung. Rouget de Lisle, der die Marseillaise schrieb, ist eigentlich kein Dichter und kein Komponist. Er ist ein technischer Offizier, der sich während der

Französischen Revolution in Straßburg bei der Armee befindet. Am 25. April mittags kommt die Nachricht, die französische Republik habe den Königen Europas den Krieg erklärt. Die ganze Stadt gerät in einen Taumel. Am Abend gibt der Bürgermeister für die Offiziere der Armee ein Souper. Während des Soupers wendet er sich zu Rouget de Lisle, der, wie er weiß, ganz nette Verse geschrieben hat, und sagt, es wäre doch eigentlich freundlich von ihm, wenn er ein Kriegslied für die ausrückenden Truppen dichten und komponieren wollte. Warum nicht? Bis nach Mitternacht sitzen die Offiziere heiter beisammen, dann geht Rouget de Lisle nach Hause. Er hat den Rausch der Begeisterung mitgemacht, er hat vielleicht auch reichlich Wein getrunken, in seinem Kopf summen und surren noch die Toaste und Reden, Worte wie »Allons, enfants de la patrie«, und »Le jour de gloire est arrivé«. Er setzt sich nieder und schreibt, er, der sonst nie ein wirklicher Dichter war, beinahe in einem Zuge die paar Strophen. Dann nimmt er seine Geige vom Pult, versucht dazu eine Melodie. In zwei Stunden ist alles getan. Am nächsten Morgen um sechs Uhr sucht er schon seinen Freund, den Bürgermeister auf und überbringt ihm das fertige Lied, die fertige Komposition. Ohne sein Wissen, ohne seinen Willen, mühelos, absichtslos hat er eines der unsterblichsten Gedichte der Welt, eine der unsterblichen Melodien aus reiner Inspiration geschaffen. Er hat nicht mit seinem wachen Verstande geschaffen, sondern in einer Art Trance. Nicht er hat eigentlich gedichtet, sondern der Genius der Stunde.

Und nun lese man als Gegenbeispiel einmal die paar Seiten nach, in denen Edgar Allan Poe erzählt, wie er sein berühmtestes Gedicht, ›The Raven‹, geschaffen hat. Man lese nach, wie er sich rühmt, mit mathematischer Logik und Berechnung jeden Effekt, jeden Reim, jedes Wort kalkuliert zu haben. Wie er betont, auf völlig kaltem

Wege, ohne jede Inspiration dies Gedicht – ich möchte sagen, fabriziert zu haben. Ein Meisterwerk ist also hier durch eine äußerste Anspannung des Willens entstanden, wie im Fall der Marseillaise durch völlige Abwesenheit jedes Wollens und Planens.

So haben wir nun schon einen kleinen Spalt der Türe aufgetan, die in die Werkstatt des Künstlers führt. Wir haben an diesen beiden Fällen, Mozart und Marseillaise, gesehen, daß ein Kunstwerk ein Akt reiner Inspiration sein kann, wo der Dichter, der Musiker, dem lateinischen »vates«, dem Seher, dem Wahrsager ähnlich, vom Göttlichen her Botschaft empfängt und sie weitergibt an die Menschen, ohne selbst etwas von eigener Mühe hinzuzufügen; und wir haben an den anderen Beispielen Beethoven, Edgar Allan Poe – und ich könnte Balzac, Flaubert und zahllose andere hinzufügen – erkannt, daß der Künstler ebenso durch logische Mühe, durch eine vollkommen bewußte Denkarbeit, durch ein vollendetes Handwerkertum gleichfalls das Vollendete erzeugen kann.

Aber wundern wir uns nicht zu sehr über diesen Gegensatz und erinnern wir uns, daß man in der Physik mit den höchsten Kältegraden dieselben Wirkungen erzielen kann wie mit den höchsten Hitzegraden. Es ist an sich für das vollendete Kunstwerk völlig gleichgültig, auf welchem Wege es entstanden ist, ob kalt oder warm, ob in dem Feuer der Hingerissenheit oder in der eisigen Kälte der Reflexion, ob durch reine Inspiration oder durch irdische Arbeit. Aber ich habe mit Absicht hier zunächst die extremen Fälle hingestellt. In Wirklichkeit sind im künstlerischen Schaffen ebenso wie in der Natur die Elemente gemischt. Es gibt wenig rein gute Menschen und wenig rein böse, wenig hundertprozentige Optimisten und wenig hundertprozentige Pessimisten. Was ich zu zeigen versuchte, sind nur die beiden äußersten Pole des künstlerischen Schaffens, und was sich im künstlerischen Schaffen vollzieht, ist im wesentlichen ein Spannungszustand zwischen diesen beiden Polen. Schöpferische Entladung entsteht fast immer nur durch Spannung zwischen zwei gegensätzlichen Elementen, und so wie sich in der Natur das Männliche und das Weibliche zur Zeugung verbinden muß, so sind im künstlerischen Zeugungsakt immer beide Elemente gemischt, Unbewußtheit und Bewußtheit, Inspiration und Technik, Trunkenheit und Nüchternheit. Produzieren heißt für den Künstler *realisieren,* von innen nach außen stellen, eine innere Vision, ein Traumbild, das er im Geiste vollendet vor sich gesehen, im widerstrebenden Material der Sprache, der Farbe, des Klangs in unsere Welt tragen. Erst träumt der Künstler seine Vision, sie schwebt ihm vor und er geht ihr nach, er reißt sie gewissermaßen aus dem Unsichtbaren ins Irdische nieder. Nach dem inneren Traum muß die innere Wachheit kommen, und in gewissem Sinn gilt für den Künstler die alte Technik der persischen Krieger, die am Abend beim Wein und in der Trunkenheit den Schlachtplan berieten und ihn am Morgen danach mit nüchternem Kopf revidierten.

Wenn wir also zu einer Formel kommen wollen, so darf das eigentliche Geschehnis im künstlerischen Prozeß nicht heißen »Inspiration *oder* Arbeit«, sondern »Inspiration *plus* Arbeit«. Schaffen ist ein beständiges Ringen zwischen Unbewußtheit und Bewußtheit. Ohne diese beiden Elemente kann sich der künstlerische Akt nicht vollziehen. Diese beiden Grundelemente sind unentbehrlich – in dieses Gesetz des Gegensatzes, des schöpferischen Ausgleichs zwischen bewußt und unbewußt ist der Künstler gebannt. Innerhalb dieses Gesetzes ist er frei. Am besten könnte man diese Gebanntheit und gleichzeitige Freiheit des Künstlers vielleicht mit einer Schachpartie vergleichen. Auch beim Schach stehen zwei Gruppen, schwarz und weiß, einander gegenüber zu einer Auseinandersetzung. Wie dort das Spiel auf vierundsechzig Felder, so ist die künstlerische Produktion an die fünfzig- oder hunderttausend Worte der Sprache, an das Spektrum der Farben oder an die Töne der Musik gebunden. Aber ebenso wie sich auf den vierundsechzig Feldern zwischen schwarz und weiß unendliche Variationen ergeben und nie ein Spiel dem andern von Anfang bis Ende ähnlich bleibt, so wird der künstlerische Produktionsprozeß bei jedem Künstler immer ein ganz besonderer sein. Vielleicht war der Titel meines Vortrags nicht ganz richtig, wenn ich ihn nannte: »The Secret of Artistic Creation«; ich hätte ihn vielleicht nennen können »The thousand secrets of artistic creation«, denn jeder Künstler hat innerhalb der Grenzen, die ich vordem zeigte, sein besonderes Geheimnis der künstlerischen Schöpfung, jedes einzelne Kunstwerk seine besondere Geschichte, und wir haben keinen anderen Weg, um uns das Geheimnis der künstlerischen Schöpfung klarzumachen, als viele und die verschiedensten Künstler zu betrachten. Erst aus der Summe all dieser Varianten ergibt sich eine Ahnung des schöpferischen Gesetzes, das in allen gemeinsam waltet.

Allerdings – wollte ich alle die denkbaren Variationen innerhalb des schöpferischen Prozesses an den verschiedenen Künstlern in allen ihren Absonderlichkeiten auch nur im flüchtigen Umriß zu zeigen versuchen, wir müßten hier Stunden und Stunden verbringen. Denn welche Kontraste in Raum und Zeit, in Technik und Methode, welche tausend Verschiedenheiten! Da ist Lope de Vega, der in drei Tagen ein Drama schreibt, und neben ihm Goethe, der mit achtzehn Jahren seinen ›Faust‹ beginnt und mit zweiundachtzig Jahren ihn endet! Da ist ein Künstler wie Johann Sebastian Bach oder Haydn, der treu und fleißig wie ein Beamter jeden Tag regelmäßig komponiert, und neben ihnen Wagner, in dem manchmal die

Inspiration völlig verlischt, der während fünf Jahren keine einzige Note schreibt – bei dem einen strömt die Produktion regelmäßig wie ein majestätischer Fluß, bei dem anderen ist es jedes Mal wie der einmalige Ausbruch eines Vulkans. Jeder schafft unter anderen Bedingungen: da ist der eine, der morgens die höchste Helligkeit des Gehirns fühlt, und der andere, der nachts erst beginnt, der eine, der sich stimulieren muß durch äußere Reize wie Alkohol oder Luxus der Umgebung, um in einen richtigen Rausch des Schaffens zu geraten, und die anderen, die ihre Helligkeit wiederum durch Brom abdumpfen müssen oder durch Opium oder Nikotin jenen Dämmerzustand erzeugen, der die Träume heranzieht. Da ist der eine, der die äußerste Stille braucht, um die Gedanken zu sammeln, und der andere, der nur in Taverne und Kaffeehaus, umdröhnt von lachenden, schwatzenden Menschen sich innerlich zu sammeln vermag – jeder schöpferische Mensch hat also seine Eigentümlichkeiten, seinen besonderen Prozeß, welcher ihm und ihm allein gehörig ist, und so wenig wie eine Liebesstunde mit der andern hat eine Schaffensstunde mit der andern ihr Geheimnis gemein. Nur wer diese unendliche Vielfalt belauscht, kann eine Ahnung bekommen von der unendlichen Vielfalt der Kunst und des Lebens, nur wer einen Künstler in seiner Arbeit sieht, weiß um die Einmaligkeit seiner Persönlichkeit. Denn jeden Menschen erkennen wir wahrhaft nur in seiner Arbeit. Es genügt nicht, daß wir mit ihm bei Tisch gesessen und geplaudert haben, daß wir zusammen spazierengefahren sind oder gemeinsam eine Reise machten. Das wirkliche Wesen gibt jeder Mensch nur in dem, was er schafft. Nur dort ist sein wahres Maß – nur dort, wo sein letztes Geheimnis ist, kennen wir einen Menschen, kennen wir ein Kunstwerk. Goethe, einer der weisesten Menschen aller Zeiten, hat dafür die Formel gefunden: »Man kennt die Kunstwerke nicht, wenn man sie nur fertig sieht, man muß sie auch in ihrem Werden gekannt haben.« Nur wer in das Geheimnis des *Schaffens* bei einem Künstler eindringt, versteht seine *Schöpfung*.

Nun mag man vielleicht einwenden: Stört ein solches nachträgliches Reproduzieren des künstlerischen Prozesses nicht den reinen Genuß? Ist es nicht verwegen und indiskret, den Schleier zu heben, der die schaffende Mühe des Künstlers verbirgt? Ist es nicht besser, naiv vor ein Bild zu treten und es anzuschauen wie eine Landschaft Gottes? Eine Symphonie an sich vorbeiströmen zu lassen, ohne zu denken, zu fragen, unter welchen Bedingungen und dank welcher inneren Arbeit solche Meisterwerke entstanden sind? Ist es nicht besser, die Werkstatt des Künstlers verschlossen zu lassen und ohne Frage, ohne Neugier, nur mit reiner Dankbarkeit unseren Blick einzig auf das vollendete Werk zu richten? Ich gebe zu, es ist etwas Verführerisches in dieser Ansicht, aber andererseits glaube ich an keinen rein passiven Genuß. Ich glaube nicht, daß jemand, der eine Bildergalerie zum erstenmal in seinem Leben betritt, jemand, der zum erstenmal eine Symphonie Beethovens hört, die Meisterwerke sogleich zu würdigen weiß. Ein Kunstwerk gibt sich nicht jedem auf den ersten Blick, es will wie eine Frau erst umworben sein, ehe es geliebt wird. Um richtig zu fühlen, müssen wir nachfühlen, was der Künstler gefühlt hat. Um seine Intentionen richtig zu verstehen, müssen wir begreifen, gegen welche Widerstände er sie verwirklicht hat. Wir müssen in unserer Seele die seine nachbilden – jeder wahre Genuß ist kein reines Empfangen, sondern ein inneres Mitwirken an dem Werke.

Es war der Sinn meiner Ausführungen, zu zeigen, daß, wenn wir uns mit allen Kräften bemühen, es auch dem unproduktiven Menschen bis zu einem gewissen Grad möglich ist, sich in den schöpferischen Zustand des Künstlers zurückzuversetzen und mit ihm alle die Spannungen und Peripetien mitzuerleben, die zwischen dem Anbeginn und der Vollendung seines Werkes schwingen. Nur dürfen wir es uns nicht leicht machen, wo er sich mühte und den Kampf Jakobs mit dem Engel rang, jenen ewigen Kampf des Künstlers, der zu dem Engel der Vollendung sagt: Ich lasse dich nicht, du segnest mich denn! Geben wir uns also niemals zu leicht dem ersten Eindruck hin, seien wir nicht zu rasch zufrieden, denn der Künstler war es gleichfalls nicht mit seinem ersten Entwurf, seiner ersten Vision. Wenn wir einen der berühmten Rembrandtschen Stiche zur Hand nehmen, meinen wir, schon den vollkommenen Eindruck zu haben. Aber wie kann unsere Bewunderung sich noch steigern, wie unser Wissen um diesen Zauberer von Schatten und Licht und um die Magie des Künstlers, wenn wir neben das fertige Blatt Probeabzüge oder Reproduktionen aller früheren Platten legen. Wir sehen, hier hat Rembrandt ein Licht weggeätzt, das zu scharf blendete, dort einen Schatten vertieft, hier weicht eine Gestalt, die auf der früheren Platte sich zu sehr in den Vordergrund schob, wieder zurück. Von Probeblatt zu Probeblatt gleicht sich die Architektur des Raumes harmonischer aus, und obwohl uns, den Naiven, schon die erste Probeplatte die vollendete schien, sehen wir jetzt mit seinem Auge und lernen, daß noch ein höherer Grad der Vollendung möglich war. Statt wie von einem Turm mit einem Blick eine Landschaft zu umfassen, steigen wir Stufe um Stufe empor, bei jeder neuen Erkenntnis, von Blatt zu Blatt wird unser eigenes Auge wissender. Wir empfangen dadurch, daß wir den schöpferischen Akt in allen seinen Phasen noch einmal miterleben, eine Lektion und gleichzeitig eine Vision des künstlerischen Prozesses, wie sie kein Buch, kein Vortrag, keine Wissenschaft uns gewähren kann. Ebenso wie das Geheimnis der bildenden Kunst, kann sich das der dichterischen, der kompositorischen uns erschließen, wenn wir die Urform vom ersten Anfang bis zur Vollendung begleiten. Hier sehen wir in der Handschrift, wie das Wort stockt, wie der Dichter nicht den endgültigen Ausdruck findet. Er versucht und verwirft wieder. Schon ist er dem reinen Begriff näher gekommen, aber es war noch nicht das Rechte. Wieder setzt er an und wieder verwirft er, und endlich ist der Damm gebrochen. Endlich strömt das Wort, die Melodie wieder hin in reinem Fluß, und in uns strömt etwas mit – er, der Dichter, der Komponist hat das Richtige gefunden, und *wir* haben es mit ihm gefunden. In diesen Minuten des Nacherlebens haben wir alle seine Qualen, seine Ungeduld, seine Mühe und die Ekstase des Endgültigen mitempfunden. Wir haben *mit*geschaffen und durch dieses Mitfühlen die Geburt des Kunstwerks miterlebt.

Um möglichst vielen diesen letzten und höchsten Genuß, den mitschaffenden, den nachschaffenden zu gewähren, wäre es meiner Meinung nach wohltätig, wenn die Museen nicht wie heute bloß die vollendeten Bilder zeigten, sondern auch alle Vorstufen dazu, die Skizzen, die Entwürfe, die Vorbilder vor dem wirklichen Bild, damit die Menschen nicht nur immer lässig das vollendete Werk als ein vom Himmel geschenktes betrachten, sondern mit Ehrfurcht immer gewärtig bleiben, daß diese Wunder von ihren Brüdern geschaffen wurden – geschaffen von unseresgleichen, geschaffen mit irdischer Mühe, irdischer Qual, irdischer Lust, und der stumpfen Materie mit den äußersten Kräften der Seele abgerungen. Nein – es vermindert die Schönheit der Sterne nicht und nicht die Majestät des Himmels, wenn wir versuchen, mit unserem Geiste die Gesetze zu erforschen, die in diesem unerreichbaren Raume walten, wenn wir versuchen, ihre Ferne auszumessen und die Geschwindigkeit des Lichtstrahls zu berechnen, mit dem ihr silberner Glanz unser Auge erreicht. Im Gegenteil, niemals vermindert Erkenntnis die wahrhafte Begeisterung, sie erhöht und festigt sie nur. Und so waren wir, hoffe ich, nicht unehrerbietig, wenn wir hier versuchten, uns dem Geheimnis der künstlerischen Schöpfung zu nähern, diesem unbeschreiblichen Augenblick, wo die irdische Begrenzung des Vergänglichen in uns Menschen endet und das Ewige beginnt.

Bibliographischer Nachweis

Das neue Pathos. Erstmals in ›Das literarische Echo‹, Berlin, 15.9.1909

Die Forderung der Solidarität. Erstmals in ›Max Brod. Festschrift zum fünfzigsten Geburtstag‹, Hrsg. von Felix Weltsch, Mährisch-Ostrau 1934

Max Herrmann-Neisse zum Gedächtnis. Erstmals in ›Aufbau‹, New York, 18.4.1941

Romain Rolland. Geheimnis der Produktion. Erstmals in ›Die literarische Welt‹, 2. Jg. Nr. 5, Berlin 1926

Arturo Toscanini. Ein Bildnis. Erstmals als Einleitung in Paul Stefan-Gruenfeldt, ›Arturo Toscanini. Ein Lebensbild‹, Wien: Herbert Reichner Verlag 1935. Einzelausgabe: Wien – Leipzig – Zürich: Herbert Reichner Verlag 1936. Aufgenommen in ›Begegnungen mit Menschen, Büchern, Städten‹, Wien – Leipzig – Zürich: Herbert Reichner Verlag 1937; Frankfurt am Main, S. Fischer Verlag 1955

Busoni. Aufgenommen in ›Begegnungen mit Menschen, Büchern, Städten‹, Wien – Leipzig – Zürich, Herbert Reichner Verlag 1937

Bruno Walter: Kunst der Hingabe. Erstmals in Paul Stefan-Gruenfeldt, ›Bruno Walter‹: Wien, Herbert Reichner Verlag 1936. Aufgenommen in ›Begegnungen mit Menschen, Büchern Städten‹, Wien – Leipzig – Zürich: Herbert Reichner Verlag 1937; Frankfurt am Main: S. Fischer Verlag 1955

Abschied von Rilke. Tübingen: Rainer Wunderlich Verlag 1927. Aufgenommen in ›Begegnungen mit Menschen, Büchern, Städten‹, Wien – Leipzig – Zürich: Herbert Reichner Verlag 1937; Frankfurt am Main: S. Fischer Verlag 1955

Auguste Rodin. Meudon, Maison Rodin 1913. Erstmals in ›Vorwärts‹, New York – Leipzig, I, 1924. Aufgenommen in ›Begegnungen mit Menschen, Büchern, Städten‹, Wien – Leipzig – Zürich: Herbert Reichner Verlag 1937; Frankfurt am Main: S. Fischer Verlag 1955

Konstantin Meunier. Erstmals in ›Vom Fels zum Meer‹, Berlin, 22. Jg., H. 9, 1902

Theresa Feodorowna Ries. Erstmals in ›Vom Fels zum Meer‹, Berlin, 22. Jg., H. 21, 1902

Frans Masereel. Der Mann und Bildner. 1923. Aufgenommen in ›Begegnungen mit Menschen, Büchern, Städten‹, Wien – Leipzig – Zürich: Herbert Reichner Verlag 1937; Frankfurt am Main, S. Fischer Verlag 1955

Marceline Desbordes-Valmore. Das Lebensbild einer Dichterin. Erstmals in ›Neue Freie Presse‹, Wien, 7. u. 9.11.1918. Aufgenommen in ›Begegnungen mit Menschen, Büchern, Städten‹, Wien – Leipzig – Zürich: Herbert Reichner Verlag 1937; Frankfurt am Main: S. Fischer Verlag 1955

Sainte-Beuve. Erstmals in ›Neue Freie Presse‹, Wien, 6.5.1923. Aufgenommen in ›Begegnungen mit Menschen, Büchern, Städten‹, Wien – Leipzig – Zürich: Herbert Reichner Verlag 1937; Frankfurt am Main: S. Fischer Verlag 1955

Geburtstagsbrief an Hermann Bahr. Unter dem Titel ›Hermann Bahr. Zu seinem sechzigsten Geburtstag‹ erstmals in ›Neue Freie Presse‹, Wien, 19.7.1923. Aufgenommen in ›Begegnungen mit Menschen, Büchern, Städten‹, Wien – Leipzig – Zürich: Herbert Reichner Verlag 1937: Frankfurt am Main: S. Fischer Verlag 1955

Die Stimme. In memoriam Josef Kainz. Aufgenommen in ›Begegnungen mit Menschen, Büchern, Städten‹, Wien – Leipzig – Zürich: Herbert Reichner Verlag 1937; Frankfurt am Main: S. Fischer Verlag 1955

Hugo von Hofmannsthal. Gedächtnisrede zur Trauerfeier im Wiener Burgtheater. Aufgenommen in ›Zeit und Welt. Aufsätze und Vorträge 1904 – 1940‹, Stockholm: Bermann-Fischer Verlag 1943

Sinn und Schönheit der Autographen. 1935. Aufgenommen in ›Begegnungen mit Menschen, Büchern, Städten‹, Wien – Leipzig – Zürich: Herbert Reichner Verlag 1937; Frankfurt am Main: S. Fischer Verlag 1955

Die unterirdischen Bücher Balzacs. Aufgenommen in ›Begegnungen mit Menschen, Büchern, Städten‹, Wien – Leipzig – Zürich; Herbert Reichner Verlag 1937; Frankfurt am Main: S. Fischer Verlag 1955

Das Geheimnis des künstlerischen Schaffens. Vortrag. Amerika. 1938. Aufgenommen in ›Zeit und Welt. Aufsätze und Vorträge 1904 – 1940‹, Stockholm: Bermann-Fischer Verlag 1943

STEFAN ZWEIG IM FISCHER TASCHENBUCH VERLAG

Balzac
Eine Biographie
Band 2183

Das Geheimnis des künstlerischen Schaffens
Band 2288 / in Vorbereitung

Der Kampf mit dem Dämon
Hölderlin, Kleist, Nietzsche
Band 2282

Die Hochzeit von Lyon
und andere Erzählungen
Band 2281

Die Welt von Gestern
Erinnerungen eines Europäers
Band 1152

Drei Dichter ihres Lebens
Casanova. Stendhal. Tolstoi
Band 2290

Europäisches Erbe
Band 2284

Joseph Fouché
Bildnis eines politischen Menschen
Band 1915

Länder, Städte, Landschaften
Band 2286

Magellan
Der Mann und seine Tat
Band 1830

Maria Stuart
Band 1714

Marie Antoinette
Bildnis eines mittleren Charakters
Band 2220

Menschen und Schicksale
Band 2285

Phantastische Nacht
Vier Erzählungen
Band 45

Schachnovelle
Band 1522

Sternstunden der Menschheit
Zwölf historische Miniaturen
Band 595

Ungeduld des Herzens
Roman
Band 1679

Verwirrung der Gefühle
und andere Erzählungen
Band 2129

Zeit und Welt
Band 2287 / in Vorbereitung